中国文化研究丛书
价值观研究系列

当代中国
道德信念体系论

Moral Belief System
in Modern China

张凯峰　薛富兴　著

人民出版社

目　录

导言　道德信念的意义

　　生存是人类在生物本能驱使之下的基本需要。但是如果仅仅满足于生存,人类文明将永远停留在最低层次。

　　动物性生存,即完全凭本能和个体之间斗争而生存,会导致野蛮争斗的自然状态,将使人类社会付出不必要的惨痛代价,甚至会危及整个群体的生存。幸而人与动物有所不同。动物只是凭借本能活动,不能对自己的行为进行反观自省。人类则具备了自觉意识,可以反思自己的生存方式,理性评价、规划自己的人生,按照理想改造自己的生存环境、调整自己的行为。如马克思所言:"动物和它的生命活动是直接同一的。动物不把自己同自己的生命活动区别开来。它就是这种生命活动。人则使自己的生命活动本身变成自己的意志和意识的对象。他的生命活动是有意识的。"[①]在漫长的生存实践中,人类不仅应用这种意识充分认识自然特性和规律,从自然环境中获取资源,满足自己的生存需要,也深刻地认识自我,建立起有效的社会秩序。

　　在古代社会,全世界各个文明的政治家、思想家的丰功伟绩中都缺少不了这样一项事业——在理性指导下建立和维护尽可能公正、合理的社会秩序和全民行为规范。基本的社会规范一旦建立,社会个体成员完全可以据以进行自我评价,区分哪些行为是正当的,哪些行为是不

---

　　①　[德]马克思:《1844年经济学哲学手稿》,人民出版社1985年版,第53页。

应当的,并决定自己的取舍行止,或自我鼓励,或自我约束。这些规范的有效建立,最终使人类摆脱自然状态,成为一种在理性指导下有秩序地生存的动物。

以儒家思想为核心要素的中国传统文化是一种道德理性极为发达的文化,其社会规范不靠具彼岸性质的宗教信仰来维持,而是靠具世俗性质的儒家伦理思想教化来实现。早在西周初年,周公"制礼作乐",通过培育伦理道德观念开创了足为后世所效的周公之治,并为后世儒家所发扬。如孟子所言:"人之有道也,饱食、暖衣、逸居而无教,则近于禽兽。"必须"教以人伦"①,"谨庠序之教,申之以孝悌之义"②。

政治实践的核心当然是制度建设,但儒家的高明之处在于意识到培育民众的道德信念对于维护国家政治制度和社会秩序的巨大作用,始终将道德教化作为其施政理念的重要组成部分,形成了制度建设与道德教化相辅相成的格局。

先秦儒家和后代政治家、知识分子一直将教化民众、培养道德人格视为国家政治活动的必要组成部分、施政之基,通过系统、持久的道德教育,把国家的法规制度转化为民众自觉的行为习惯、价值标准,因而成就了古代中国礼仪之邦、君子国度的美誉。

在此基础上,儒家发展出塑造理想人格的理念——"内圣外王"。这一理念要求士人既要积极向上,奋发有为,并以造福社会为最高价值评价标准,同时也要注重自我修养,培养内在的克己奉人、忠恕仁爱的人格。"意诚而后心正,心正而后身修,身修而后家齐,家齐而后国治,国治而后天下平。自天子以至于庶人,壹是皆以修身为本。"③

先秦诸子百家常常用"君子"和"小人"来评价一个人的行为是否符合当时的伦理道德标准。"君子"就是做事有底线的人,这个底线就

① 《孟子·滕文公上》。
② 《孟子·梁惠王上》。
③ 《礼记·大学》。

是社会伦理规范。他们会主动地运用社会伦理规范对自己的行为进行反观自照,自我省察。"曾子曰:吾日三省吾身,为人谋而不忠乎? 与朋友交而不信乎? 传不习乎?"①这种高度自觉、严格的道德自省、自律代表了人类社会意识的高端。

"君子""小人"是传统社会的概念,但我们仍可以对其做现代性的理解:"君子"是那些具有社会意识,能用社会理性约束自我,并按照社会"公义"标准行事的人。"小人"则是那些在自然本能驱使之下,只关心自己的利益,毫不顾及他人合法权利的人。这样的人没有自我约束的意识与能力,严格来说他还没有成为一个"社会人",而只是一种"自然人",在任何社会都不受欢迎。

有道德修养的人即使处于困境之中,仍然会坚持自己的处事原则和道德底线,对自认为不正确的事有所不为;没有道德修养的人,只要对己有利,做任何坏事都没有心理障碍。由一群无所不用其极的人组成的社会,必定纷争斗殴不休,连起码的秩序都无法建立,更谈不上社会发展和文化创造。

一个理想的社会应当由接受了长期的、深入的伦理道德修养训练,具备高尚人格的民众组成。积极地说,在这样的社会中,人们不会将个人的财富增长作为唯一的奋斗目标,而是自觉秉持服务社会、回馈社会、造福社会的人生理念,把社会性的,而非个人性的价值实现当作自己人生最大的精神幸福。消极地说,在这样的社会中,其政治制度、行为规范能够得到绝大多数社会成员的理性认可和自觉遵从。整个社会运行有条不紊,治理成本相对较低。

在命运多舛的 20 世纪,中国人曾经经历了苦难的煎熬、战火的荼毒,在迷失中彷徨,在觉醒中奋进,为了谋求国家、民族的生存而努力,为了摆脱贫穷和战争而奋斗。直到 20 世纪的最后 20 年,中国才算真

---

① 《论语·学而》。

正摆正船头,找到正确的方向。进入 21 世纪以来,中华民族的复兴之势日益明显,这是改革开放事业最大的成功,也是当代中国政治最大的成功。但是同时中国也困惑于各种强国富民之外的疑问。在后温饱时代,中国人该秉持何种的道德信念,便是其中之一。

道德信念的作用是告诉人们什么是好的,什么是不好的,应该怎么样,不应该怎么样。它支配和调节一切社会行为,涉及社会生活的各个领域,让人们对社会公共生活中的是非善恶有一个清晰的把握。每个时代的道德信念都体现了特定时代的特殊要求。儒家先贤在深入总结传统农耕文明生产方式和社会结构的基础上,提出的规范大众日常行为的一整套伦理思想和道德信念,曾为维持传统社会秩序做出巨大贡献。但是如今传统伦理规范和道德观念的许多具体内容不再适应新社会、新时代的要求。为促进现代公民社会的建设,我们有必要寻求建立新的道德信念。

从低端说,没有可以被普遍接受的道德信念,势必会造成全社会的混乱,无法形成正常的文明社会秩序。从高端说,没有可以被普遍接受的道德信念,荣誉和德性都无从谈起,这样的民族与国家,即使经济发达,国民富裕也不可能在国际社会获得尊重。

更现实地说,缺乏具有吸引力和感召力的道德信念的民族,在现代国际软实力竞争中也难以掌握话语权。

在与西方世界的人权对话中,我们一直存在着误区,这些误区致使我们不能掌握主动权,处于被攻击的地位。人权对话是西方世界精心设计的国家形象构建平台,利用这一平台,西方世界有效地将自己塑造成文明和正义维护者的形象,同时也成功地将其对话伙伴长期定位为一种在道义上应当受批判的形象。

对于我国来说,这种批判集中体现为两个问题的辨析:

其一,生存权、发展权与其他人权的关系。生存权、发展权是最基本和首要的人权,生存权是人免于匮乏的权利,发展权是人免于停滞的权利。此二者是享受其他人权的前提。中国在与西方的人权对话中，正面提出人权理念必须与一个国家的社会整体发展水平相适应，人权事业应当有其历史性、阶段性目标，因此生存权和发展权先于其他人权。我国政府已经通过大量扶贫济困工作，在确保人民的生存权方面取得了巨大成就，而且现在已经在向下一个目标——全面建成小康社会迈进。这是中国对当代人权事业的巨大贡献，它根本上改变了十三亿人口的命运，为占世界五分之一的人口解决了生存问题，提供了发展条件。

但是，我们同时也应当意识到：生存权、发展权与其他人权并不矛盾，并不存在逻辑上的相互排斥关系。生存和发展做得好，不等于可以不去关心其他人权，甚至拒绝讨论其他人权。对更多方面人权的追求代表着我们正在谋求进步。将生存权、发展权和其他人权对立起来，就等于限定了中国改革开放事业的美好前景，等于向世界宣布：我们只满足于活着，没有其他更高的目标。事实上我们并非如此。因此，在向西方世界展示我们在谋求生存和发展方面取得的巨大成就的同时，也应该宣示我们在其他人权，包括公平正义、政治参与、思想言论自由等方面的目标。

就现实情形而言，将我们对人权的追求限定在生存权和发展权两项上，也并不符合当代中国改革开放事业的新的战略目标。30多年的改革开放事业成功地解决了中国人民的基本生存和发展问题，接下来的任务正是要全面深化改革，走向物质、文化、制度和社会深层次的现代化，全方位、高境界地提升中华文明的内涵和质量。在此过程中，政治更为民主，思想更为自由，社会更加公平正义乃是必然之势，应有之义。因此，我们完全可以坦然承诺：人权事业的全面推进也是当代中国文明发展理所当然的目标，我们有信心在这方面取得同样精彩的成就。

其二，民族价值与"普世价值"的关系。长期以来，西方国家将其发源于基督教文化传统，并且适应西方社会历史现实的价值观夸赞为全人类都应认同和追求的"普世价值"，并且将之当作打压排挤别国的工具。这种做法可以说是一种具有全球视野的积极进取性的战略，是一种扩张性的文化策略。

我国在这种"价值观"进攻面前显得很被动，仅以否认"普世价值"的存在相应对，强调不存在凌驾于历史和民族差别之上的道德和正义，以"民族价值"对抗"普世价值"。这种策略的思路是捍卫本民族文化特色，谋求民族文化自主，与西方文化相抗衡，但即使成功，最好的结果也只是文化自主而已，而且意味着我们在这场价值观斗争中将永远处于守势。

纯粹的防守从来都不是最有力的自卫手段。如果我们极力强调民族价值、民族文化特殊性，等于同时也在宣布：中国所坚持的价值与文化只适用于中国人，对世界上其他民族无效。如此一来，我们又如何能够将中国文化传播于世界，让其他民族也接受呢？当我们满足于民族文化自主，满足于坚守本民族文化个性时，又如何能够同时扮演一个拥有广泛的国际文化影响力的大国角色呢？本来是想拒斥别人，客观效果是同时也束缚了自己的手脚。因此，在全球化浪潮滚滚而来的世界大势之下，固守民族价值、民族特色的策略是无效的，只会陷入日益被动的局面。

更积极有效的做法是当别人走进来时，我也勇敢地走出去：构建一种不仅具有中国特色，而且远比西方的所谓"普世价值"更具吸引力和感召力，更为"普适"的价值观，以更加开放、积极的心态应对之。既然西方文化可以是一种具有普世价值的文化，为什么中华文化只能是一种特殊性的文化，中华文化为什么不可以同样地走向世界，让全世界人民共享？若我们的价值观能够得到中国以外其他很多国家和民族的认可、接受和传播，谁又能说这不是一种普世价值呢？若西方国家失去了对"普世价值"解释权的垄断，这场价值观斗争必定"攻守之势异也"。

改革开放以来,在我国经济迅猛发展的同时,党和政府非常重视拜金主义盛行,以及社会转型所造成的价值观混乱,努力构建符合新时代发展和具有中国特色的道德信念,并为此做了一些探索。

2006年胡锦涛同志在第十届中国人民政治协商会议第四次会议上强调:"在我们的社会主义社会里,是非、善恶、美丑的界限绝对不能混淆,坚持什么、反对什么,倡导什么、抵制什么,都必须旗帜鲜明。"①并且提出了以"八荣八耻"为主要内容的社会主义荣辱观,即:

> 以热爱祖国为荣,以危害祖国为耻;
>
> 以服务人民为荣,以背离人民为耻;
>
> 以崇尚科学为荣,以愚昧无知为耻;
>
> 以辛勤劳动为荣,以好逸恶劳为耻;
>
> 以团结互助为荣,以损人利己为耻;
>
> 以诚实守信为荣,以见利忘义为耻;
>
> 以遵纪守法为荣,以违法乱纪为耻;
>
> 以艰苦奋斗为荣,以骄奢淫逸为耻。

同年,在中共十六届六中全会上通过的《中共中央关于构建社会主义和谐社会若干重大问题的决定》又指出:"马克思主义指导思想,中国特色社会主义共同理想,以爱国主义为核心的民族精神和以改革创新为核心的时代精神,社会主义荣辱观,构成社会主义核心价值体系的基本内容。"

2012年,中共十八大报告又对"社会主义核心价值观"进行了凝练,提出"倡导富强、民主、文明、和谐,倡导自由、平等、公正、法治,倡导爱国、敬业、诚信、友善,积极培育社会主义核心价值观"。

---

① 胡锦涛:《牢固树立社会主义荣辱观》,《求是》2006年第9期。

2013 年 12 月 23 日中央办公厅印发《关于培育和践行社会主义核心价值观的意见》明确提出社会主义核心价值观基本内容就是:富强、民主、文明、和谐;自由、平等、公正、法治;爱国、敬业、诚信、友善。这12 个词分别代表的是国家层面的价值目标、社会层面的价值取向和公民个人层面的价值准则。

可见我们对当代中国所应该持有的道德信念正在逐渐明确和清晰起来。正是出于此意,笔者试图对当代中国道德信念体系作进一步深入的探讨、归纳、凝练和阐释。

笔者认为,这一体系既应该囊括现代文明社会所引以为存在之基础、进步之法则、发展之理想的基本理念,又应该对传统伦理道德重新加以阐释,使之转型为合乎时代要求的新文化的价值理想。它应该是由数个既有内在逻辑关联,可以互相推导的道德信念组成的系统,从这个系统可以衍生出我们社会绝大部分领域所需要的各种道德规范,从而指导每一个公民、社群乃至政府的行为。从这个立意出发,笔者将传统伦理道德中的"仁""义""礼""信""忠"作为思想渊源,提出应该以"仁爱""正义""秩序""诚信""忠实"组成当代中国道德信念体系。根据伦理主体和领域的不同,这五种道德信念的轻重先后顺序可以有相应的调整,也不一定同时具备。某些特定的主体和领域中的特定的道德规范则可能是由几种道德信念综合而成。

希望笔者的工作能够对这一历史性、民族性的伟大事业有所贡献,有不当和不足之处敬请孜孜关切中华民族未来命运和文化前途的方家学者批评、指正、补充。

第一章 总 论

第一节 当今中国道德信念之乱象

从经济建设的角度看,这是一个激动人心的时代,数千年来,中华民族从没有如此生气蓬勃、进取开张;从伦理道德的角度看,这又是一个消解、冲突、多元并存的时代,传统与现代、中国与西方、旧与新,矛盾互见。30多年改革开放所取得的伟大成就无疑令国人兴奋,道德沦丧、信念缺失却又凸显出国人的尴尬。在国内的报端乡议中,社会风气败坏,道德水准下滑,物欲横流,私欲膨胀已成为见怪不怪的话题,而在国际舆论中,中国人整体形象欠佳,个人修养差、文明素质低、不讲信誉等批评又使我们走出国门之时难免心虚。

几千年的礼仪之邦为什么会出现如此严重的伦理道德危机?不少学者就这个问题进行过探讨。

从大历史的背景来说,20世纪以来中华民族经历了巨大的古今之变——从传统的农耕宗法社会向以工业化、城市化为基础的现代社会转型。经过一百多年的努力,中国在思想观念、经济行为、政治框架和法律体系诸方面都经历了脱胎换骨式的社会变革。传统社会结构崩溃,数千年以来建立在农耕文明基础上,以血亲、家族集团为核心的传统伦理道德信仰体系亦土崩瓦解。传统的,曾经十分有效的伦理道德规范、价值信仰在一定程度上失去了现实意义和指导能力。我们虽然建立起了现代社会所必须具备的经济秩序、政治制度和法律框架,但是,与之相适应的,以现代文明理念为基础的新的伦理道德观念和价值信仰体系尚未形成。这正是当代中国人在日常行为和个人修养上无所适从的时代症结所在。

从中时段的历史来看,新中国成立后最初的 30 年,极左的思想路线对中国人的伦理道德和价值观造成了严重的危害。1957 年"反右扩大化"、1958 年"大跃进"和 1959 年"反右倾"运动,错误地批判、伤害了一大批正直、有才华的知识分子和敢讲真话的党内元勋,并诱发了虚假浮夸之风的滋生和盛行。

从当前社会环境来看,改革和对外开放带来的市场化、全球化和科技进步尽管使我国经济突飞猛进地发展,却也引发了中国社会多元价值观的相互冲突。市场经济实际上造成了社会主体利益的多元化格局,而利益的多元化则很可能引起价值立场的冲突和对立;全球化将不同历史时期、不同文化背景的价值观挤压在同一个平面上,使中国的、外国的,传统的、现代的、后现代的,计划的、市场的等各种文化价值观互相碰撞、互相激荡,混杂;以互联网为代表的先进技术手段,使一些国家特别是西方发达国家的竞争观念、时间观念、效益观念、开放观念以及民主、平等等价值观快速走进我们的日常生活。① 在这种环境之下,人们出现混乱和迷茫,实属必然。

从思想学术界的责任来看,现代中国的知识分子阶层在思想上长期消极对待传统伦理道德,以为既然传统伦理道德是与中国古代社会的物质条件紧密相连的,那么随着中国古代社会特点的消失,传统伦理道德也应该随之消亡,并没有意识到对于任何一个民族来讲,其现时的

---

① 王碧波:《论社会转型时期价值观的冲突与构建》,《思想政治工作研究》2006年第 3 期。

伦理道德都是历史长期积淀的成果,是对传统伦理道德加以继承和改造的结果,绝不可能是凭空产生的。

不仅如此,我们的知识分子在建构新的伦理秩序的工作中也常常处于坐而论道的状态,面对着众多外来思想,满足于简单地、直接地借用,未能充分挖掘、大胆吸纳、扬长避短、因势利导、积极主动地吸收多元文化体系中有利于社会文明进步、国家安定繁荣、世界和平安宁的因素,开创出新的道德资源,用以指导人们的工作、交往和日常的行为。对于当代中国人的伦理道德的更新,许多学者都大谈其重要性和一般原则,而对更新后的伦理道德究竟应该是什么,却语焉不详。①

从人们日常社会生活中的心理来看,市场经济的运行规则被运用到道德领域,形成了拜金主义、个人利己主义价值观。人们首先认可了极符合自己自私心理和自然本性的潜规则,而放弃了需要作出一定牺牲的道德。错误的价值观以及与此相适应的一系列规则正好成了自己不道德行为的心理安慰和借口,造成的直接结果是人们明目张胆地违反主导道德规范却能心安理得。②

从转型期的社会心理来看,由于过去熟悉的生活环境发生巨大变动,人们对于自己未来的处境难以有十分确定的把握,于是普遍采取急功近利的行为。且在社会变动时期,人与人的交往空间虽然有所增大,但感情联系减少,情感纽带脆化、弱化,产生隔膜感、孤独感和无助感;集体性的责任感丧失,事不关己高高挂起成了许多人的生活信条。③

因此今天中国面临的伦理道德危机既有大时代变迁的背景,也是过去走过的弯路的后遗症,既有知识分子不作为的原因,某种程度上也是社会环境不佳造成的。

---

① 鲁英:《中国社会转型时期伦理失序的原因分析》,《西南民族大学学报(人文社科版)》2006年第1期。

② 张希梅:《道德失范的原因及对策分析》,《赤峰学院学报(汉文哲学社会科学版)》2007年第2期。

③ 张仲涛:《社会公正:弘扬集体主义价值观的前提》,《学海》2005年第6期。

第二节 构建当代中国道德信念体系之意义

积极因应中国现代化的深层问题,化解目前我国社会的道德、信仰危机,构建当代中国道德信念体系,从观念文化建设层面为新一轮改革开放事业奠定基础,是当代中国知识分子理应承担的重任。

从中华民族发展的角度讲,一个民族凝聚力的消解,首先是从全民族共同信奉的道德信念消解开始的。反之,增强民族凝聚力,当然也要从构建和维护共同的道德信念做起。在当前多元文化相互激荡的背景之下,构建具有民族性的道德信念体系,有助于国人走出转型和变革时期的种种犹豫和迷惘,强化各族群、各阶层的文化认同。

从现实的经济发展来看,市场经济体制的运转必须以规范的秩序、规范的竞争为前提。构建与市场经济体制相适应的道德信念,有助于自由竞争、公平交易、信用至上等市场规则的确立,更可以通过树立正确的效率观、财富观使社会主义市场经济避免西方资本主义经济的种种积弊。

从社会发展的角度看,单纯地追求经济发展很可能导致经济增长的成果为一小部分人所占有,造成社会内部发展的不均衡,甚至冲突对立。构建当代中国道德信念体系,把发展的核心和目的归结到社会和人的全面发展,坚持发展的可持续性、协调性和全面性,将有助于人和社会、人和人的和谐发展。

构建当代中国道德信念体系还是化解社会矛盾纠纷、维护社会和谐稳定的治本之策。正确的道德信念就是要让人们明白应该坚持什么、反对什么、提倡什么、抵制什么,让正气得到弘扬,邪气无处藏身,促进良好社会风气的形成和发展。人们有了共同的价值目标和理想追求,就有了超越具体利益关系的归属感和向心力,就能够宽容谅解,求同存异,团结协作。

从中国共产党执政建设的角度讲,符合时代需要的道德信念有助于我们在确保社会稳定的前提下,不断改进执政方式,推进各项改革措施;有助于我们在充分尊重社会成员的个体差异和各项权利的基础上,使之各尽所能,各得其所,激发社会活力;有助于我们转变经济增长方式和分配方式,建立科学的经济社会发展评价标准。

从中国共产党的自身建设来看,由中国共产党所倡导和践行,并为全中国人民所接受和认同的道德信念将成为我党的重要力量源泉,不仅可以巩固其执政的合法性,还可以大大改善其执政能力。

从外交战线上看,在经济全球化、政治多极化的世界格局中,价值观外交日益盛行。西方,特别是美国,极力推销民主、自由、人权等等价值观,亚洲一些国家也纷纷从自身利益出发倡导所谓的"东亚价值观"。价值观外交有巨大的长期效用,中国应当利用这一外交利器,建构具有感召力的当代中国道德信念体系,有效传播以取得世界各国的认同,改善我国的国际环境,提升我国外交软实力。

第三节 构建当代中国道德信念体系之基础

道德滑坡和信仰缺失已经成为令当代中国人痛心疾首的现实。它意味着中国社会不可避免地要经历一次深刻的道德重建。然而我们应该秉承什么样的宗旨和原则来构建适应中国当下社会发展状况,有利于中华民族未来繁荣昌盛的道德信念体系呢? 在这场当代中国人的心灵变革中,我们能够从几千年的传统伦理道德中吸收哪些东西? 现代西方价值观又能够为我们提供多少借鉴呢? 回答了这些问题,我们才能弄清当代中国道德信念体系究竟应该是什么。

一、传统伦理道德变迁和传承

在构建当代中国道德信念体系之前，我们首先应该回顾一下中国传统伦理道德几千年来的传承与变迁。

早在传说中的三皇五帝时代，中国传统伦理文化就已经肇始。黄帝造屋宇，制衣裳，营殡葬①，伏羲制嫁娶，定四时②，尧、舜、禹、汤、文、武、周公，都曾为上古中国的伦理文化留下教诲，并且亲身做出表率。商周时期，仁义礼智信诸德初步形成。这些字眼在《尚书》《商书》《周书》《虞书》等上古典籍里都曾出现过，只是尚未阐发。周朝以礼乐治天下，将道德教化作为社会治理的基本手段。

经过前后八百余年的建设和发展，至春秋前期和中期，传统中国的伦理道德体系渐次成形，并且不断丰富、调整、完善。

齐国贤相管仲提出"四维"，即"礼、义、廉、耻"，以礼为首。

儒家伦理思想的创始人孔子提出三达德"智、仁、勇"，又提出"仁、义、礼"一体，"仁者人（爱人）也，亲亲为大；义者宜也，尊贤为大；亲亲之杀，尊贤之等，礼所生也"③。在此基础上，孔子阐发出孝、悌、忠、恕、恭、宽、信、敏、惠、温、良、俭、让、诚、敬、慈、刚、毅、直、克己、中庸等一系列德目，建立起一套基本道德规范体系。其中，"仁"为根本，也是孔子哲学的核心观念。

孟子在孔子的"仁、义、礼"中加上了"智"，使之成为"四德"。"四德"以"仁"为首，"义"为次，"礼"从管仲倡导的首位降到第三，"智"也从孔子"三达德"之首，退居到末位。孟子认为人有"四端"："恻隐之心，仁之端也；羞恶之心，义之端也；辞让之心，礼之端也；是非之心，智

---

① 张守节：《史记正义·五帝本纪》。
② 吴乘权等辑：《纲鉴易知录·太昊伏羲氏》。
③ 《礼记·中庸》。

之端也。""苟能充之,足以保四海;苟不充之,不足以事父母。"①只要充分发扬人性善的四端,就可以使四海安宁;不发扬它,就连赡养父母都做不到。

西汉董仲舒在孟子的"四德"后面又添上了一个"信",使之成为"五常"。东汉时期,班固奉命将白虎观会议的记录整理、编辑成《白虎通德论》,将"五常"正式确定为"仁、义、礼、智、信",并对每个德目都做了明确的界定。从此,"仁、义、礼、智、信"成为占统治地位的价值观,它将儒家伦理推向了新高度,并统领我国伦理道德两千年之久。

汉晋隋唐时期,"孝"日益受到关注。政府反复宣扬以"孝"治天下,两汉除西汉开国皇帝刘邦和东汉开国皇帝刘秀外,汉代皇帝都以"孝"为谥号,对孝悌行为予以褒奖、赐爵。选拔官员也把"孝"作为一个基本标准,兴"举孝廉",察举善事父母、做事廉正的人做官。唐朝玄宗免征居父母之丧者的劳役赋税,代宗开"孝悌力田"选士科目。

宋代,管仲的"四维"重新得到了重视,朱熹提出"孝、悌、忠、信",加上四维"礼、义、廉、耻",就成了"八德"。家族伦理"孝""悌"被置于首位,规定国民与君主之间关系的"忠"紧随其后。"仁"不在列,不是因为要放弃这一德目,而是因为"仁包四德",义礼智信都是"仁"的四支。"八德"是宋代学人对儒家伦理、中华道德的新发展,其影响一直延续至明清。朝鲜、韩国等东亚各国亦蒙其惠。

清末民初,中国遭遇西方文明前所未有的挑战,处于亡国灭种的边缘。有识之士们相信要想挽救民族于水火危难之中,与西方列强竞争,就必须建构中国的新道德。谭嗣同对孔子的"仁道"进行了改造,赋予了它资产阶级伦理观念的内容。在谭嗣同看来,不论是国内通商还是国际通商,都是"相仁之道""两利之道",所以资本家的商业活动也应该被视为高尚的道德行为。孙中山、蔡元培等人则提出了"忠、孝、仁、

---

①　《孟子·公孙丑上》。

爱、信、义、和、平"新"八德"。将"忠"摆到"孝"的前面,成为所有伦理道德原则的第一位,强调的是近代民族国家的"国家至上"的观念。

经过甲午中日战争、维新变法到辛亥革命的挫折,20世纪上半叶的中国新一代知识分子把中国近代迟滞的根本原因归结于中国传统的伦理价值观念及由此而形成的国民性。传统伦理道德背负了沉重的罪责,在新文化运动中遭到猛烈攻击。"打倒孔家店"的口号表达的正是人们对儒家传统文化的"革命"呼声。但是这场文化运动不免有将污水连同婴儿一起倒泼之嫌。对于新文化运动的意义和作用,至今思想界还在反思和争论中。

国民政府统治时期,中国国民党在孙中山提倡的"八德"基础上,又加上了"礼义廉耻",统称"四维八德",列入《教育宗旨》。抗日战争中,国防最高委员会颁布《国民精神总动员纲领及实施办法》(简称《纲领》),提出要"使全国国民对自身皆确立同一的救国道德"。什么是救国的道德呢?《纲领》认为就是八德。并认为:"中国民族之昔日绵延光大,实赖有此道德。今日之衰弱式微,实由丧此道德。故非要求吾国民一致确立此救国道德不可。八德之中,最根本者为忠孝。唯忠与孝,实中华民族立国之本,五千年来先民所留遗于后代子孙之至宝。今当国家危急之时,全国同胞务必竭忠尽孝,对国家尽其至忠,对民族行其大孝。"①

1939年,中国共产党发布《关于精神总动员的指示》,表示基本上拥护此纲领。不久中共中央又发表《为开展国民精神总动员运动告全党同志书》指出:"一个真正的孝子慈孙,必然是对国家民族尽忠尽职之人。这里惟一的标准,是忠于大多数与孝于大多数,而不仅仅是忠于少数与孝于少数,违背了大多数人的利益,就不是真正的忠孝,而是忠

---

① 彭明主编:《中国现代史资料选辑》第5册(下),中国人民大学出版社1989年版,第117页。

孝的叛逆。对于仁义也一样,有益于大多数人的思想行为谓之仁,处理关系大多数人的利益的事务而得其当谓之义。"为此,要求"共产党员在国民精神总动员中,必须号召全国同胞实行其对国家尽其大忠,为保卫祖国而奋战到底;对民族尽其大孝,直至中华民族之彻底解放,对四万万五千万同胞与人类之大多数给予绝大的同情与卫护,以实行大仁;对危害国家民族危害大多数人利益的敌人、叛逆与横暴者施行坚决的斗争与制裁,以实行其大义,借以达到最后胜利之目的"①。

显然国共两党在日寇入侵的民族危亡之际团结一致,对儒家的忠、孝、仁、义等道德观念赋予新的含义,激励举国上下,万众一心,浴血奋战,抗击侵略。

中华人民共和国成立之初,对以"忠""孝"为主要内容的封建伦理道德的进行了激烈的清算和批判,传统伦理文化被彻底否定。改革开放以后,海外新儒家对中国传统伦理文化的研究与传播,韩国、日本、新加坡、中国台湾等儒家文化圈内的国家和地区在经济、文化上取得的成就,又促使大陆学者重新正视传统伦理文化的意义和价值。

今天我们研究构建当代中国道德信念体系,有必要重新认识、评价、阐释传统伦理道德,发掘和弘扬符合民族精神和时代要求的合理价值,以铸造新时代的民族灵魂。

二、现代西方价值观的传入和影响

西方价值观传入中国始于 19 世纪 40 年代鸦片战争。震惊于异质文明对一向自视无匹的华夏文明的高调挑战,龚自珍、林则徐、魏源为代表的道咸经世派开始关注外部世界,编纂了一批介绍世界史地知识的舆地学著作,向封闭的国人展示了一个迥然不同的文明体系。然而

---

① 中央档案馆编:《中共中央文件选集》第 12 册,中共中央党校出版社 1991 年版,第 58—59 页。

直到 19 世纪 60 年代,一般士绅对此极少回应。

第二次鸦片战争和太平天国战争之后,与洋务运动相伴随,"中学为体,西学为用"的思潮开始流行。为了富国强兵,洋务派针对传统的"义利观""本末观",公开宣扬言利、求利、重商等主张。沿海通商口岸和外国租界也成了西方价值观浸染中国社会的滩头阵地。西方商品如潮水般涌入中国,充斥着各通商口岸,也带动了商业贸易的繁荣。大批从事商业活动人群随之出现,民间重"商"观念日渐发展。一向被称道的俭朴、尚义、贱利等社会风俗走向反面,求富、争利等资产阶级功利价值观逐渐占上风。

外国租界是帝国主义列强侵略中国的产物,是对中国主权的公然劫夺,同时却又成了西方思想观念的玻璃展柜。华人惊讶地看到洋人如何用资本主义民主模式,建设管理市政,租界的行政机构工部局如何受到由租界内的纳税外侨组成的,实行三占从二制的纳税人会议的监督。华人对西方文化由诧异、羡慕而仿效、运用。地方士绅开始在华界自发组织地方自治,开办城厢内外总工程局,行选举,设议会,举办市政,置设巡警,征收地方税,开设裁判所,搞得颇为正规。市民意识、法制意识、公共秩序意识在一定范围内得以传播。

1894 年中日甲午战争的失败极大地刺激了中国知识分子,效法西方,改造中国的政治制度成为这以后有见识的思想家的共识。康有为、梁启超、谭嗣同、严复等维新派根据西方资产阶级的政治学说,提出"民权""国民"等概念,阐明兴民权,实行君主立宪的必要性和合理性。资产阶级革命派则希望效仿美国和法国,通过流血革命,推翻君主专制政体,建立民主共和政体。

这些活动极大地解放了人们的思想,使民主共和思潮成为不可抗拒的历史潮流。当辛亥革命成功推翻清朝之后,袁世凯称帝、张勋复辟都落得个千夫所指,以惨败收场。

新文化运动是近代中国人引进西方思想观念的高潮。陈独秀、李大钊、胡适、吴虞、鲁迅等激进民主主义者大力批判传统并引进西学。西方的价值观念在中国社会形成一波波浪潮。

陈独秀在上海创办《青年杂志》,公开提出要"德先生"(民主)和"赛先生"(科学)。他写道:"举一切伦理、道德、政治、法律、社会之所向往,国家之所祈求,拥护个人自由权利与幸福而已。思想言论之自由,谋求个性之发展也,法律之前,个人平等也。个人之自由权利,载诸宪章,国法不得而剥夺也,所谓人权也。"①又云:"法律上之平等人权;伦理上之独立人格;学术上之破除迷信,思想自由,此三者为欧美文明进化之根本原因。"②

鲁迅、李大钊等新文化运动激进人士广泛地提倡人的解放,弘扬人性和人的个性,提倡个人价值观。陈独秀和吴虞把宗法家庭制度及其伦理道德观念当作中国传统文化的核心,并以西方的个性解放思想为武器对其进行了彻底的否定。中国人经历上千年压抑和束缚之后终于开始发现自身的价值。

1949 年中华人民共和国的建立,中国从此告别了被奴役、被宰割的境地,却与世界文明再度隔绝。新中国成立之后前 30 年,尤其是"文革"十年,新文化运动所倡导的民主自由、个性解放销声匿迹。

改革开放之后,中国迎来了又一次"西风东渐"。江畅、戴茂堂在《西方价值观念与当代中国》一书中用"马先生"——MARKET 和"骡先生"——LAW,即市场和法律,来描述这次浪潮的核心内容:

对外开放带来了西方先进的管理技术,带来了西方责权分明、奖惩严明的责任制。责任制这种渗透着个体意识与自主精神的管理方式,不仅给中国的经济管理方式带来了巨变,而且也悄悄地引

---

① 《独秀文存》,安徽人民出版社 1987 年版,第 28 页。
② 《独秀文存》,安徽人民出版社 1987 年版,第 90 页。

发了一场深刻的价值观念变异。一系列与国际市场挂钩的经济原则,如"互利互惠","自由灵活","效率是生命","时间是金钱","公平竞争","信誉第一","利益为重"……冲击着人们的一系列原有价值观念。人们不再安贫乐道,不再知足常乐,不再崇尚"和谐",而是勇于奋进,敢冲敢冒,敢为出头鸟,敢"争",敢"抢"。于是出现了众多敢出风头,敢于标榜,敢于冒险,敢为天下第一的人。

市场不仅充满了竞争,而且要求等价交换,公平合理,在平等的基础上竞争。这就是与市场经济结伴面来的法律意识。为了维护市场竞争活力,保证市场经济不致陷入混乱,就需要制定一系列法律法规,使竞争展现在明处。在同市场打交道的过程中,权利意识、平等观念渐渐渗入人们的日常行为中;消费者可依法保护自己的权益,经营者可依法保障自己的权益,老人无人赡养可依法告子女,子女受到父母虐待可依法告父母,官可依法解决令人头痛的纠纷,民可依法与"官府"决一雌雄……谁也不能凌驾于谁之上,一切都依法裁决。①

经过100多年的熏陶浸染,以"马先生""骡先生""德先生""赛先生"为代表的现代西方价值观已经在中国土壤里生根发芽,成为现代中国社会文化的一部分,成为历经磨难的中华民族浴火重生,走上复兴之路的护身符。

第四节   构建当代中国道德信念体系之原则

在中西思潮激荡百年之后,21世纪的中国不可能海阔天空、无中

---

① 江畅、戴茂堂:《西方价值观念与当代中国》,湖北人民出版社1997年版,第243—255页。

生有地随意选择某一种或几种观念当作自己的道德信念体系。在前两节当中,笔者对传统文化和现代西方文明中可资利用的伦理道德思想资源作了梳理,接下来需要讨论的就是如何对这些资源进行选择、洗汰、组合、构建。笔者认为,在构建道德信念体系的过程中应秉持民族性、时代性、系统性、全民性四项基本原则。

一、民族性原则

道德信念是民族文化的核心和灵魂,它是一个民族的历史在精神层面上的反映和积淀,它深深地植根于民族的文化土壤之中,具有相当强的稳定性,一经形成,便难以摧毁。全世界每一个民族都具有其他民族难以模仿的独有的道德信念,往往历经千年沧桑,颠沛流离,只要族群不灭,就不会断绝。

当代中国的道德信念体系势必要以本民族的文化传统、思维特点和价值取向为依托。今天的全球化是以经济全球化为基础,经济、政治、文化同时逐步推进的过程。西方国家凭借其雄厚的经济基础,强大的传媒工具,强行推销自己的观念意识,攻击他国的道德信念和文化传统。在这场没有硝烟的价值观战争中我们只有坚持中华民族的优秀传统,才能在文化的冲突、文明的对抗中,确保民族的生存和独立。

西方人的观念意识中固然有一些因素值得我们学习和吸收,但是任何一个民族,尤其是中华民族这样一个文化历史源远流长的伟大民族,无论过去、现在和将来,其道德信念都不可能从外来文化中移植,只能在历史文化积淀的基础上结合社会发展和时代要求予以创造性地发展。

因此构建当代中国的道德信念体系不能切断中华民族历史文化血脉和价值传统,必须强调民族性,发掘、归纳、整理、阐发民族文化中最优秀的成分,使之焕发出更加灿烂的光辉。

二、时代性原则

道德信念是稳定的,但并不是一成不变的。其稳定只是一种相对的稳定,是在保持自己优秀内核的同时,随着时代的发展而发展的,否则必然失去生命力。任何社会的道德信念体系都必然带有时代特征,与当时的经济、政治和文化相适应。

100 多年来,中国社会由封闭到开放,由农业文明走向工业文明,由传统走向现代。维系专制皇权统治两千多年的伦理道德在内涵和理念等很多方面已经难以适应时代的需要。我们必须对其进行合理改造,吸收和借鉴现代社会和全人类所共同珍视、普遍认可的伦理道德观念和价值理想,比如自由、平等、民主、法制、人权,等等,构建起适应改革开放和社会主义现代化建设要求的,彰显时代精神的新的道德信念体系。

在中央党校 2009 年秋季学期第二批进修班开学典礼上,习近平指出:"我们所要建设的马克思主义学习型政党⋯⋯是目光远大、胸怀宽阔、善于总结经验、善于吸收一切人类文明成果的政党。"①

2014 年在纪念孔子诞辰 2565 周年国际学术研讨会暨国际儒学联合会第五届会员大会上,习近平进一步明确地表示,"任何一种文明,不管它产生于哪个国家、哪个民族的社会土壤之中,都是流动的、开放的"。"对人类社会创造的各种文明⋯⋯我们都应该采取学习借鉴的态度,都应该积极吸纳其中的有益成分,使人类创造的一切文明中的优秀文化基因与当代文化相适应、与现代社会相协调。"②

根据时代的变化,跟上世界的潮流,这是道德信念自身特性和中国

---

① 习近平:《关于建设马克思主义学习型政党的几点学习体会和认识——在中央党校 2009 年秋季学期第二批进修班开学典礼上的讲话》,《学习时报》2009 年 11 月 16 日。

② 习近平:《在纪念孔子诞辰 2565 周年国际学术研讨会暨国际儒学联合会第五届会员大会开幕上的讲话》,《人民日报》2014 年 9 月 25 日。

社会历史的必然选择。

三、系统性原则

所谓系统就是相互联系并相互制约的若干组成部分结合在一起，发挥特定功能的有机整体。凡系统都是有条理的，其内部各子系统层次分明，等级有序。各个子系统之间相互关联、相互作用，共同构成这个系统，缺一不可。由于各个组成部分相互协调，相辅相成，系统的整体功能将远远超出其内部各个组成部分功能的简单叠加，甚至还会拥有其组成部分所不具备的特性和能力。

道德信念体系就是一种系统。它不会是零散的、各自无涉的几条基本原则，而是一个具有内核、层次和边沿的整体。各种道德信念按一定的逻辑意义联结在一起，按一定的结构而存在，形成层次序列。

比如说传统儒家伦理。孔子提出"仁、义、礼"的时候，就将"仁义礼"组成一个系统："仁者人（爱人）也，亲亲为大；义者宜也，尊贤为大；亲亲之杀，尊贤之等，礼所生焉。"①仁以爱人为核心，义以尊贤为核心，礼就是对仁和义的具体规定。

孟子在仁义礼之外加入"智"，延伸为"仁、义、礼、智"，构成四德或者说四端。四端也是一个系统："仁之实，事亲（亲亲）是也；义之实，从兄（尊长）是也；智之实，知斯二者弗去（背离）是也；礼之实，节文斯二者是也。"②仁的实质是孝敬父母，义的实质是服从兄长，智的实质就是深刻理解仁义，并且执着坚守，礼的实质是对仁义的调节。

今天我们构建道德信念体系必须将其视为一个完整的系统。整个道德信念体系包含若干基本道德信念。这些基本信念并非完全平等，各有不同序位，当发生冲突时，级别低者须服从于级别高者。不同的基

---

① 《礼记·中庸》。
② 《孟子·离娄上》。

本道德信念指导和规定着人们在某个领域、某种情境、某种层面上的言行举止,同时又具有内在的逻辑联系,彼此依托,组合成一个有机的整体,发挥出大于各部分之和的作用。

四、全民性原则

道德信念体系应当是一个覆盖全民的规范,具有广泛的适用性,不分年龄、性别、族群、信仰、行业和地位,对全部社会成员、群体和组织都具有积极的指导作用。

传统社会本质上是一个等级社会,不同社会阶层之间,权利与义务并不对等。长期以来,受此影响,每当我们论及道德教化时,指的似乎仅仅是政府对公民社会的教育。道德仅仅是对民众提出的一系列行为规范要求,而政府则似乎置身事外。这样的道德信念体系是不健全的。

现代社会是以全体成员一律平等为基本理念的社会,我们不能预设某一社会成员或集团由于其特殊的社会地位、文化教养,处于国民道德水平之高端,因而可以居高临下地为其他社会成员制定行为规范,自己却拥有豁免权。现代社会的国民道德体系绝不是一部分人对另一部分人提出的特殊伦理要求,尤其不是某一强势社会集团出于自身利益,向弱势群体提出的要求,而应当是为全社会而制定,为全社会所遵守的行为规范。其覆盖的范围包括各个族群、阶层、行业,也包括各级政府机关、公务员,任何个人或组织都没有天然的豁免权。

当然,任何一个社会都由个体组成,高度文明的社会必定是由一大批道德修养良好、高度自律的个体组成的。所以伦理道德首先是对组成社会的个体成员的行为规范。但另一个重要事实是:在现代社会,政府掌握的公权力具有天然的扩张性,容易被滥用,官民在实现各自意志的能力上不对等,各级政府客观上具有侵凌民众的诸多便利条件。若政府行为不受约束,各级政府公务员缺乏高尚为政的理念,绝非民众之福。就现实情形看,当代中国社会的整体道德水平滑坡并不仅仅表现于民间,各级政府言而无信、与民争利、以强凌弱的事件也时有发生。不只个体社会成员失德,官德也在严重下降。

因此,我们在这里才特别地强调:我们需要建立的应当是一个全民性的伦理道德规范系统,在这一规范面前,应当没有任何例外,除提出个体公民的行为规范之外,也要正面、明确地提出对于政府及其公务员的伦理道德要求。用儒家的传统话语说,便是"自天子以至于庶人,壹是皆以修身为本"①。

___

① 《礼记·大学》。

第二章　当代中国道德信念体系之基本构想

　　自古以来,生活在黄河、长江两大河流冲积而成的广阔平原上的中国人精耕熟耨,以血缘家庭为单位,固着于土地之上,少有流动,形成了邻里关系稳定熟悉的乡土社会。与这种生活方式相适应,古代中国人产生了父慈子孝、家国一体、天人合一、崇礼尚德的意识形态,几千年来维护了中国社会的秩序稳定。

　　但是到了现代社会,传统文化中的一些伦理道德观念不再适应时代的要求。

　　比如说,古代中国社会是以血缘、宗法关系为纽带而建构起来的。家庭内部,首先要确立父亲的绝对地位。以父亲为中心,确定上下贵贱、尊卑长幼秩序,任何一级不得逾越。国家实际上是家庭的扩大化,君主作为一国之主,是权力的化身和象征。除了君主,每一个古代中国人在比自己等级高的人面前,可以作威作福,颐指气使,在比自己等级低的人面前,又只能俯首帖耳,任人驱使。平等的观念在古代中国不可能出现,而这恰恰是现代社会政治和法律的基础。

　　在古代,"中国的社会组织是一个大家庭而套着多层的无数小家庭。可以说是一个'家庭的层系'。所谓君就是一国之父,臣就是国君之子。在这样层系组织之社会中,没有'个人'观念。所有的人,不是父,即是子。不是君,就是臣。不是夫,就是妇。不是兄,就是弟"①。长幼有序、贵贱有分剥夺了个人独立存在的价值。个人没有个性、人格,依附于整体且无条件地服从整体,缺乏自信、自立、自强精神,权利和尊严都得不到尊重。而在现代社会,一个人只有意识到自我的存在、价值、意义才能确立自身的主体性,才能更好地发挥自己的主动性、积极性和创造性。

古代中国社会通过血缘宗法制度和"家国同构"机制维系社会运行,靠血亲情感整合上下等级。在这样的温情脉脉的熟人社会中,国家制定的法律退居次要地位,与法律扯上关系的人被视为道德有污点的人,严格遵守、适用法律反而会破坏了人们之间融洽的关系。因此古代中国社会治理的策略不是借助法律制裁,而是务求激发人们的同情心和羞恶感,经由教化,让他们自觉地遵守社会礼俗或礼教,万不得已才动用法规。这与现代社会的法治精神显然也是格格不入的。

古代中国仅有帝王对人民恩宠式的民本思想,从来就没有提出要用宪法来限制皇帝的权力,更谈不上民主。而现代民主政治却认为国家的最高权力属于民众,政府对人民负责,其执政行为受到宪法限制。

今天我们建构新的道德信念体系固然不能割断中华民族自身历史文化的血脉和价值传统,但是我们必须对传统伦理道德中的许多理念加以改造、阐发,加进现代素质,构成新的道德信念。

在对中国传统伦理道德进行改造的时候,现代西方价值观是我们借鉴吸收的对象。不过近代以来西方伦理价值观在我国的传播虽然为我们带来了自由、平等、民主、法制等现代理念,也造成许多负面影响。

比如说西方价值观念是以个体为本位的,自我在价值观念中占据中心地位,其"个人至上"的个体本位观和自由观导致了我国一些人自私自利的极端利己主义,和"主观任性"的极端自由主义,一心只想着

---

① 张东苏:《理性与民主》,生活·读书·新知三联书店 1998 年版,第 8 页。

自己,对国家和社会的责任感淡漠。

西方价值观鼓励逐利,追求利益、金钱被看作是正当的、合理的。改革开放以后,在市场经济条件下,中国人也很快接受了这种观念,告别了传统的,耻于谈钱、羞于赚钱的价值观。但是这种观念的泛滥又导致了许多人见利忘义,为了蝇头小利不择手段,侵害他人甚至国家的利益。

现代西方价值观立足于工业文明,过分夸大、迷信人类自身力量,从而形成了人类中心主义,认为自然界的一切充其量只具有满足人类利益的工具价值。这种价值观的泛滥对人类赖以生存的地球环境造成极大破坏,引发诸如资源浪费、环境污染、生态失衡等等恶果。

西方社会崇尚理性,重视法制,强调理大于情,但片面地强调理性又使社会失去了人情味,造成亲情关系淡漠,家庭不稳定,人际之间缺乏关爱,以及一系列社会问题的发生。

很明显,当代中国不可能照搬和移植西方价值观,只能吸收其价值观念中反映市场经济和现代社会共性的东西作为我们建构当代中国道德信念体系的镜鉴。

今天我们建构的当代中国道德信念体系应该是对传统伦理道德的改造和重新阐释,应该是对西方价值观的合理借鉴和吸收,要将两者之中最有价值,最合乎当代中国社会发展的需要的理念,以容易为当代中国民众所接受的形式抽取提炼出来,和合通变,融汇创新,形成一种新型的,具有中国民族文化特色和时代色彩的道德信念体系。

笔者认为中国传统伦理道德中,"仁""义""礼""信""忠"这五个德目最具备改造为现代道德信念的潜质。当然,我们现在讲"仁""义""礼""信""忠"不再是儒家原典中的信条,而是经过重新阐释之后,发展和扩充了的"仁""义""礼""信""忠"。为了避免读者的误解,笔者将其分别改称为"仁爱""正义""秩序""诚信""忠实"。选择的理由如下。

第一节　仁爱——推己及人

本书中所讲的"仁爱"渊源于中国传统文化中由来已久的"仁"。

在商代的甲骨文和周代的金文中，"仁"字就已经出现了。1977年，在河北平山县出土的战国"中山王鼎"上有这样一段铭文："天降休命于朕邦，有厥忠臣赒，克顺克卑，亡不率仁，敬顺天德，以左右寡人。"《尚书》有周公评价自己的言论："予仁若考，能多材多艺，能事鬼神。"①《诗经》中有"洵美且仁"②"其人美且仁"③的诗句。《左传》曾有 33 次提到"仁"，《国语》中也多次用到这个字。

显然在孔子之前，"仁"就已经作为褒奖之词被广泛使用了。但是在孔子之前，"仁"的内涵并不明确。孔子对"仁"做出了完整明确的界说，将其提炼为最高伦理价值，并作为自己思想的核心。《论语》仅15929 字，论述"仁"的地方多达 109 次，《吕氏春秋》因此有"孔子贵仁"之说④。

东汉许慎在《说文》中说："仁，亲也。从人二。"也就是说，从字面意思上讲儒家的"仁"所体现的是人与人之间的相互联系和关系。孔子认为这种关系应该是亲善的。在《论语·颜渊》中记载了这样一段对话："樊迟问仁，子曰：爱人"。可见"仁"的基本含义就是同情、爱护和帮助人的思想感情。

在孔子眼中，仁是从爱自己的亲人开始的。孔子明确解释："仁者，人也。亲亲为大。"⑤任何人自从来到这个世上就置身于血缘亲情

---

① 《尚书·金滕》。
② 《诗经·郑风·叔于田》。
③ 《诗经·齐风·卢令》。
④ 《吕氏春秋·不二》。
⑤ 《礼记·中庸》。

的佑护之中,父母兄弟姐妹彼此爱抚依偎,互为依靠。对亲人的爱就是仁的自然心理基础。以此为出发点,把基于血缘的亲情扩展到家庭之外,人们就可以产生对其他社会成员的爱心。费孝通在《乡土中国》中曾指出中国人的社会结构"不是一捆一捆扎得清楚的柴,而是好像把一块石头丢在水面上所发生的一圈圈推出去的波纹。每个人都是他的社会影响所推出去的圈子的中心,被圈子的波纹所推及的就发生联系"①。虽然费孝通认为这种情感会"一圈圈推出去,愈推愈远,也愈推愈薄"。但我们也应该看到,在正视人际关系远近亲疏有别的客观现实的同时,孔子的这种由内向外扩展的爱可以永无止境。因此孔子教导学生说要"泛爱众而亲仁"②。

这种爱可以是对邻居左右的慈悲,也可以是对陌生人的帮助,可以超越阶级和组织,也可以超越国界、种族。《论语》中讲过一个简短的故事:"厩焚。子退朝,曰:'伤人乎?'不问马。"③这说明孔子关心的是人,而不是马——财产。而且当时的马夫身份低下,属于家奴,身为士大夫阶层的孔子仍然这样关心,可见他的仁爱超越了等级。还有一次,"樊迟问仁。子曰:'居处恭,执事敬,与人忠。虽之夷狄,不可弃也。'"④樊迟问怎样才是仁。孔子说:"平常在家规规矩矩,办事严肃认真,待人忠心诚意。即使到了夷狄之地,也不可背弃。"这就说明孔子的仁对于华夏族以外的"夷狄"也是适用的。

孔子的"仁"代表着对人的生命的尊重,对人的地位和价值的肯定,以及对人与人之间相亲相爱的提倡。"仁者,人也。"就是要把人当人,要爱护人的生命和维护人的尊严。因此他才会怒斥那些用陶俑模拟殉葬的人:"始作俑者,其无后乎?"⑤这体现出的是一种人本主义思

① 费孝通:《乡土中国》,上海人民出版社 2006 年版,第 21 页。
② 《论语·学而》。
③ 《论语·乡党》。
④ 《论语·子路》。
⑤ 《孟子·梁惠王上》。

想,说明在孔子眼里凡是人都应该拥有作为"人"的资格,也都应该享有作为"人"所应有的生存权利和平等地位;在人与人的交往相处中,每一个人要把自己当成人也要把别人当成人,不管地位身份有何差别,人人都应互相尊重、互相关爱,以"人道"待人。

"仁"中所包含的同情、怜悯、关心他人的精神无论在任何年代都是人类渴求之善。那么如何才能做到"仁"呢?孔子认为要通过"恕"道。

《论语·卫灵公》中,"子贡问曰:'有一言而可以终生行之者乎?'子曰:'其恕乎。己所不欲,勿施于人。'"子贡问,有没有一句话可以奉为终身行为的准则,孔子说那就是"恕"吧,自己不想要的,就不要施加给别人。

《论语·雍也》中,"子贡曰:'如有博施于民而能济众,何如?可谓仁乎?'子曰:'何事于仁?必也圣乎!尧、舜其犹病诸!夫仁者——己欲立而立人,己欲达而达人。能近取譬,可谓仁之方也已。'"子贡说:"要是有一个人能够采取博施济众的方法造福民众,能被称作是'仁'吗?"孔子说:"岂止是'仁',简直是'圣'!尧舜都很难做到。所谓仁啊,其实就是自己想要在社会上获得一定的地位,也应该让别人能够在社会上获得一定的地位;自己想要在事业上做出一番成就,也应该允许别人在事业上做出一番成就。能拿自己打比方,这就是实行仁的方法。"南宋朱熹后来将恕道总结为"推己及人"①——人与人交往要将心比心,设身处地为别人着想,理解和体贴他人,尊重他人的利益。

"己欲立而立人,己欲达而达人"说的是要从积极的方面去帮助别人,"己所不欲,勿施于人"说的是从消极的方面不要损害别人,强加于人。这些准则都有助于消除人与人之间的心理隔阂,相容相生,解决人们现实中遇到的各种利益冲突问题。

---

① 朱熹:《朱子文集·与范直阁书》。

不过在今天的世界上，人与人之间，国家之国家之间往往由于历史文化、政治环境、经济水平、发展阶段不同，所追求的目标、所急需的变革都大为迥异，如何恰当地遂行恕道也很可能变得复杂起来。如果"己欲立"的事情并非别人所"欲立"，却强行要别人去"立"，必然走向"仁"的反面，造成灾难性后果。因此在无法确切了解别人的真实愿望和需求的情况下，消极的"己所不欲，勿施于人"，要比积极的但是很可能好心办坏事的"己欲立而立人，己欲达而达人"更具有可操作性和善意，至少不会妨碍和损害他人做出自主选择的权利。因此 1993 年美国芝加哥世界宗教会议上通过的《走向全球伦理普世宣言》把"己所不欲，勿施于人"作为最基本的金规则①。

孔子以后，经过历代儒家学者的不断阐述和传播，"仁"成为中国传统文化的核心命题和基本概念，贯穿于儒家伦理思想的全部内容之中。

孟子对孔子的"仁"做了发挥。他尤其强调"仁"是一种发自内心的行为，"人皆有不忍人之心。……今人乍见孺子将入于井，皆有怵惕恻隐之心——非所以内交于孺子之父母也，非所以要誉于乡党朋友也，非恶其声而然也。……恻隐之心，仁之端也"。每个人都有怜悯体恤别人的心理。……如果有人突然看见一个小孩要掉进井里面去了，必然会产生紧张同情的心理——这不是因为想去和这孩子的父母拉关系，不是因为想在乡邻朋友中博取美誉，也不是因为厌恶这孩子的哭叫声。"仁"正是源出于人们的同情心。

汉代董仲舒不同意孔孟"亲亲为大"的原则，提出了"以仁厚远"——仁施得越远，爱的人越多，其境界就越高。他说："王者爱及四夷，霸者爱及诸侯，安者爱及封内，危者爱及旁侧，亡者爱及独身。独身

---

① ［德］孔汉思、［德］库舍尔编：《全球伦理——世界宗教议会宣言》，何光沪译，四川人民出版社 1997 年版，第 149 页。

者,虽立天子诸侯之位,一夫之人耳,无臣民之用矣,如此者,莫之亡而自亡也。"①所以,"仁"的最高境界就是对全人类的大爱。

唐代文豪韩愈对孔子的"泛爱众而亲仁"加以进一步阐释,在《原道》一文中提出"博爱之谓仁"。这实际上是将孔子的以血缘家族为核心,有亲疏远近之别的"仁"泛化到每一个人。所谓"博爱"就是要不分血缘亲疏、关系远近而广施爱心,尊重每个人与自己一样的人生权利,"一视而同仁,笃近而举远"②。

宋代大儒程颢把"仁"扩展到天地万物:"仁者浑然与物同体……天地之用皆我之用。"③"若夫至仁,则天地为一身,而天地之间,品物万形为四肢百体。夫人岂有视四肢百体而不爱者哉？圣人仁之至也,独能体是心而已。"④仁者要把天地万物都看作是自己身体的一部分,像爱护自己的身体一样爱护天地万物。

今天,不论在中国,还是在世界,人类社会前所未有地紧密联系在一起,人与人之间、人与社会之间、人与国家之间、国家与国家之间,权利、利益、意识形态、精神文化上的碰撞、摩擦、矛盾和冲突层出不穷,冷漠、暴戾现象不断撞击人们的道德底线,互助协作、和谐共赢的关系鲜为人见。"仁"在这种背景下越发值得我们思考和借鉴。

与人为善,宽以待人,以爱人之心调节与和谐社会人际关系,设身处地地理解他人,像维护、捍卫自己权利和利益一样来维护、捍卫他人的权利和利益,"己所不欲,勿施于人",这些理念对于我们建设社会主义和谐社会,匡正社会上的不规范行为,促进经济发展和整个社会的进步,具有根本性的积极意义。扬弃之后"仁"在当代中国道德信念体系中理所应当占据首席之地。

----

① 董仲舒:《春秋繁露·仁义法》。
② 韩愈:《昌黎先生集·原人》。
③ 程颢、程颐:《河南程氏遗书·卷二》。
④ 程颢、程颐:《河南程氏遗书·卷四》。

第二节　正义——义者宜也

中国古代没有现代意义上的"正义"概念。但是"义"却是传统儒家思想体系中最基本的观念和范畴之一，不仅在统治阶级上层和思想文化界受到广泛重视，在社会下层、底层民众中间更是具有远超"忠""孝""仁""礼""信"等德目的影响力。

《说文解字》对"义"的繁体——"義"是这样解释的："義，已之威仪也，从我羊。""已"，当为"己"，指的是自己。"羊"在古代象征着良善和美好，与"我"放在一起，表示自己要保持端庄美好的仪容。也就是说义的本义即是"仪"。后来这个字的含义逐渐扩展引申，具有了道德规范的内涵，被写成了"谊"。汉代的郑司农注《周礼·肆师》说："今时所谓义为谊。"而"谊"的意思据《说文解字》解释为"人所宜也"。因此《礼记·中庸》中说"义者，宜也"。"义"的基本含义也就变成了言谈举止、判断决策合理、恰当、正确。

在《论语》中，"义"字出现过24次，虽然不多，孔子却总是把它用在非常重要的位置上，虽然没有明确说什么是"义"，却将其作为对人们行为进行价值评判的标尺。合乎行为规范，被认为是恰当和正确的，就被孔子称为"义"。南宋朱熹就说："行其所当行"①即是义，他的学生陈淳也说："只当如此做，不当如彼做，有可否从违，便是义。"②

但是在漫长的中国历史长河中，义的伦理含义经历了一系列嬗变，具有了更丰富的内涵。

---

① 黎靖德编：《朱子语类·卷六》。
② 陈淳：《北溪字义·仁义礼智信》。

孟子说"敬长,义也"①,"义之实,从兄是也"②,《礼记》中也有"贵贵、尊尊,义之大者也。"③这其实是从自觉维护宗法尊卑和封建等级制度的角度来谈"义"。汉代董仲舒进一步加以阐述说:"大小不逾等,贵贱如其伦,义之正也。"④"立义以明尊卑之分。"⑤"义"在这里就成了站在自己恰如其分的等级地位上,不僭越,不冒犯。康有为后来说得更明白了:"界限者,义也。"⑥"义"就是等级之间的那条看不见的界限。

《左传》中记载,宋国权臣华公督弒君篡立,为了逃避诸侯们的干涉,用吞灭郜国夺来的大鼎贿赂鲁桓公。鲁大夫臧哀伯引用伯夷、叔齐的故事劝谏鲁桓公不可接受:"武王克商,迁九鼎于雒邑,义士犹或非之,而将昭违乱之赂器于太庙,其若之何?"⑦当年武王伐纣,将商朝的九鼎搬回雒邑,伯夷、叔齐坚决反对。臧哀伯称伯夷、叔齐为义士,也就是将严守等级本分看作"义"。

荀子把对社会等级的尊重和维护衍生到社会分工上,主张每个人应当坚守自己的岗位职责,通力合作。"人有气有生有知,亦且有义,故最为天下贵也,力不若牛,走不若马,而牛马为用,何也? 曰人能群,彼不能群也,人何以能群? 曰分,分何以能行? 曰义,故义分则和,和则一,一则多力,多力则强,强则胜物;故宫室可得而居也,故序四时、载万物、兼利天下,无它故焉,得之分义也。"⑧在这里,社会分工就是"义"。宋代学者邵雍说"义者,尽人之才也"⑨,即是说每个人都应该到最适合自己的岗位上去,做好自己的本职工作,不懈怠。

---

① 《孟子·尽心上》。
② 《孟子·离娄上》。
③ 《礼记·丧服四则》。
④ 董仲舒:《春秋繁露·精华》。
⑤ 董仲舒:《春秋繁露·盟会要》。
⑥ 康有为:《春秋董氏学·卷六》。
⑦ 《左传·桓公二年》。
⑧ 《荀子·王制》。
⑨ 邵雍:《皇极经世·观物篇》。

义有时又被视为人应当遵循的正路,应该具有的正气。《左传》中石碏谏卫庄公:爱子要"教之以义方,弗纳于邪"①。这里"义"与"邪"相对,也就是"正"的意思。孟子说:"义,人之正路也。"②荀子也说:"夫义者,所以限禁人之为恶与奸者也。"③"正"显然比"宜"更进一步,不仅仅是恰当、合理、正确,更要正当。有些事情再有好处,如果不是正途,也不应该做。正如孟子所说:"人皆有所不为,达之于其所为,义也。"④

在民间,"义"还发展出了一些我们在小说、戏剧中常见的意涵,比如救人于危难之中;不乘人之危;自我牺牲;乐善好施;感恩图报;不贪财好色;等等。虽然比较庞杂,但这些道德行为有一个共同的特点就是动机纯洁,没有功利色彩。这其实也秉承了儒家对"义"的看法。孟子说:"无礼、无义,人役也。"⑤就是说,没有礼没有义的人,就会被欲望、权势所摆布,要想做到"义"就必须不图名利、不畏权势。

孔子说:"不义而富且贵,于我如浮云。"⑥用不义的手段得到的富与贵,对于我来说就如同天上的浮云。孟子说:"万钟则不辨礼义而受之,万钟于我何加焉?"⑦万钟的俸禄如果不辨别是否合乎礼义就接受它,这万钟的俸禄对我有什么益处呢?

墨家同样强调"义"。墨子以"义"为最高道德准则,即"有力者疾以助人,有财者勉以分人,有道者劝以教人"⑧。他的"义"在很大程度上超越了个人的道德要求,上升为天下公义。他说:"义,志以天下为

---

① 《左传·隐公三年》。
② 《孟子·离娄上》。
③ 《荀子·强国》。
④ 《孟子·尽心下》。
⑤ 《孟子·公孙丑上》。
⑥ 《论语·述而》。
⑦ 《孟子·告子上》。
⑧ 《墨子·尚贤下》。

芬。"①"天下有义则治，无义则乱。""天下有义则生，无义则死；有义则富，无义则贫。"②在墨子眼中，"义"是建功立业，利于天下百姓的价值标准，"兴天下之利，除天下之害"③，是一种"大义"，与远近亲疏是没有关系的，"视人之国若其国"，"视人之家若其家"，"视人之身若其身"④。因此，当公输盘为楚国制造云梯攻打宋国的时候，墨子从鲁国花了十天十夜赶到楚国，不顾生命威胁劝阻公输盘和楚王，同时派弟子率三百人带着自己研发的防守器械保卫宋国。其实这两个国家与他都没有什么关系。但是在"义"的驱动下，墨子就是要制止这场战争。

墨子的"义"更接近于今天的公平正义。墨子说："义者，正也。""义正者何若？曰：大不攻小也，强不侮弱也，众不贼寡也，诈不欺愚也，贵不傲贱也，富不骄贫也，壮不夺老也。是以天下之庶国，莫以水火毒药兵刃以相害也。"⑤除此之外，还要"老而无子者，有所得终其寿。连独无兄弟者，有所杂于生人之间。少失其父母者，有所放依而长"⑥，"饥者得食，寒者得衣，乱者得治"⑦。虽然秦汉以后墨学中绝，但是墨家的"义"在历史长河中仍旧有着深刻的历史影响。

在儒家的许多经典中也不乏对社会公平正义的论述，只不过没有用"义"来表达。比如孔子说："不患寡而患不均，不患贫而患不安。盖均无贫，和无寡，安无倾。"⑧董仲舒说："有所积重，则有所空虚也。大富则骄，大贫则忧，忧则为盗，骄则为暴。""使富者足以示贵而不至于骄，贫者足以养生而不至于忧，以此为度而调均之，是以财不匮而上下

---

① 《墨子·经说上》。
② 《墨子·天志上》。
③ 《墨子·兼爱下》。
④ 《墨子·兼爱上》。
⑤ 《墨子·天志下》。
⑥ 《墨子·兼爱中》。
⑦ 《墨子·尚贤下》。
⑧ 《论语·子路》。

相安,故易治也。"①这实际上说的都是以公平正义实现社会安定的意思。

《礼记》对理想中的公平正义的社会有过相当完整的描述:"大道之行也,天下为公。选贤与能,讲信修睦。故人不独亲其亲,不独子其子,使老有所终,壮有所用,幼有所长,矜寡、孤独、废疾者皆有所养。男有分,女有归。货,恶其弃于地也,不必藏于己;力,恶其不出于身也,不必为己。是故谋闭而不兴,盗窃乱贼而不作,故外户而不闭。是谓大同。"②在上古道义施行的时候,天下是人们所共有的,有才有德之士被选出来治理社会,人人讲求诚信和睦。因此人们不单奉养自己的父母,不单抚育自己的子女,老年人能颐养天年,正当壮年者能有用武之地,幼童能顺利地成长,使老而无妻的人、老而无夫的人、幼年丧父的孩子、老而无子的人、残疾人都能得到供养。男子有职业,女子有婚配。人们憎恶那种弃置财货的浪费行为,但不是想要独自享用;憎恶那种在劳动中不肯尽力的行为,但不是为了私利。这样一来,不会再有人搞阴谋诡计,盗窃、造反和害人的事情也不会出现,家家户户都不用关大门了,这就叫作理想社会。

传统"义"德中维护宗法家族、封建等级秩序,要求人民自觉安于自己的等级地位的保守观念在崇尚自由,鼓励社会流动的今天已不再适用,但是"义"所提倡的走正路、扬正气、公平正义、天下公义则正是现代社会发展所必需的。而救人于危难之中不乘人之危、自我牺牲、乐善好施;感恩图报等等与"义"相关的传统道德对于今天我们建设社会主义和谐社会也是非常宝贵的遗产。

传统文化中的"义"往往是与"利"对举的。"义利之说,乃儒者第一要义。"③探讨道义与利益、公利与私利、精神生活与物质生活的"义

---

① 董仲舒:《春秋繁露·度制》。
② 《礼记·礼运》。
③ 朱熹:《朱子文集·与延平李先生书》。

利之辨"一直是中国古代伦理道德思想家们争论的焦点命题,直到今天仍是人们普遍关注、无法回避的大问题。

先秦儒家反复强调要义利统一,以义制利,"义然后取"①。孔子说:"君子义以为上"②,"君子喻于义,小人喻于利"③。义利好恶成了衡量君子和小人的标准。孟子说:"为人臣者怀利以事其君,为人子者怀利以事其父,为人弟者怀利以事其兄,是君臣父子,兄弟终去仁义,怀利以相接,然而不亡者,未之有也。为人臣者怀仁义以事其君,为人子者怀仁义以事其父,为人弟者怀仁义以事其兄,是君臣、父子、兄弟去利,怀仁义以相接也,然而不王者,未之有也。"④义利取舍成了国家与社会兴亡的原因。荀子也曾经说:"先义后利者荣,先利后义者辱;荣者常通,辱者常穷,通者常制人,穷者常制于人。"⑤义利先后不仅涉及个人荣辱,甚至还决定着人生的通达或窘困。

西汉董仲舒在对待义利关系上更加绝对化,将义利置于不可调和的地位,其思想出发点就是"崇义去利",主张"正其谊不谋其利,明其道不计其功"⑥。汉昭帝时,朝廷召开盐铁会议,全国各地召集来的贤良文学以儒家思想为武器,讲道德,说仁义,反对"言利",反对"与民争利",要求"罢盐铁、酒榷、均输",声称"诸侯好利,则大夫鄙;大夫鄙,则士贪;士贪,则庶人盗。是开利孔,为民罪梯也"⑦。统治者开好利之风,会引诱人民"背义而趋利",等于给人民搭了犯罪的梯子。

宋代以后的理学家继承发展了董仲舒的义利观,往往都把言利等同于不道德。程颐说:"大凡出义则入利,出利则入义。"⑧王安石变法

---

① 《论语·宪问》。
② 《论语·阳货》。
③ 《论语·季氏》。
④ 《孟子·告子下》。
⑤ 《荀子·荣辱》。
⑥ 《汉书·董仲舒传》。
⑦ 桓宽:《盐铁论·本议》。
⑧ 程颢、程颐:《河南程氏遗书·卷十一》。

时,主张兴利除弊,就遭到程颢、程颐的道德批判。于是"重义轻利"的思想在儒家文化中逐渐走向极端,整个社会"讳言利""耻言利",普遍将求利的工商贸易视为贱业,国家忽视兴利理财、发展经济,人民"视功利如蛇蝎之不可手触"①,直接阻碍了商品经济、现代工商业的发展。直到近代,西方列强的坚船利炮强行叩关,洋务派、维新派思想家大力呼吁富国强兵、与西人展开商战,追逐功利在中国人心中才逐渐变得正当起来。

其实先秦儒家并不是完全摒弃功利,而是主张"见利思义""取之有义""以义制利"。

先秦儒家认为,品行高尚的人在个人利益面前,首先要考虑这种利益是否符合全社会公众的道德准则,也就是"见利思义"。孔子承认人们对利的追求是合情合理的,只是希望人们追求功利的行为要合乎道德:"富与贵,是人之所欲也;不以其道得之,不处也。贫与贱,是人之所恶也;不以其道得之,不去也。"②富有显贵,这是人人都想得到的,但如果不能用正确的方法获得它,君子是不会接受的。贫穷卑贱,是人人都厌恶的,但如果不能从正确途径摆脱它,君子是不会逃避的。荀子也说:"好利恶害,是君子、小人之所同也,若其所以求之之道,则异矣。"③君子和小人都有趋利避害的本能,只是他们实现这个目的的途径不一样。

在获取利益的时候,要把"义"摆在前面,也就是"先义而后利"④。对此,孔子曾多次论述说:"义然后取,人不厌其取。"⑤在遵循道义的前提下,赚取再多的利益也不会遭人厌恶。"富而可求也,虽执鞭之士,

---

① 蛤笑:《论中国儒学之误点》,《东方杂志》第 4 卷第 6 期(1907 年 8 月)。
② 《论语·里仁》。
③ 《荀子·荣辱》。
④ 《荀子·荣辱》。
⑤ 《论语·宪问》。

吾亦为之。如不可求，从吾所好。"①合乎道德，可以追求的富贵，即使
是执鞭开道的下等差事，我也愿意去做。不合乎道德的富贵，不可以追
求，那我还是做我喜欢的事吧。

　　《孟子》中还记载了这样一件事：孟子曾经拒绝了齐王赠送的一百
镒黄金，在宋国却接受了七十镒，在薛国也接受了五十镒，陈臻问为什
么。孟子说：在宋国时，我准备远行，远行需要路费，宋君以路费的名义
赠金，我怎么不接受？ 在薛国，我要提防路上的意外，薛君听我说要做
些兵备，这个名义赠金，我怎么不要呢？ 至于在齐国的时候，就没有
理由。没有理由而赠金，这是用金钱收买我，哪有君子被金钱收买
的？② 这就是说，没有正当理由的钱财不能要，如果是正当的，当然是
可以收下的。

　　"义"与"利"完全可以并存，但是当二者发生矛盾的时候，重要的
是"无以利害义"③，要能够让对"义"的向往战胜对"利"的欲求，让
"义"制约"利"，而不是相反。因此荀子说："义与利者，人之所两有也。
虽尧、舜不能去民之欲利，然而能使其欲利不克其好义也。虽桀、纣亦
不能去民之好义，然而能使其好义不胜其欲利也。"④尧舜圣君的好处
是能够让老百姓即使追逐功利也不超越道德，而桀纣暴君的坏处是让
人们好利胜过了好义。

　　孔子还认为对道德的追求本身就可以产生物质利益，也就是"义
以生利，利以平民"⑤。春秋时代的不少当权者都有这种认识，晋国大
夫里克曾说："夫义者，利之足也……废义则利不立。"⑥周襄王的大夫

　　① 《论语·述而》。
　　② 《孟子·公孙丑下》。
　　③ 《荀子·法行》。
　　④ 《荀子·大略》。
　　⑤ 《左传·成公二年》。
　　⑥ 《国语·晋语二》。

富辰说:"夫义所以生利也……不义则利不阜。"①齐国的晏婴也说:"义,利之本也。"②也就是说,义中包含了正当利益。遵循道义行事必然得利,而违背道义最终也会有实际的利益损失。

宋儒也相信,只要处事得宜,不折不扣、毫无偏差地贯彻道德准则,利自然而然就来了。朱熹曾一再说:"义有大利存焉"③,"义便兼得利","利,是那义里面生出来底",因为"凡事处置得合宜,利便随之"④,"义者,宜也。君子见得这事合当如此,却那事合当如彼,但裁处其宜而为之,则何不利之有?"⑤从另一方面讲,全社会都遵循道义,必定会处于一种和谐、安定的状态,这何尝不是一种"利"呢?"义则无不和,和则无不利矣。"⑥

但由于社会历史的各种原因,宋明理学中的"存天理,去人欲"的义利对立观点被极端突出,重义轻利论一直是中国传统社会的义利导向。

1949 年新中国成立之初,以国家利益和集体利益为重的精神风貌至今令我们难忘,但是在"左"倾思想的影响下,道义和公利被过分地、片面地强调,个人利益在"斗私批修"的运动中被污名化,无人敢于提及,反而给社会主义事业造成了严重危害。

在改革开放 30 余年后的今天,市场经济和全球化浪潮中的中国人理直气壮地追逐着经济利益,创造出令全世界瞩目的财富。但是在商业活动中,损人利己,自私自利,贪得无厌,见利忘义,巧取豪夺,囤积居奇等等不道德行为也泛滥成灾,败坏了社会风气,扰乱了市场秩序,既不利于社会的稳定,也不利于财富的增长。在这个背景下,重提"君子

---

① 《国语·周语中》。
② 《左传·昭公十年》。
③ 黎靖德编:《朱子语类·卷五一》。
④ 黎靖德编:《朱子语类·卷六八》。
⑤ 黎靖德编:《朱子语类·卷二七》。
⑥ 黎靖德编:《朱子语类·卷六八》。

爱财,取之有道","义利并举","以义制利",对促进和完善我国市场经济体制,帮助工商企业建立正确的商业伦理道德,具有重要的意义。

第三节　秩序——克己复礼

中国人自古以来就非常注重秩序。在先秦儒家眼里,秩序是由"礼"来维护的。

礼,繁体写为"禮",古文作"豐"。"豐"字下部的"豆"是一种祭祀用的器具,上部的"玨"为古玉字。王国维考证说:"盛玉以奉神人之器谓之曲,若豐,推之而奉神人之酒醴亦谓之醴,又推之而奉神人之事通谓之禮。"①即谓礼起源于上古的宗教祭祀,最初是盛装玉石祭祀神灵的器皿,后来用来祭祀神灵的美酒也被称为礼,再后来事奉神灵的一切事物都被称为礼。祭祀的程序规范和仪式仪轨自然也是礼。"但中国古代的宗教很早便为政治意义所融化,成为政治性的宗教了。因此,宗教上的礼,亦渐变而为政治上的礼。"而且"中国古代的政治,也很早便为伦理意义所融化,成为伦理性的政治。因此政治上的礼,又渐变而为伦理上的,即普及于一般社会与人生而附带有道德性的礼了"②。

广义上的"礼"泛指一切规定人的社会行为,调整人与人之间的各种社会关系和权利义务的典章制度、规范法则、仪式程序。"道德仁义,非礼不成。教训正俗,非礼不备。分争辩讼,非礼不决。君臣上下、父子兄弟,非礼不定。宦学事师,非礼不亲。班朝治军、莅官行法,非礼威严不行。祷词祭祀、供给鬼神,非礼不诚不庄。"③程颢、程颐说:"礼

---

① 王国维:《观堂集林》,中华书局 1959 年版,第 291 页。
② 钱穆:《中国文化史导论》,商务印书馆 1994 年版,第 72 页。
③ 《礼记·曲礼上》。

者,人之规范。"①

李觏还曾对"礼"做了更具体的描述:"饮食、衣服、宫室、器皿、夫妇、父子、长幼、君臣、上下、师友、宾客、死丧、祭祀,礼之本也。曰乐、曰政、曰刑,礼之支也。曰仁、曰义、曰智、曰信,礼之别名也。是七者,盖皆礼也。"②

狭义上的礼主要指的就是礼仪、节文、礼貌。《礼记》说:"礼义之始,在于正容体,齐颜色,顺辞令。"③晏婴也曾经说:"君令臣共(恭),父慈子孝,兄爱弟敬,夫和妻柔,姑慈妇听,礼也。"④行"礼"的基本要求是恭敬与谦让。古人有许多言论都提及这一点:"敬,礼之舆也,不敬则礼不行。"⑤"让,礼之主也。"⑥"有礼者敬人。"⑦"辞让之心,礼之端也。"⑧"恭者,礼之本也。"⑨

在古代,"知礼"被视为人区别于禽兽的主要标志,"凡人之所以为人者,礼义也"⑩。《诗经》中说:"相鼠有体,人而无礼。人而无礼,胡不遄死?"⑪《礼记》中说:"鹦鹉能言,不离飞鸟;猩猩能言,不离禽兽;今人而无礼,虽能言,不亦禽兽之心乎?……是故圣人作,为礼以教人,使人以有礼,知自别于禽兽。"⑫

孔子认为"礼"是建设一个和谐有序的社会所必需的制度规范:

---

① 程颢、程颐:《河南程氏粹言·卷一》。
② 《李觏集·礼论》。
③ 《礼记·冠义》。
④ 《左传·昭公二十六年》。
⑤ 《左传·僖公十一年》。
⑥ 《左传·襄公十三年》。
⑦ 《孟子·离娄下》。
⑧ 《孟子·公孙丑上》。
⑨ 王符:《潜夫论·交际》。
⑩ 《礼记·冠义》。
⑪ 《诗经·鄘风·相鼠》。
⑫ 《礼记·曲礼上》。

"礼之所兴,众之所治也;礼之所废,众之所乱也。"①荀子认为"人生而有欲,欲而不得,则不能无求,求而无度量分界,则不能不争。争则乱,乱则穷。先王恶其乱也,故制礼义而分之,以养人之欲,给人之求。使欲必不穷乎物,物必不屈于欲,两者相持而长,是礼之所起也"②。"礼"有助于明晰社会等级角色,建立长幼伦理秩序,"礼者,贵贱有等,长幼有差,贫富轻重皆有称(相称、相当)者也"③。"礼达而分定"④,分定了,就可以免除民众的纷争。慎子曰:"今一兔走,百人逐之,非一兔足为百人分也,由未定。由未定,尧且屈(竭)力,而况众人乎?积兔满市,行者不顾,非不欲兔也,分已定矣。分已定,人虽鄙不争。故治天下及国,在乎定分而已矣。"⑤社会由此便进入有序的状态。

礼在管仲提倡的"礼义廉耻"四维中居于首位,又是儒家"仁义礼智信"五常之一,对中国传统文化产生过深远的影响。春秋时期的知识阶层往往将礼视作国家运转的基础。"安上治民,莫善于礼。"⑥"礼所以守其国,行其政令,无失其民者也。"⑦"礼,经国家、定社稷、序人民、利后嗣者也。"⑧孔子将治国无礼形容为盲人无人相助,暗室里没有蜡烛:"治国而无礼,譬犹瞽之无相与!伥伥乎其何之?譬如终夜有求于幽室之中,非烛何见?若无礼,则手足无所错,耳目无所加,进退揖让无所制。"⑨《礼记》将"礼"比喻作称量用的秤杆、画直线用的绳墨、画方圆用的曲尺和圆规:"礼之于正国也,犹衡之于轻重也,绳墨之于曲直也,规矩之于方圜也。故衡诚县,不可欺以轻重。绳墨诚陈,不可欺

---

① 《礼记·仲尼燕居》。
② 《荀子·礼论》。
③ 《荀子·富国》。
④ 《礼记·礼运》。
⑤ 《吕氏春秋·慎势》。
⑥ 《礼记·经解》。
⑦ 《左传·昭公五年》。
⑧ 《左传·隐公十一年》。
⑨ 《礼记·仲尼燕居》。

以曲直。规矩诚设,不可欺以方圜。"①

行"礼"与否甚至关系到国家的安危存亡。内史过看到晋惠公接受周襄王赏赐时表现得很怠慢,批评说:"礼,国之干也……礼不行则上下昏,何以长世?"②齐国大夫仲孙湫劝阻齐桓公不要攻取鲁国时说"周礼,所以本也。……国将亡,本必先颠而后枝叶从之。鲁不弃周礼,未可动也。"荀子干脆明白地讲国家的命运取决于礼:"人之命在天,国之命在礼。"③

先哲们对"礼"的期望是非常高的,赋予"礼"的职能非常重要。而"礼"也的确成功地对古代中国人的行为道德加以规范,维护了社会家庭的安定和有序发展,保证了封建国家的稳定。

礼的核心精髓和基本精神是"和"。和,本义为音乐的和谐,即不同的旋律、声音和谐地组合在一起,引申为和谐、和平、祥和。对于一个系统来说,只有各个不同组成部分恪守其在整体中的位置,才有整体的和谐,任何越位都将导致秩序的混乱甚至整体的崩溃。在封建等级社会里,"礼"的最基本功能就是"别贵贱,序尊卑",实现稳定的社会关系和良好的社会秩序。如果人人都在"礼"的规范要求下,各安其分,各司其职,各奉其事,社会必定井然有序与和谐稳定。所以说,"和"是"礼"最终要达成的是一种状态,是礼追求的终极理想和最高境界。

孔子的学生有子说:"礼之用,和为贵。先王之道斯为美,小大由之,有所不行,知和而和,不以礼节之,亦不可行也。"④《礼记·燕义》亦曰:"和宁,礼之用也"。《礼记·儒行》也说:"礼之以和为贵。"几千年来,追求"以和为贵"的"礼"一直是中国传统社会的主要控制手段。相对于崇尚"竞争",鼓吹"优胜劣汰""适者生存"的西方文化,"以和为贵"显

---

① 《礼记·经解》。
② 《左传·僖公十一年》。
③ 《荀子·强国》。
④ 《论语·学而》。

得不思进取,缺乏活力。生物进化论似乎为此提供了无可辩驳的铁证。然而无论是在自然界的物种生存,还是在人类社会发展中,我们都可以找到证据来说明:个体竞争的成功很可能就是集体悲剧的开始。

许多生物学家都注意到这样的现象:雄性麋鹿在繁育后代的竞争中靠的是它们头上树杈一样的鹿角。雄性麋鹿个体的鹿角架越宽阔,在争夺雌性麋鹿的争斗中获胜的可能性就越大,也就拥有了更多繁育后代的机会。有一些雄性麋鹿的鹿角几乎达到了 1.5 米宽。但是,麋鹿的这种竞争对于它们的群体来说并没有什么好处。

宽大炫耀的鹿角在奔跑逃命的时候毫无用处,反而是一种累赘。曾经有人看见一群狼追逐一只顶着 1.5 米宽的大角的麋鹿进入一片树林。尽管麋鹿竭尽全力沿着曲折的路线逃跑,可是头顶上的大角在树丛中绊来绊去,让它无法迅速通过树林。于是生殖竞争的胜利者成了生存竞争的牺牲品。争夺配偶的优势成了逃避捕食者的劣势。

不幸的是,大角麋鹿已经占有了相当多的雌性麋鹿。它的后代也不出所料遗传了它那值得炫耀的大角。于是,一段时间之内,整个麋鹿群体的生存能力都降低了。

海象是另外一个例子。这种海洋哺乳动物体形庞大。很多雄性海象的体重相当于一辆满员的家用轿车。在争夺配偶的时候,个头较大的雄性海象常常能够取得优势,占有一大群雌性海象,生下一大群像他一样肥胖的后代。体重是海象争夺生殖权的一个有利条件,但是在其他方面,它却成了缺陷。为了维持庞大身躯的消耗,一头雄性海象每天需要吃掉至少 3000 只软体动物,觅食大成问题。而且由于体重太大,有时雄性海象不小心还会把自己的亲密爱人压个半死。过于肥胖还容易导致畸形。所以,当雄性海象们争相炫耀自己肥硕的身姿的时候,它们群体的命运却并不乐观。

进化似乎走进了一个悖论:个体的竞争优势反而削弱了群体生存的能力。

有人认为优胜劣汰、弱肉强食的竞争不仅是自然界的本质,也是人类社会发展的内在规律。但是,如果我们冷静地看看人类的处境,就会发现,竞争给人类带来的前景并不美妙。

在人与人的经济竞争中,全球贫富差距日趋严重。国际乐施会2014年1月20日发布的一份报告显示,最富有的前85位亿万富豪财富加在一起,这一数字相当于35亿最贫穷人口财富总额;占全球人口1%的最富有人群财富总额更是达到110万亿美元,相当于那35亿人口财富总额的65倍。①

在国家与国家争夺资源的竞争中,资源越来越为某些富国所垄断,而且也越来越匮乏。众多发展中国家眼下或是资源短缺,或是被迫过分廉价地出卖资源,资源紧张往往又是社会危机的催化剂和并发症。

在世界各民族的生存竞争中,无数花样百出的杀戮机器被制造出来,用于消灭自己的对手,保全自己。无数的战争和死亡没有为人类带来和平,反而让人类生存的世界越来越危险。

因此我们应该认识到,你死我活的竞争策略不应该运用到人类自己身上。相反,只有人与人、人与社会保持协调、和谐,社会群体才能形成强大的力量,克服外界压力,获得生存。正如荀子所说:"和则一,一则多力,多力则强,强则胜物。"②

如果把"礼"字换成"法"字,你会发现"礼"在古代中国人心目中的作用和意义与"法"在现代人心目中的作用和意义何其相似。事实上,中国古代的"礼"很大程度上承担着今天"法"的任务,很多时候"礼"就是以"法"的形式在实践中运行。荀子曾经说:"礼者,法之大分,类之纲纪也。"③北宋时李觏也说:"礼者,虚称也,法制之总名

---

① 徐超:《全球贫富差距日趋严重》,《海南日报》2014年1月12日。
② 《荀子·王制》。
③ 《荀子·劝学》。

也。"①而且礼的应用范围比"法"广阔得多,上至朝廷礼仪、国家体制和各种法律,下至宗法制度、道德规范、乡规民约、衣食住行、婚丧嫁娶,无不在礼的经纬之中。

夏商周时代的中国人十分重视祭祀,礼也正是从这个时代开始产生。周公"制礼作乐"是"礼"系统化、规范化的标志。这一时期,习惯、道德和法律全都包容于礼制规范之中。礼制承担着法律的职能,刑罚只起协助礼制实施的作用。儒家因而称之为"礼治"社会。但是因为"礼"的伦理色彩浓厚,所以这种行为规范强调的是人们发自内心的自觉,而非外在强制。

儒家原本起源于商周时代操持仪式祭礼的巫觋卜祝,因而对由祭祀仪式演变而来的"礼"格外重视,将其意义提升到关系个人安身立命,社会和谐稳定,国家安定繁荣的高度。但是春秋战国时期,王室衰微,诸侯争霸,周天子的权威受到挑战。周朝的典章制度逐渐被废弃,礼崩乐坏,郑铸刑书,晋铸刑鼎,诸侯纷纷制定自己的法律。"礼"与"法"开始出现分野。主张"以法为本","垂法而治"的法家兴起,并且与主张"为国以礼"的儒家发生论战。不过儒法两家都没有非此即彼地排斥对方的主张。"礼"是人们内在的理性自觉,"法"则是外在的强制性规范,是可以并行的。儒家以礼教为主,以刑法为辅,孟子就说过"徒善不足以为政,徒法不足以自行"②。荀子尤其强调用刑罚来支持和保障礼治,"以善至者待之以礼,以不善至者待之以刑"③。法家也承认应该以礼区别贵贱、尊卑、长幼、亲疏,不否认礼教劝善的作用。在诸侯纷争,急功近利的历史背景下,法家思想逐渐占据上风,为各诸侯国所采纳,并且在秦统一六国之后占据了统治地位。

西汉时期,统治者反思秦朝摒弃礼教,独任严刑峻法,导致二世而

---

① 《李觏集·礼论》。
② 《孟子·离娄上》。
③ 《荀子·王制》。

亡的历史教训,把儒家思想作为王朝统治的指导思想,重振"礼乐",实现了礼法结合。朝廷任用儒家学者制定刑律,解释刑律,"引经注律",在司法审判中以礼作为定罪量刑的标准,"经义决狱"。"凡制五刑,必即天论,邮罚丽于事。凡听五刑之讼,必原父子之亲,立君臣之义以权之。"①从此以后的两千年中,中国一直是礼主法辅,礼在法中,法外有礼。

汉以后经过魏晋南北朝的不断发展,唐律最终完成了法律的儒家化、礼教的法典化,其制定和修撰都以礼为指导,有些律文几乎是照搬《周礼》,违背礼制的罪行要加重处罚,定罪量刑时宁可不依法也不能不依礼。这种状况一直延续到清朝末年。唐以后的宋、明、清的法典,均未脱《唐律》之窠臼。

但是"礼"制在社会历史发展的过程中,被极端化后,不免变得僵化、古板、虚伪。尤其是宗法家族中的礼,直接约束着每一个人的衣食起居,一举一动,导致人性的压抑和扭曲。19世纪90年代,在维新运动高潮时期,崇尚西方法治的中国早期启蒙思想家们开始抨击封建礼治,认为其既不保护人民的生命财产安全,也不维护人民的人身自由,主张用西方法律改造中国的传统法律。20世纪初的清末新政中,清朝下诏进行法律改革,"参酌各国法律",拟订出诸如刑法、民法、诉讼法、商法、宪法等新的法典或草案,奠定了近代中国的法律体系。

从此,"礼"逐渐被近代浪潮中的中国人抛弃,在20世纪的启蒙浪潮和新文化运动以及中华人民共和国成立以后的"文化大革命"中甚至被视为禁锢人性,导致中国愚昧落后的吃人恶魔,被一再地批判打倒。

不过近年来,法史学界开始重新思考中国传统"礼"的意义。借鉴传统礼治思想的思路和基本精神,吸收其合理因素的呼声渐起。中国

---

① 《礼记·王制》。

人民大学的马小红教授说："礼治文明是中国古代留给我们的遗产。礼治在形成与建立过程中对历史的发展起到积极的推动作用。中国的古代文明可以说是'礼治的文明'。中华法系亦因有礼治的指导而独树一帜，与同时代其他国家和地区的法律相比显得进步、开明。实践证明，在中国古代，礼治的统治更卓有成效，更易于社会的和谐稳定与发展繁荣。"①"礼律融合，使法律比较注重自身与社会各方面的协调，注重法律、道德、习俗、家规的配合使用，使社会调节多种多样。……有利于社会秩序的根本治理，也有利于对犯罪的预防。……礼治常常可收到法律所达不到的效果。礼律融合，使法律自身从单一化与教条化的困境中摆脱出未，它解决了法典条文化与现实世界千变万化的矛盾，使硬性的法律规范具有了弹性。"②

在长期的历史发展中，"礼"作为中国社会的道德规范和生活准则，曾经对中华民族精神素质的修养起到了重要作用，古代中国因此有着"礼仪之邦"的美名。今天我们建设社会主义和谐社会重新提倡"礼"，其内涵当然不可能与几千年前一样。古代"礼制"中关于宗教鬼神祭祀和君臣、宗族关系的内容今天显然已经成了博物馆里的标本，古代中国人用于协调人际关系、社会生活的礼仪、礼节也需要结合现代文化加以改造，讲求尊卑名分，违背人性、僵化禁锢的东西要清除掉，繁文缛节需要简化。

最重要的是，我们应该秉承"礼"的精神。中国古代重礼，体现的就是一种重秩序、重制度、重法律的观念。"礼"的精神就是人必须遵循规则而动。荀子说"礼者，人之所履也，失所履，必颠蹶陷溺。"③孔子认为每个人都应据礼行事，依礼做人，"非礼勿视，非礼勿听，非礼勿

① 马小红：《礼与法的归宿》，载南京师范大学法制现代化研究中心编：《法制现代化研究》第 3 卷，南京师范大学出版社 1997 年版，第 236 页。
② 马小红：《中国法律传统与现行法律建设》，《晋阳学刊》1988 年第 5 期。
③ 《荀子·大略》。

言,非礼勿动。"①为此,孔子提出了"克己复礼"的主张。"克己"就是要人们克制自己过分的欲望。"复礼"就是要人们以礼来约束自己。"一日克己复礼,天下归仁焉"②,这是多么美好的愿景,如果有那么一天,整个社会都做到了"克己复礼","仁"的理想境界就实现了。

今天我们倡导建设社会主义法治社会,要解决社会秩序混乱失范,以及有法不依、执法不严、违法不究的老问题,古代中国人在礼治中所表现出来的那种对社会秩序的崇尚值得我们深入借鉴。"礼"要求人们不仅要遵守法律,还要克制自己的不当欲望,自觉遵守社会秩序,遵守各种典章制度和社会公认的伦理道德,使自己的行为合乎社会规范,不论有无强制。这正是现代社会发展的要求。因此,现代之"礼",即"秩序"精神,也应该被作为当代中国提倡的道德信念之一。

第四节　诚信——言而有信

所谓"诚信"就是诚实不欺、遵守诺言。它是处理人际关系最基本的道德规范之一。在儒家"五常"中,"信"也是一个重要的德目。

早在商周时期,"信"德就备受推崇。现存最早的历史文献汇编《尚书》中就有周人崇尚"信"的记载。《尚书·康王之诰》中说:"昔君文武,丕平富,不务咎,厎至齐,信用昭明于天下。"《尚书·吕刑》中说:"民兴胥渐,泯泯棼棼,罔中于信,以覆诅盟。虐威庶戮,方告无辜于上。"

春秋战国时期的典籍中"信"是被屡屡言及的美德。孔子和他的弟子对"信"大力提倡。在《论语·为政》中,孔子说:"人而无信,不知其

---

① 《论语·颜渊》。
② 《论语·颜渊》。

可也。大车无輗,小车无軏,其何以行之哉?"人不讲信用是不行的,就像大小车辆没有销连车辕与横木的榫头,根本无法行驶。

在《论语·卫灵公》中,"子张问行。子曰:言忠信,行笃敬,虽蛮貊之邦行矣。"子张问做事怎样才能行得通。孔子说:"只要说话忠诚信实,做事忠厚、谨慎,即使在未开化的蛮荒之地也能行得通。"

在《论语·学而》中,"子夏曰:贤贤易色;事父母能竭其力;事君能致其身;与朋友交,言而有信。虽曰未学,吾必谓之学矣。"子夏说:"重视妻子的贤德胜过她的美貌;侍奉父母尽心尽力;侍奉君主尽忠职守;和朋友交往诚实守信,这样的人即使自己说没读过圣贤书,我也还是认为他学过圣贤之道。"

曾参身体力行地为我们留下了言而有信的榜样。曾参的妻子要到集市上去,儿子哭着闹着要跟着去。曾参的妻子哄他说:"你先回家待着,待会儿我回来杀猪给你吃。"等她从集市上回来,曾参真的杀猪去了。妻子说:"只不过是哄哄孩子罢了,你怎么还当真呢?"曾参说:"可不能跟孩子开玩笑啊!小孩子没有思考和判断能力,要向父母亲学习,听从父母亲给予的正确的教导。现在你欺骗儿子,等于教儿子欺骗别人。而且当他知道你是在哄骗他时,他就不会再相信父母了,一个人连自己的父母都不信任了,将来如何教育他呢?"最后曾参还是把猪杀了。①

在《吕氏春秋》中,"信"不仅是道德规范,甚至是哲学层面的"天道":"天行不信,不能成岁;地行不信,草木不大。春之德风,风不信其华(花)不盛,华不盛则果实不生;夏之德暑,暑不信其土不肥,土不肥则长遂不精……天地之大,四时之化,而犹不能以不信成物,又况乎人事?"②信是天地万物的自然规律,人怎么能不遵守呢?

---

① 《韩非子·外储说左上》。
② 《吕氏春秋·贵信》。

孔子不仅将"信"看作个人的私德,更将其提升到政府行为准则的高度。"子贡问政。子曰:足食,足兵,民信之矣。子贡曰:必不得已而去,于斯三者何先? 曰:去兵。子贡曰:必不得已而去,于斯二者何先? 曰:去食。自古皆有死,民无信不立。"①子贡问怎样治理政事。孔子说:"备足粮食,充实军备,让老百姓信任政府。"子贡说:"如果迫不得已要去掉一项,在这三项之中去掉哪一项呢?"孔子说:"去掉军备。"子贡又问:"如果迫不得已还要去掉一项,再去掉哪一项呢?"孔子回答说:"去掉粮食。因为,自古以来谁也免不了一死,没有粮食不过是饿死罢了,但一个国家、一个政府不能得到老百姓的信任就要垮掉。"

《吕氏春秋》认为不"信"将造成社会大乱:"君臣不信,则百姓诽谤,社稷不宁。处官不信,则少不畏长,贵贱相轻。赏罚不信,则民易犯法,不可使令。交友不信则离散郁怨,不能相亲。百工不信,则器械苦伪,丹漆染色不贞。"②

西晋的傅玄说:"天地著信,而四时不悖;日月著信,而昏明有常;王者体信,而万国以安;诸侯秉信,而境内以和;君子履信,而厥身以立。古之圣君贤佐,将化世美俗,去信须臾,而能安上治民者,未之有也。""若君不信以御臣,臣不信以奉君,父不信以教子,子不信以事父,夫不信以遇妇,妇不信以承夫,则君臣相疑于朝,父子相疑于家,夫妇相疑于室矣。大小混然而怀奸心,上下纷然而竞相欺,人伦于是亡矣。"③

傅玄还曾举了两个因为失信而致国祸的例子:"周幽以诡烽灭国,齐襄以瓜时致杀"。周幽王为取悦宠妃褒姒,戏燃烽火,失信于诸侯,导致西周灭亡;齐襄公令臣属戍守葵丘,以瓜熟为期,失信导致内乱被弑。

法家也将"信"作为重要的统治术来宣扬。商鞅说:"国之所以治

① 《论语·颜渊》。
② 《吕氏春秋·贵信》。
③ 《傅子·义信》。

者三,一曰法,二曰信,三曰权。"①韩非子认为君主应该"赏厚而信,刑重而必"②。商鞅变法之初,还特意做了这样一件事:在都城的南门竖了一根三丈高的木头,下命令说:"谁能把这根木头扛到北门去的,就赏十两金子。"众人都觉得很奇怪,谁也不去。商鞅又将赏金提高到五十两。有一个人大着胆子把木头扛到了北门,商鞅痛痛快快地付了赏金。于是整个秦国都知道了政府是守信的,商鞅颁布的新法很快得以贯彻实行。

但是先哲们倡导的"信"通常是有条件的,这个条件就是"义"。合乎道义的事情应该守信,不合道义的则可以不受约束。孔子曾说:"信近于义,言可复也。"③就是说承诺的事情,说过的话,只有符合道义才可以兑现。孟子说:"大人者,言不必信,行不必果,惟义所在。"④也是同样的意思。朱熹解释孔子的"信近于义"时说:"人说话固要信,然不近义时,其势不可践,践却便反害于信矣。"因此他建议"与人要约,当于未言之前,先度其事之合义与不合义。合义则言,不合义则不言。言之,则其言必可践而行之矣。今不先度其事,且鹘突恁地说了,到明日却说这事不义,我不做,则是言之不可践也。言而不践,则是不信;践其所言,又是不义,是不先度之故"⑤。

"信"无疑是中华民族几千年来视若珍宝的美德,然而在当代中国,"诚实守信等于吃亏"却成为很多人的共识,言而无信,毁约背弃的事情屡见不鲜,学术领域剽窃成风,医疗药品价格虚高,生产企业误导虚夸,假冒伪劣,地方政府欺上瞒下,朝令夕改,"诚信缺失"成了令社会各界痛心疾首的问题。

---

① 《商君书·修权》。
② 《韩非子·定法》。
③ 《论语·学而》。
④ 《孟子·离娄下》。
⑤ 黎靖德编:《朱子语类·卷二十二》。

中国人之所以失去了诚信有其客观原因。中国传统社会是一个"熟人社会",人们流动性不强,往往常年甚至世代生活在同一个村落或者社区里,彼此熟悉,彼此依靠,人与人之间存在重复博弈。一个人与另一个人打交道,如果不守信用,那么下一次就会遭到对方的报复,至少是不合作。因为是熟人社会,一次失信整个社区都会知道,失信者的生活环境、人际关系必然随之恶化。这是传统社会的"信"比较容易贯彻普及的原因。

到了现代社会,交通设施发达,人口流动频繁,今天在北京,明天可能就去了广州,居住环境也发生巨大变化,邻里之间也可能老死不相往来,人们渐渐进入一个"陌生人的社会"。人与人的交往常常是一次性的,一个人干了坏事转眼就可消失在茫茫人海里,受害者难以对他实施报复。这样一来,"信用"自然就弃之不守。

然而"诚信"对于我们今天社会主义市场经济和社会主义和谐社会建设却又是不可或缺的道德规范。正如《人民日报》评论的那样:"诚信不仅是一种品行,更是一种责任;不仅是一种道义,更是一种准则;不仅是一种声誉,更是一种资源。就个人而言,诚信是高尚的人格力量;就企业而言,诚信是宝贵的无形资产;就社会而言,诚信是正常的生产生活秩序;就国家而言,诚信是良好的国际形象。"①

进入 21 世纪以来,中共领导人反复强调诚信的重要性。中共十六大报告在论述切实加强思想道德建设时,提出要"以诚实守信为重点",中共十七大报告又进一步提出"以增强诚信意识为重点,加强社会公德、职业道德、家庭美德、个人品德建设"。中共十八大提出"加强政务诚信、商务诚信、社会诚信和司法公信建设",中共十八届三中全会提出"建立健全社会征信体系,褒扬诚信,惩戒失信"。

2014 年 6 月 14 日,国务院向各省、自治区、直辖市人民政府,国务

---

① 任仲平:《论诚信》,《人民日报》2003 年 9 月 18 日。

院各部委、各直属机构印发了《社会信用体系建设规划纲要（2014 —
2020 年）》提出：

"到 2020 年，社会信用基础性法律法规和标准体系基本建立，以信
用信息资源共享为基础的覆盖全社会的征信系统基本建成，信用监管
体制基本健全，信用服务市场体系比较完善，守信激励和失信惩戒机制
全面发挥作用。政务诚信、商务诚信、社会诚信和司法公信建设取得明
显进展，市场和社会满意度大幅提高。全社会诚信意识普遍增强，经济
社会发展信用环境明显改善，经济社会秩序显著好转。"①

重建"诚信"是现代中国社会发展的迫切需要、必然之举。当代中
国道德信念体系必须将诚信纳入进来。

第五节　忠实——公忠体国

"忠"是中国传统社会中被长期宣扬的品德，却又是近代以来在思
想文化上被激烈批判的对象。今天我们有必要重新辨明"忠"的本来
面目，消除人们的误解，赋予其新的时代内涵，即本书所说的"忠实"。

"忠"这个字最早出现于春秋时期。在春秋以前的文献中，尚找不
到"忠"字。但"忠"这一观念的出现可能要早于春秋时期。

从字面上来看，"忠"由"中"和"心"组成。在甲骨文里，"中"字有
三种写法：中、𠂤、中。对于第一种写法，高亨认为："乃射箭中'的'之
中，象矢贯的之形。"②这个说法得到了学术界的普遍认可。后两种写
法，学者们认为是氏族社会中之徽帜③，或者上古巫师所持，用以媒介

---

① 国务院法制办公室编：《中华人民共和国新法规汇编》2014 年第 7 辑，中国法制
出版社 2014 年版，第 56 页。

② 高亨：《文字形义学概论》，山东人民出版社 1964 年版，第 141 页。

③ 唐兰：《殷墟文字记》，中华书局 1981 年版，第 53 页。

天人的法器——神圣中杆①,唐兰认为,古代的时候遇有大事,想要让众人在空地上聚集,就在地上竖起标志性的大旗,即"中"。众人看到大旗,就聚集过来了。大家来自四面八方,大旗的位置就是中央,"中"便引申为中央之义。"中央"有不偏不倚之义,意味着氏族成员对其领袖公正无偏的要求。在这个氏族部落的中央之处,人们进行各种社交活动,比如市场贸易、宣战讲和、遗赠飨宴。人们对"中"的召集作用的认可,反映出氏族成员们对权威中心的服从。②

《尚书》中商王盘庚为了避免水患,复兴殷商,率领臣民把国都迁到殷,但遭到各方的反对,他警告众人说:"汝分猷念以相从,各设中于乃心。"③意思是你们应当考虑相互依从,心里面要想着"中"。"心"中有"中",自然就成了"忠"。从这个源头讲,"忠"首先是一种政治观念,规范的是君臣之间、私与公之间、个人与国家之间的关系。在春秋早期和中期,"忠"通常都是这个意思。

管仲曾对不同社会地位的人分别提出不同的道德要求,其中对"为人臣者"的要求是"忠信而不党"④,尽职尽责,不结党营私。他给忠臣下的定义是"能上尽言于主,下致力于民,而足以修义从令者,忠臣也"⑤。《左传》中晋献公问准备托孤的大夫荀息:"何谓忠贞?"荀息说:"公家之利,知无不为,忠也。"⑥意思是任何对国家、社会有利的事,只要知道了就应该立刻去做好,这才是对国对民最大的忠心。晋大夫臾骈奉命护送曾经侮辱自己的贾季的妻子儿女,阻止想要借机报复的手下人说:"以私害公,非忠也。"⑦赵文子赞扬鲁国大夫叔孙豹时说:

---

① 肖兵:《中庸的文化省察》,湖北人民出版社 1997 年版,第 32—38 页。
② 解颉理:《中国古代忠观念的渊源》,《湖州师范学院学报》2008 年第 5 期。
③ 《尚书·盘庚》。
④ 《管子·五辅》。
⑤ 《管子·君臣》。
⑥ 《左传·僖公九年》。
⑦ 《左传·文公六年》。

"临患不忘国,忠也。"①孔子也曾经说过:"君使臣以礼,臣事君以忠。"②子张问如何治理政事。孔子说:"居之无倦,行之以忠。"③楚国大夫子文三次出任令尹,不显得高兴;三次被罢免,不显得怨恨。每一次交接工作时,一定把自己的政务全都告诉继任者。孔子对他的评价也是"忠矣"④。这里强调的是个体对待国家、君主的责任和义务。

这种"忠"并非愚忠。管仲认为:"能据法而不阿,上以匡主之过,下以振民之病者,忠臣之所行也。"⑤臣子要坚持原则,能够帮君主改正过错。孔子曾经说:"爱之,能勿劳乎? 忠焉,能勿诲乎?"⑥爱一个人能不为他操劳吗? 忠于一个人,能不教诲他吗? 也就是说,"忠"就要引导他走上正道。荀子也讲道:"逆命而利君谓之忠"⑦,做事虽然违抗君命但是却对君主有利可谓是忠。所以,"忠"是经过自己深思熟虑之举,不是盲从,原则是对国家或者君主有利。

荀子还为"忠"分了层次:"有大忠者,有次忠者,有小忠者,有国贼者。以德复君而化之,大忠也;以德调君而辅之,次忠也;以是谏非而怒之,下忠也;不恤君之荣辱,不恤国之臧否,偷合苟容以之持禄养交而已耳,国贼也。"⑧

"忠"的最高等级是用道德感化君主,使之成为有道明君;次一等的是用道德来影响君主,辅助其治好国家;再次一等的是无惧君主的愤怒,指出其过错;不顾君主的名誉和国家的得失,苟且迎合君主、无原则地求取容身,保住自己的俸禄去豢养结交党羽,这种人只能被称作国家

---

① 《左传·昭公元年》。
② 《论语·八佾》。
③ 《论语·颜渊》。
④ 《论语·公冶长》。
⑤ 《管子·君臣》。
⑥ 《论语·宪问》。
⑦ 《荀子·臣道》。
⑧ 《荀子·劝学》。

的奸贼。

这种"忠"是一种权利义务关系。孔子曾说"君使臣以礼,臣事君以忠"①。就是说,君主首先要对臣下以礼相待,臣下才会忠心事奉君主。孟子也曾这样描述君臣关系:"君之视臣如手足,则臣视君如腹心;君之视臣如犬马,则臣视君如国人;君之视臣如土芥,则臣视君如寇仇。"②君主要是不好好对待臣下,臣下也自然把君主当成仇敌。

"忠"也是约束君王政治行为的道德信条,即统治者也要忠于人民,为人民谋利造福。《左传》中季梁劝随侯修明政治时说:"所谓道,忠于民而信于神,上思利民,忠也。"③管仲说:"身仁行义,服忠用信,则王。"④

到了春秋后期,"忠"的内涵扩大,成为规定所有人与人之间的关系的规范。《说文解字》中说:"忠,敬也,尽心曰忠,从心。"我们可以将这个字的意思理解为发自内心的崇敬。如果口是心非,迫于外在压力或者诱惑,而非自然流露的恭敬显然就不是"忠"了。所以"忠"的意思还包括待人接物要竭心尽力,真诚无私,帮助别人成事。

在向樊迟解释什么是"仁"时,孔子说:"居处恭,执事敬,与人忠。"⑤平日容貌态度端正庄严,工作严肃认真,为别人要忠心诚意。在向子贡解释交友之道时,孔子说"忠告而善道之"⑥,要忠言相告,善意引导。曾参将"为人谋而不忠乎?"⑦作为每日省身的戒条之一,每天都要问自己为别人办事是不是尽心竭力了。

可见在先秦时期,"忠"是一种普遍的伦理规范和道德要求,既是

---

① 《论语·八佾》。
② 《孟子·离娄下》。
③ 《左传·桓公六年》。
④ 《管子·幼官图》。
⑤ 《论语·子路》。
⑥ 《论语·颜渊》。
⑦ 《论语·学而》。

对臣民的要求,也是对君主的约束,既是公私伦理范畴的规范,也是日常人际关系的行为准则。

但是在传统中国,"公"与"国","国"与"君"往往是重叠的。人们舍私为公,也就意味着为国效力,而为国效力,也就是效命于"君"。战国中期以后,各诸侯国为了生存和争霸,逐渐走向集权,君主们需要树立绝对权威,让臣民听命于己。"忠"的内涵随之缩小,几乎完全成了臣民对君主的单方面的政治道德规范,而且逐渐变成一种无条件的、强制性的行为准则。

韩非子说君臣关系要达到"人主虽不肖,臣不敢侵也"①的地步。秦统一六国,建立前所未有的统一的中央集权制帝国。秦始皇死后,赵高、李斯伪造诏令,拥立始皇次子胡亥继位,支持始皇长子的将军蒙恬、蒙毅兄弟就被加上了"为人臣不忠"的罪名处死。"不忠"已经成了一桩死罪。

汉代,刘邦以"不忠"的罪名将曾经在战斗中放过自己的项羽手下大将丁公斩首。足见就连敌人属下的不忠行为也是不能容忍的。董仲舒认为"忠"是天经地义的事情,"孝子之行,忠臣之义,皆法于地也"②,因此"臣不可以不忠"③。他还提出著名的三纲:"君为臣纲,父为子纲,夫为妻纲。"君主是臣子不可违背的行为规范。但是西汉的忠臣并不多见。西汉末年,王莽几乎是在举国拥戴的情况下篡夺了帝位,食禄汉室的中央大小官吏竟没有一个站出来为汉殉节尽忠。

刘秀重建东汉后,吸取王莽篡汉的教训,大力提倡气节,褒奖忠臣,甚至将忠于王莽,不降公孙述的益州太守文齐封为"成义侯",将杀主献城归降的苍头子密封为"不义侯"。东汉还出现了一本专门阐述"忠"的著作——《忠经》,书中把"忠"捧为宇宙中最高的道德规范:

---

① 《韩非子·忠孝》。
② 董仲舒:《春秋繁露·阳尊阴卑》。
③ 董仲舒:《春秋繁露·天地之行》。

"天之所覆,地之所载,人之所履,莫大于忠"①。书中对普通百姓、地方官、朝廷百官、宰相该如何对上尽忠都做了具体的规定,皇帝也要忠于上天。到了东汉末年,外戚、宦官当权,国家政治黑暗混乱,一大批士大夫前赴后继,不惜以牺牲生命为代价,挽救东汉王朝统治。即便汉室衰微,曹操仍不得不"挟天子以令诸侯",孙权劝他废汉自立,他说"是儿欲踞吾着炉火上邪!"②刘备也必须打着汉室宗亲的旗号,才能获得一部分士大夫的支持。

三国魏晋南北朝的战乱更替使"忠君"观念有所衰落。唐王朝为了巩固自己的统治,重新开始弘扬"忠"。唐太宗李世民做过与刘邦类似的事情。隋炀帝的近臣裴虔通是谋弑隋炀帝的主脑,后来投降李唐。唐太宗说"君虽不君,臣不可以不臣"③,隋炀帝再不好你也不能杀害他,最后将裴虔通除名削爵,发配驩州。武则天引文学之士著作郎元万顷、左史刘祎之等人,修撰《臣轨》,对为臣尽忠的一言一行都规定了详细的准则,而对君主的责任和义务则只字不提。

唐王朝给臣子们的谥号中,"忠"是非常重要的评价。唐代谥法对什么样的行为可以有"忠"的谥号做了详细的规定:"危身奉上曰忠,危身惠上曰忠,让贤尽诚曰忠,危身赠国曰忠,虑国忘家曰忠,盛衰纯固曰忠,危身利国曰忠,临患不反曰忠,安居不念曰忠,廉方公正曰忠。"④皇帝给宠臣赐名的时候,也很喜欢用"忠"字,比如王忠嗣、杨国忠、李献忠、李忠臣等。关羽也在中唐时期配享祭祀姜太公的武成庙,这是中国古代的关羽崇拜第一次进入国家级的祭祀。唐人看重的自然是关羽的忠义品格。在安史之乱中,一些臣子们显示出了视死如归的忠诚,比如浴血睢阳的张巡、击贼遇害的段秀实以及挺身骂敌而遭缢杀的颜真卿

---

① 马融:《忠经·天地神明章》。
② 《三国志》卷一《武帝纪》注引《魏略》。
③ 《旧唐书·太宗本纪上》。
④ 王溥:《唐会要·谥法上》。

等等，并且得到了士大夫们的颂扬。①

经历了五代十国的篡乱相乘，干戈迭兴，宋朝又一次大力宣扬"忠君"。司马光在《资治通鉴·后周纪》中说："天地设位，圣人则之，以制礼立法，内有夫妇，外有君臣。妇之从夫，终身不改；臣之事君，有死无贰，此人道之大伦也。……正女不从二夫，忠臣不事二君。……忠臣忧公如家，见危致命，君有过则强谏力争，国败亡则竭节致死。"欧阳修著成《新五代史》，以"春秋笔法"明君臣大义，以严格的忠节观衡量、评定五代群臣，褒奖忠臣义士、揭批乱臣贼子。比如对不守臣节、历相四朝的冯道予以坚决抨击，又在《死节传》中，专门对忠信之臣则大加称颂表彰。

在宋代，忠义气节成了普遍流行的人才观念，不仅朝廷以此为标准选任官员，士大夫也以此品评人物，杜甫被苏轼称赞："流落饥寒，终身不用，而一饭未尝忘君也欤！"②李白则遭到朱熹的批评："见永王璘反，便从臾之，文人之没头脑乃尔。"③

北宋"靖康之变"时，赵州亲事官唐琦城破被杀，刑前高呼："死为赵氏鬼耳！"河东将领刘韦合拒绝在伪楚任官，在纸上写下："贞女不事二夫，忠臣不事二君。"令儿子与他一起"殉主"。青州观察使李邈因拒绝担任金国的沧州知州而被杀，死前他遥向"南朝"与皇帝拜别，而后面南而坐令刽子手动刀。太宰张邦昌被金人强行推上帝位，当了32天的大楚皇帝，但始终不以皇帝自居，对背负"篡逆"之名耿耿于怀，诚惶诚恐，一直试图为自己洗刷这个罪名，金人退兵之后，张邦昌即脱下帝袍，去除帝号，不在正殿办公，不自称朕，迎元祐皇后入居延福宫，后来南下见到康王赵构后"伏地恸哭请死"④。

---

① 汪仕辉：《论中唐之际忠君观念的提升》，《理论月刊》2009 年第 6 期。
② 《东坡集·卷二四·王定国诗集叙》。
③ 黎靖德编：《朱子语类·卷一百三十六》。
④ 《宋史·张邦昌传》。

南宋灭亡,元兵南下之际,知识分子因抵抗而牺牲者比比皆是。他们宁可粉身碎骨,也不肯做逆子贰臣。元军铁骑攻破长沙,岳麓书院数百书生以赤手空拳相抗,全数战死,无一降者。1279 年,南宋残余部队在崖山被元军歼灭,末代宰相陆秀夫身背 9 岁小皇帝赵昺投海自尽,随行十多万军民亦相继跳海自杀。

明王朝建立后,明太祖朱元璋大力提倡儒学,将程朱理学推到了至尊的地位,作为科举考试的指定科目。在儒学的哺育下,明朝知识分子把忠、孝当成奋斗追求的目标。明朝"靖难之役"中的方孝孺,宁可被诛十族,也誓死忠于被逐下帝位的建文帝,不肯投降明成祖朱棣。

在明末清初之际,为清兵所掳获的明朝内地人士九人先后被执送沈阳或北京,为充当人质而居留中国的朝鲜质子服役。顺治二年(1645 年)春,清廷释放朝鲜质子归国,这九人不屈服于清朝的统治,毅然随同质子到达朝鲜,定居朝鲜后,不接受朝鲜官职,始终保持明朝臣民的气节,被称为"九义士"。其后世子孙继承其忠于明朝的传统,沿用明朝的年号。

清兵入关后,嘉定全镇拒绝剃发,历经三次屠城,无一人投降,个个"留发不留头"。江阴抵抗 24 万清军围攻 81 天,城破之日清军奉命"满城杀尽,然后封刀",全城人民连囚犯与妓女在内"咸以先死为幸,无一顺从者"①。

清朝继续弘扬"忠"的精神。乾隆皇帝曾大力表彰明朝的殉难忠臣义士,包括明清鼎革之际,为明朝守城战死与被俘处死之人;不甘国破在家自杀之人;抛弃妻子田园为明朝复国流离颠沛之人;至死不肯到清朝为官之人。根据抗清者原来官职大小与抗清事迹影响大小,给予专谥或通谥;可以列入忠良祀,并由翰林院撰写谥文,容许立碑写传。后来连明初靖难之役中殉死的官员也列入褒奖范围。最后核准表彰的

---

① 韩菼:《江阴城守纪》。

明朝忠臣有 3600 人之多。

乾隆皇帝说："凡明季尽节诸臣，即能为国抒忠，优奖实同一视。"①他给因为皇太极的反间计而被崇祯皇帝冤杀的明朝将领袁崇焕平反正名，为困守扬州，宁死不降的南明兵部尚书史可法追谥为"忠正"。而对率领一班文臣投降清朝的文坛领袖、礼部尚书钱谦益，则查封全部著作，并且与另一个为清朝入主中原立下大功的明朝降臣洪承畴一起，列入《贰臣传》中。

清朝对"忠"的弘扬在民族危难之际起到了效果。第一次鸦片战争中，定海、镇海、镇江等地被英军攻占，十数位清军高级将领，面对装备先进的英国军队，坚守阵地城池，亲临战役第一线，冒着枪林弹雨，顶着炮火硝烟，同敌人短兵相接，殊死搏斗，身负数伤仍奋力拼杀，最后为国捐躯，如广东水师提督关天培、江南提督陈化成、定海总兵葛云飞、处州镇总兵郑国鸿。也有一些将领在城池沦陷后，选择自杀殉职，与城池共存亡，如钦差大臣两江总督裕谦、乍浦副都统长喜、江宁副都统海龄。长达两年的第一次鸦片战争中，所有参战清军有临阵畏缩者，但却无一人投降或被英军俘虏。第二次鸦片战争仍然如此，在八里桥和通州之战中，上万清军战死，无一人投降或被英法联军俘虏，只有一个无能的两广总督叶名琛被俘解往印度的加尔各答。据说他没有立即自杀殉国是希望能够面见英国君王与之理论，后来得知觐见英国君王无望后便绝食而死。

总体来看，忠君报国无疑是古代中国人极为崇尚的品德，不少臣子的确能够"临危一死报君王"，但是后人印象中的"愚忠"并没有统治所有人的头脑。从魏征进谏唐太宗的故事来看，"匡主之过"的先秦传统没有消失。在明朝，不惜生命的"死谏""血谏"被视为"忠臣"的重要特征。嘉靖皇帝迷信道教，在宫内建斋醮，日夜不绝，求仙桃天药，二十

————————

① 《清高宗实录·卷九九六》。

多年不上朝。海瑞买棺材,别妻子,散童仆,上书痛斥。嘉靖皇帝以旁支继位,想尊自己的生父兴献王朱祐杬为皇考,而尊弘治皇帝为皇伯考,却遭到了强调皇纲正统的百官之群起反对,二百余人跪谏,下狱者134人,受廷杖而死者达16人。万历皇帝在立储问题上想废长立幼,激起了东林党人为首之文官的激烈反对,万历皇帝最终被迫打消企图。士大夫一浪又一浪的围攻让皇帝叫苦不迭,不得不向臣子哀告求饶,甚至行贿。

有不少臣子们确实能把忠于天下与忠君区分开来,把国家利益摆在前面。1125年金兵南下,前锋直抵北宋都城东京。宋钦宗为割地求和,罢免主战官员李纲。太学生陈东等上书,请求罢免主和派,再度起用李纲。城中军民闻讯,纷纷前来声援,一时之间,数十万人呼声动地,围住了皇宫,逼着宋钦宗立即恢复李纲的职务,让他率众抗金。在皇帝与国家利益发生分歧的时候,东京军民选择的是忠于国家。南宋绍兴议和时,御史方廷实在奏章中写道:"……天下者,中国之天下,祖宗之天下,群臣、万姓、三军之天下,非陛下之天下!"①

抗金名将岳飞念念不忘的也是"复三关,迎二圣,使宋朝再振,中国安强"②。若迎回徽宗、钦宗二帝,置在位的宋高宗于何地呢? 显然岳飞并不忠于宋高宗。但是他也不是忠于徽宗、钦宗,他忠于的是国家,要"使宋朝再振,中国安强"。因此当北伐连获大捷时,忽然接到班师诏令,岳飞反而乘胜进军,逼进朱仙镇。宋高宗先下令其他将领率领的部队后撤,同时连下十二道金牌,岳飞才不得不撤军。

明朝"土木堡之变"中,明英宗被瓦剌俘虏,朝中大乱,太后和一些大臣为保英宗,主张妥协投降,以社稷相交换;兵部侍郎于谦则提出"社稷为重君为轻"③,坚决抵抗,最终率军民英勇奋战,取得北京保卫战的

① 佚名:《皇朝中兴两朝圣政·卷二十四》。
② 岳珂:《金佗粹编·卷一九》。
③ 谷应泰:《明史纪事本末·卷三十三》。

胜利。

明清易代之际,经历了君昏臣瞆、国破家亡,以及满族入主中原之后的认知失调的士大夫们,开始从理论上重新认识"忠君",并且对"国"与"君"加以区分。

清军入关后,黄宗羲召集里中子弟数百人组成"世忠营"参加反清战斗,达数年之久。失败后返乡闭门著述,清廷屡次诏征,皆辞免。尽管忠于明朝,黄宗羲还是提出了君主和臣子的责任和义务问题,指出君主的职责就是为天下人兴利除害:"天下为主君为客,凡君之所毕世而经营者,为天下也。"①臣子也不是"为君而设者也",应该关心的是"社稷之存亡","四方之劳扰","民生之憔悴","轻视斯民之水火,即能辅君而兴,从君而亡,其于臣道固未尝不背也"②。

顾炎武也曾投笔从戎,参加义军,侥幸生还,但至死没有放弃反清复明的希望。清廷开明史馆,请他参与,被他严词拒绝,说:"果有此举,不为介推之逃,则为屈原之死。"③清廷设博学鸿儒科,征举海内名儒,他再次表示"无仕异朝"。顾炎武可谓是明朝的忠臣,但是他也不是"忠君"。他说:"有亡国,有亡天下。亡国与亡天下奚辨? 曰:易姓改号,谓之亡国;仁义充塞,而至于率兽食人,人将相食,谓之亡天下。……是故知保天下,然后知保其国。保国者,其君其臣肉食者谋之。保天下者,匹夫之贱,与有责焉耳矣。"④顾炎武说的"国"指的是一姓一氏的王朝统治,"天下"指的则是代表全民族利益的"公天下"。"保天下"先于"保国",说明顾炎武忠于的是国家和人民。

王夫之在家乡湖南衡阳抗击清兵,失败后,隐居石船山。71岁时,清廷官员前来拜访这位大学者,想赠送些吃穿用品。王夫之虽在病中,

---

① 黄宗羲:《明夷待访录·原君》。
② 黄宗羲:《明夷待访录·原臣》。
③ 顾炎武:《蒋山傭残稿·卷二·记与孝感熊先生语》。
④ 顾炎武:《日知录·卷十三·正始》。

但认为自己是明朝遗臣,拒不接见清廷官员,也不接受礼物,并写了一副对联,以表自己的情操:清风有意难留我,明月无心自照人。王夫之很强调"忠君",说"原于天之义,则不可无君臣"①,"天下所极重而不可窃者二:天子之位也,是谓治统;圣人之教也,是谓道统"②。但是他又对君主的义务提出了要求。他给"忠"下的定义是:"忠者,心之自尽。自尽而不恤物交之利害,存诚以治情欲之迁流。圣人而修下士之祗敬,天子而躬匹夫之劳苦。功配天地而不矜,名满万世而不争。"③天子也应该像普通劳动人民一样辛苦工作,尽管立下不世之功也不能狂妄自大,立下流芳千古的功绩也不争名。而且"人无易天地,易父母,而有可易之君"④。皇帝不合格也是可以换人的。

清末的近代思想家如谭嗣同、严复、梁启超等,吸收了西方近代伦理观的积极因素,进一步强调民众对国家的尽忠,包括君主在内的所有国民都身负对国家尽"忠"的义务。

谭嗣同在其著作《仁学》中打出了"冲决君主之网罗"的口号,指出:"古之所谓忠,以实之谓也。下之事上当以实,上之待下乃不当以实乎?则忠者共辞也,交尽之道也,岂可专责之臣下乎?"⑤忠是君臣上下共同的义务,彼此都要诚实相待。

梁启超对"忠国"与"忠君"作了区分:"吾中国相传天经地义,曰忠曰孝,尚矣!虽然,言忠国则其义完,言忠君则其义偏,何也?忠孝二德,人格最要之件也。二者缺一,时曰非人。使忠而仅以施诸君也,则天下之为君主者,岂不绝其尽忠之路?生而抱不具人格之缺憾耶?则如今日美、法等国之民,无君可忠者,岂不永见屏于此德之外,而不复得列于人类耶?顾吾见夫为君主者,与为民主国之国民者,其应尽之忠

① 王夫之:《读通鉴论·卷十一》。
② 王夫之:《读通鉴论·卷十三》。
③ 王夫之:《周易外传·卷四》。
④ 王夫之:《尚书引义·卷四》。
⑤ 谭嗣同:《仁学·卷下》。

德,更有甚焉者也。……君之当忠,更甚于民,何也? 民之忠也,仅在报国之一义务耳。君之忠也,又兼有不负付托之义务。"①忠于国家才是"忠"德的完整意义。民众的"忠"仅仅是履行报国之义务,君主的"忠"不仅要报国,还不能辜负人民的托付。

刘师培从学术上重新揭示了"忠"的本来意义。在《中国民约精义》卷二中古编"王应麟"条下的按语中,刘师培说:"中心为忠,在古有训。盖以忠为中心,则中心云者,无所偏倚之义也。无偏倚,斯为天下之至平。古人以此训忠,其意盖谓凡人之性或偏于爱憎,或趋于势利,则一损一益、一利一害之形见矣。如能守忠之义,则凡事准乎公理,无畸轻畸重于其间,而后一群之治安可保也。"他指明了上千年来中国人对"忠"之内涵的扭曲:"今之训忠者,专以为在下事上之名,设为佣奴事主之格,稍有不顺,即字之曰逆、谥之曰叛,忠之名义既失,遂以斯字为顺之代名矣。后世不审其义,凡在臣民皆以忠顺之说引以为己责,于是任其上之百方要求,必委曲求合于斯格,以博身后之荣誉,斯则可怪之甚者也!"②

革命领袖孙中山更直接将君主排斥在"忠"的对象之外:"在国家之内,君主可以不要,忠字是不能不要的,如果说忠字可以不要,试问我们有没有国呢? 我们的忠字可不可以用之于国呢? 我们到现在说忠于君,固然是不可以,说忠于国是可不可呢? 忠于事又是可不可呢? 我们做一件事,总要始终不渝,做到成功,如果做不成功,就是把性命去牺牲,亦在所不惜,这便是忠。"③人没有忠君的义务了,但忠于国家、忠于民却实在是不能丢掉的,而且对待任何事情都要有"忠"的态度。

至此,"忠"抛弃了臣子对君主的竭诚尽力的含义,在先秦时代普遍意义道德观念的基础上发展为忠于国家、忠于人民、忠于事业、忠于

---

① 梁启超:《新民说》,中州古籍出版社1998年版,第71页。
② 《刘师培全集》第1册,中共中央党校出版社1997年版,第583—584页。
③ 《孙中山选集》,北京出版社1981年版,第681页。

职守的新道德。

"忠"在中国传统文化留下了深刻的烙印。历朝历代,"忠"都是臧否人物、评判是非重要道德尺度和标准。在历代正史中,自《晋书》开始,都专门设有以忠义、节义、诚节、死节、忠节为名的类传,有些正史还设有《逆臣传》《叛臣传》《奸臣传》等等。还有一些独立成书的传记类著作,集中记述忠德昭著之人物的生平事迹。诸葛亮、岳飞、文天祥、于谦、史可法的赤胆忠心激励着一代又一代中国人,"鞠躬尽瘁,死而后已""人生自古谁无死,留取丹心照汗青""粉身碎骨浑不怕,要留清白在人间"等名言令无数爱国者热血沸腾。

在古代社会,当异族入侵、国家危亡之时,"忠"无论是为国还是为君,都是动员民众,团结一心,共赴国难的强大力量。和平时期,"忠"也可以令乱臣贼子处在强大的道德压力和千夫所指之下,不敢轻举妄动,尽管古代的"忠"基本上维护的都是封建专制的等级制度,但客观地讲,"忠"的确为古代中国的政治稳定,社会安宁做出了巨大贡献。

在 21 世纪的今天,最后一个封建王朝的覆灭已有百年,君主早已不复存在,中国人从绝对皇权笼罩下的臣民变成了现代国家里的公民。缺乏独立思想和独立人格的"忠君"既与现代公民精神格格不入,也失去了现实存在的可能性,但是"忠"的原始意义以及"忠国"却与现代国家的发展需求有契合之处,值得我们加以扬弃,重新归纳,也就是"忠实"。

我们今天要说的"仁爱""正义""秩序""诚信""忠实"包含了传统中国伦理道德中的优秀遗存,经过扬弃和重新阐释之后也可以将现代公民应该具备的道德规范和价值观包括进来,作为公民个人行为、政府行为、国家行为,乃至人类与自然关系的指导,在不同的主体上,不同的领域中,以及处理不同的关系时,可以给出侧重点不同,同时又具有内在逻辑关系的规范要求。符合构建当代中国道德信念体系的要求。在后面的章节里,本书将分别详加阐述。

第三章　公民道德信念

伦理学的最终目标是探讨全人类的至善,但是却需要从关心个体出发,循由私德而公德的渐进路线,方切实可行。因此,当代中国道德信念体系首先要谈的是公民道德信念。

作为规范系统,公民道德信念是对全体公民的行为约束,为个体公民的日常生活行为提供正确与错误的判别标准。作为意义系统,公民道德信念又是对全体国民的精神关怀,关注的是人生哲学的深层次问题,回答的是在基本物质生活得到满足之后,人们如何向着更高境界拓展自己、丰富自己和提升自己的问题。

第一节　仁爱——克己恕人

从个体公民的角度讲,"仁爱"即对他人的恭敬、宽容、恩惠、同情、慈悲。体现在家庭内部,"仁爱"即对父母的尊敬、爱戴、赡养,也就是"孝";体现在社会人际关系上,"仁爱"就是与人为善、相互帮助,站在别人的立场上思考问题;体现在政治观念上,"仁爱"就是自由、平等。

一、宽容互助

"仁"是儒家伦理学的核心,济困扶弱历来被视为中国人美德,并已形成持久传统。但是在今天的中国社会，这种美德却几乎成了奢侈品。因为一点琐事或者个人怨愤便拳脚相加，甚至拔刀相向的恶性事件时见于报端，向辗转挣扎于危难之中的同胞伸出援手竟也成了媒体惊叹的新闻。暴戾之气充斥我们四周，冷漠几乎成了当代中国人的通病。

中国人为什么失去了倡导了几千年的仁爱之心？有一种解释是这样：传统社会是一个以血亲、地域为基础的熟人社会，人之间的互助协作，互相关爱，大多限于邻里、宗族之间。儒家的仁爱也是由血缘亲情向外扩展的有差序的爱。而当代中国正处于城市化进程，越来越多的中国人离开家庭、宗族之故土，来到陌生的城市。城市是一个真正的陌生人社会，生活和工作在一起的人，没有原来的地域和血缘联系，"仁"的传统美德便失去了依存的基础。

这种解释也许有道理，但是"仁爱"并非完全由外部环境造就，它是人的一种本能，即如儒家所言："人皆有不忍人之心者，今人乍见孺子将入于井，皆有怵惕恻隐之心——非所以内交于孺子之父母也，非所以要誉于乡党朋友也，非恶其声而然也。"①它并不会灭失，只是在大时代的激烈变动中，暂时被不知所措的人们深藏在了心里。

西哲亚当·斯密说："无论人们会认为某人怎样自私，这个人的天赋中总是明显地存在着这样一些本性，这些本性使他关心别人的命运，把别人的命运看成是自己的事情，虽然他除了看到别人幸福而感到高兴以外，一无所得。这种本性就是怜悯或同情，就是当我们看到或逼真地想象到他人的不幸遭遇时所产生的感情。我们常为他人的悲哀而感伤，这是显而易见的事实，不需要用什么实例来证明。这种情感同人性中所有其他的原始情感一样，决不只是品行高尚的人才具备，虽然他们在这方面的感受可能最敏锐。最大的恶棍，极其严重地违犯社会法律的

---

① 《孟子·公孙丑上》。

人,也不会全然丧失同情心。"①

也就是说,人类天然就具备对他人的同情关爱之心。如果说自私是人的本性,那么在人的本性之中,至少不全是自私,还包含了利他的仁爱之心,后者也是人的本性。当个体的人基本的生存需求尚未得到满足时,他首先想到的当然是自己,而不是别人。这是自利的本能。但是当个人生存无虞,看到他人处于困境之中,急需帮助,自己力所能及,同情心推动下的互助行为确实是可能的。

目前国人的善行之所以不能令人满意,不是因为人的本性自私,而在于绝大多数人没有意识到自己所具有的善良本性,使这种善良本性一直处于不自觉的被蒙蔽状态。或者虽然有些人已经意识到自己的这种本性,但并没有很自觉地将其充分地发挥出来。伦理教化的根本目标,就是要让人们能充分地意识到这种潜藏的善良之德。即如古人所言:"大学之道,在明明德,在亲民,在止于至善。"②"明明德"即发明本然善良之德性,使之显豁可感可知。

暴戾和冷漠不仅与社会主义和谐社会格格不入,也为任何一种人类文明所不容。我们必须弘扬"仁爱"精神。这种"仁爱"不再是传统儒家伦理思想中的"仁",一个健康、幸福的社会应当是一个陌生人之间能相互关爱的社会,而不能只是在亲人、熟悉的人之间的相互关爱。因此"仁"的传统美德需要进行改造升级,由亲情之爱上升为对他人的普遍的怜悯和关爱。

从当前社会存在的现实问题来看,弘扬普遍的仁爱也非常有必要。新中国成立以后,在计划经济模式下,社会保障和救济由国家和社会成员所属单位全部承担,亲戚、朋友之间的互助互爱关系逐渐萎缩。20世纪 90 年代以后,国家与单位不再全方位承担福利和救济功能,而是

① [英]亚当·斯密:《道德情操论》,蒋自强等译,商务印书馆 2003 年版,第 5 页。
② 《礼记·大学》。

将其大部分抛向社会。人们成了互不相关的脆弱个体。每个人的生存能力都很有限,单靠个人奋斗,并不足以成功地抵御各种人生风险,唯有互助互爱,才能更好地生存。社会成员是否具有普遍的仁爱之德,已经成了社会整体生存能力,至少是抗风险能力高低的重要标志。因此"仁爱"不只是对他人的关爱和帮助,也是每个人自己的生存保障。

那么如何才能做到"为人以仁"呢? 孔子为我们提出一条很朴素的判断方法——"恕"——设身处地地替别人着想。尽管施行仁爱的对象范围不同,当代中国人在发现自己的同情怜悯之心的时候,仍然可以借鉴孔子提出的这种方法:

"恕"道从消极方面讲即"己所不欲,勿施于人",一个君子不应当将自己不喜欢的事强加于人。从积极的方面讲即"己欲立而立人,己欲达而达人",自己想要成功,也要让别人能成功,自己想要发达,也要让别人有发达的机会。

相对来说,消极的"己所不欲,勿施于人"要优先于积极的"己欲立而立人,己欲达而达人",因为在实际生活中,自己认为某一观点、方式、行为、事物对别人有利,别人未必也这么认为,强行施于他人可能反而造成对别人的伤害。所以应该记住:不管自己认为自己的观点多么正确、用意是多么好、行为方式是多么合理,都不要强加于人。

因为将心比心,设身处地为他人着想的心理前提是对他人的宽怀、容忍,"恕"也逐渐有了宽恕的含义。孔子说:"躬自厚而薄责于人"①,在一切问题上,都要多责备自己,而少责备别人。他的学生子张说:"君子尊贤而容众,嘉善而矜不能。我之大贤与,于人何所不容?"②君子尊重贤人,也容纳普通的人;嘉奖好人,也同情能力差的人。如果我自己很好,什么人不能容纳呢? 荀子则说:"君子之度己则以绳,接人

---

① 《论语·卫灵公》。
② 《论语·子张》。

则用栧。度己以绳,故足以为天下法则矣;接人用栧,故能宽容。"①君子律己像木工用墨线来取直一样,待人像梢公用舟船来接客一样。用墨线似的准则律己,所以能够使自己成为天下人效法的榜样;用舟船似的胸怀待人,所以能够对他人宽容。

这是一种古今中外普遍受到赞赏的美德。元代劝世著作《忍经》汇集了历代名人有关"忍"的言论和历史上谦让隐忍、忠厚宽恕的人物及事例,几百年来一直为中国人引为修身处世的智慧锦囊。在西方,基督教的《圣经》中说:"倘若这人与那人有嫌隙,总要彼此容忍,彼此饶恕;主怎样饶恕了你们,你们也要怎样饶恕人。"伊斯兰教的《古兰经》中说:"谁愿恕饶而且和解,真主必报酬谁。"法国的启蒙运动思想家伏尔泰说:"什么是宽容? 这是人类的特权。我们全都是由弱点和谬误塑造而成的,让我们相互宽恕各自的愚蠢,这是大自然的首要法则。"②

对他人给你造成轻微损害的无心行为予以谅解,对他人的非原则性过错不作严格追究,这种美德在现代社会显得尤为可贵。现代社会的工作节奏明显加快,人们对自己的要求会不断提高,对别人的要求可能会更高,引发人与人之间的关系紧张甚至矛盾。即便在家里,亲如父子、情如夫妻,各种矛盾摩擦也在所难免。如果总是互争长短、缠斗不休,不仅个人不得安宁,整个社会也会戾气蔓延,失去稳定。而且现代人生活的环境变动不居,各种群体相互摩擦,各种潮流此起彼伏,各种生活方式奇异互现。为了避免可能发生的敌意、对立和冲突,我们必须有意识地消除各种偏见、歧视、刻板印象,以宽容之心看待别人的出身、阶层、行为习惯。如若多种异质成分不能相容,社会甚至可能走向瓦解。

从"己欲立而立人,己欲达而达人"我们还可以推导出另一个现代

---

① 《荀子·非相》。

② [法]安德烈·孔特-斯蓬维尔:《小爱大德:人类的 18 种美德》,吴岳添译,中央编译出版社 1998 年版,第 79 页。

文明的基本道德——互助合作。克鲁泡特金曾经说:"互助是我们的道德观念的真正基础。"①人类社会的"合作互助"之所以可能和必要,是基于以下两项事实:其一,我有其短、人有其长,每个人的生命和能力都是有限的。一个人如果以为自己全知全能,就不会有与他人合作的意愿。其二,人与人之间不只有利益冲突,还有互利共赢,很多时候只有在与他人的积极合作中,才能实现自身利益,才能有更大发展。因此每个人都应当积极主动地谋求与他人的合作,取长补短、共同奋斗,自觉在与他人的合作中实现自己的正当利益。

人无他人不立,人因互助而更强。与人合作是一种成熟的生存智慧,是人类社会性生存的必然选择。当代中国正处于大规模的城市化进程中,具有高度民间自治意识和自我管理功能的市民社会逐步形成。成熟的市民社会正需要市民们能在日常生活中,自觉地互通有无、急人所难、互相扶持,共度时艰,并形成各种不同规模,真正可以共抵风险、共促利益的社会组织。

当社会上越来越多的人懂得了"恕",学会了"宽容",做到了"互助合作",自然就能引起一种广泛深厚的同情心,彼此隔膜的心会拉得更近,残杀无辜的利刃将变得沉重,投向受难者的目光会变得温暖,伸给弱者的援手也将越来越多,越来越及时。

二、孝敬父母

在儒家伦理思想中,"孝"则是"仁"的逻辑起点。"仁者,爱人"②,这种人与人之间的相亲、相爱、相近、相合,是从爱自己的亲人开始,逐渐向外扩展的。所以"孝"是践行仁德的最便捷的路径。一个人如果连自己的父母都不爱,很难让人相信他还会关爱其他人。将爱首先落

---

① ［俄］克鲁泡特金:《互助论——进化的一个要素》,李平沤译,商务印书馆2009年版,第272页。

② 《孟子·离娄下》。

实在父母身上,使"仁"不再空洞,而变得易于操作、易于接受。

《说文解字》释云:"孝,善事父母者。从老省,从子。子承老也。"所以,"孝"的初始含义是善事父母,也就是养亲。孟子曾经列举过五种不孝行为:"惰其四肢,不顾父母之养,一不孝也;博弈好饮酒,不顾父母之养,二不孝也;好货财,私妻子,不顾父母之养,三不孝也;纵耳目之欲,以为父母戮,四不孝也;好勇斗狠,以危父母,五不孝也。"①

但在孔子眼里,"孝"还不仅仅是"养亲"这么简单,更需要"敬亲"。他说:"今之孝者,是谓能养。至于犬马,皆能有养;不敬,何以别乎?"②很多人认为能够养活父母,让他们有吃有穿有住就是"孝"了,可是你养狗、养马不也是养吗?如果没有对父母一片敬心,还有什么区别呢?"孝"必须是发自内心的情感,真正地尊敬父母。孟子也认为,"孝子之至,莫大乎尊亲"③。荀子也说为人子应当"敬爱而致文"④。"敬亲"的外在表现就是侍奉父母时态度要和蔼。当子夏问什么是"孝"时,孔子就回答"色难"⑤,即和颜悦色,不能有丝毫的不情愿才是最难的。《礼记·祭义》中也说"孝子之有深爱者,必有和气,有和气者,必有愉色,有愉色者,必有婉容"。真正的孝子必然对父母和气,愉快,表情柔顺谦和。

所以孔子主张儿女应该站在父母的立场,为父母着想,使父母不为儿女担心忧虑,"父母在,不远游"⑥。闵子骞曾受到后母的百般虐待,但从没向其父亲透露这件事,而是默默地忍受,孔子就大为称赞说:"孝哉,闵子骞!"⑦孟子则说:"不得乎亲,不可为人,不顺乎亲,不可为

---

① 《孟子·离娄下》。
② 《论语·为政》。
③ 《孟子·万章上》。
④ 《荀子·君道》。
⑤ 《论语·为政》。
⑥ 《论语·里仁》。
⑦ 《论语·先进》。

子。"①与父母亲的关系相处得不好就不算是人,不能事事顺从父母亲的心意,便不成其为儿子。他列举的后两条不孝行为也突破了"养亲"的范围,给父母带来羞辱,危及父母安全的都是不孝。

孔子重视丧祭之礼:"敬其所尊,爱其所亲,事死如事生,事亡如事存,孝之至也。"②不过他并不主张大操大办。"子游问丧具,夫子曰:'称家之有亡。'子游曰:'有亡恶乎齐?'夫子曰:'有,毋过礼。苟亡矣,敛首足形,还葬,县棺而封,人岂有非之者哉?'"③子游请教孔子丧葬礼仪。孔子说,应当与家庭实际经济状况相符合。子游问,家庭状况各有贫富,有没有统一的礼的规范呢?孔子说,经济条件许可的也不应该超过礼制过于厚葬;经济条件差一些的,只要衣衾可以遮掩尸体,殓后即下葬,又怎么会有人责备他失礼呢?

在孔子眼中,丧葬礼仪关键是心意,实际行动才是最重要的,比如说继承先人的遗志,或者将先人的事业发扬光大。所以他说:"父在,观其志;父没,观其行;三年无改于父之道,可谓孝矣。"④父亲在世的时候,要观察儿子的志向。父亲去世的时候,要观察儿子的实际行动,如果能多年不改变父亲传下来的正道的话,就可以说是尽孝了。孔子将上述孝行总结为"无违",含义是"生,事之以礼,死,葬之以礼,祭之以礼"⑤。

但是孔子并不主张"愚孝"。为人父母的也不是不会犯错误,这种时候,子女就不能再百依百顺了。如果他们违背了道义,子女就要以理相争。在《孝经》中,曾参问道:"敢问子从父之令,可谓孝乎?"做儿子的一味遵从父亲的命令,就可称得上是孝顺了吗?孔子说:"父有诤子,则身不陷于不义,故当不义,则子不可以不争于父……从父之令又

---

① 《孟子·离娄上》。
② 《礼记·中庸》。
③ 《礼记·檀弓》。
④ 《论语·学而》。
⑤ 《论语·为政》。

焉得为孝乎?"①做父亲的如果有敢于直言力争的儿子,就不会陷于不义之中。因此当父亲有不义之举时,儿子不可以不力争劝阻……如果只是遵从父亲的命令,又怎么称得上是孝顺呢?

曾参是个著名的孝子。有一次他在瓜田里锄草时伤到了瓜根,父亲拿棍子打他。曾参也不躲避,任凭父亲殴打,昏过去很长时间,醒来之后还不忘对父亲说:"刚才,我得罪了您老人家,您老人家用力教训我,岂不是让您担忧了?"接着退回到房内,弹琴歌唱,想让父亲相信自己的身体仍然健康。鲁国人都赞扬曾参是个孝子。孔子知道了告诉弟子曾参来了,不许他进门!曾参不明白为什么。孔子说,舜在侍奉他父亲的时候非常尽心,每当父亲需要舜时,舜都能及时地侍奉在侧;但当父亲要杀他的时候,却没有一次能找到他。小的棍棒,能承受的就等着受罚,可如果是大的棍棒,就应该先避开。这样,父亲就没有犯下为父不慈的罪过,舜既保全了父亲的名声,也尽了孝子的本分。而如今,你侍奉父亲却不知爱惜自己的身体,轻弃生命直接去承受父亲的暴怒,就算死也不回避。倘若真的死了,那不是陷父亲于不义吗?哪有比这更不孝的呢?② 所以荀子说:"从道不从君,从义不从父。"③

不过即便子女占理也得客客气气地劝诫父母,不能得理不饶人,伤了父母的感情。《礼记》中建议的方式是:"父母有过,下气怡色,柔声以谏;谏若不入,起敬起孝,说则复谏。不说,与其得罪于乡党州闾,宁孰谏。"④父母有做得不对的地方,要和颜悦色用柔和的语气劝谏,如果他们不听,就要更加恭敬,更加孝顺,等到父母心情愉快时再进行劝谏;父母不高兴,与其让父母得罪地方上的人,宁可犯颜反复劝谏。

在古代中国以血缘为基础的宗法家族社会里,"孝"道有效地调节

---

① 《孝经·谏诤》。

② 《孔子家语·六本第十五》。

③ 《荀子·子道》。

④ 《礼记·内则》。

着父子、长幼、夫妻、兄弟等家庭各成员之间的关系,使少有所育,老能善终,具有巨大的凝聚作用,自然成为维系古代中国社会稳定、家庭和谐的基础。古代思想家借助"家国一体"的逻辑思路搭建起国家的政治结构,使"孝"道对于国家政治也具有了非同一般的意义,格外受到统治者重视。

早在周代,敬老就已经成为一项重要的官方活动。天子定期在太学设宴款待三老、五更及群老,地方举行乡饮酒礼,给予六十岁以上的老人特殊待遇。"五十杖于家,六十杖于乡,七十杖于国,八十杖于朝,九十者,天子欲有问焉,则就其室以珍从。"①

成书于战国末期的儒家经典《孝经》对孝的地位和作用、孝的内容和孝的行为、孝的原则性等方面进行了较系统的探讨和研究,提出若能以孝治天下,便能得到"万国之欢心""百姓之欢心",达到"天下和平,灾害不生,祸乱不作"的地步。

西汉将"以孝治国"当作治理国家的理论,在国家的主流意识形态上大大强化"孝"的地位。西汉除高祖刘邦,东汉世祖光武之外,皇帝皆以"孝"为谥号。孝悌清廉者可由地方官推荐做官,也可以获得赐爵、赐帛或免除徭役的奖励,不孝者要"斩首枭之"。《孝经》被当成国家教材,从京师到各郡、县、乡各级各类学校中的学生都要接受"孝"的教育。

后代封建统治者都继承了西汉孝道的基本精神,只有行孝的方式稍有变化。历代正史也都不忘为孝子立传,以示表彰。

唐代"孝悌力田"被作为科举考试的一个科目。唐玄宗亲自为《孝经》写序、注释,并且免征居父母之丧者的劳役赋税,称为"孝假"。到了宋代,"孝道"发展到登峰造极的地步,出现了一些非常惨烈的极端孝行,比如刘孝忠"断左乳以食母",吕升"剖腹,探肝以救父疾"。元代

① 《礼记·王制》。

一度对这种"愚孝"明令禁止。但是明清时期的统治者再度倡导"孝道"。明朝对老人赐予布帛,授予爵位,还让他们议政,御政,评论官员,理民诉讼,宣教民众,以发挥他们的作用,明文规定80岁以上的老人由官府养。清朝康熙、乾隆皇帝数次在宫内开设"千叟宴",示对老人的关怀与尊敬,独子犯死罪也可以赡养父母的理由予以宽刑。

"孝"在漫长的历史发展过程中,与封建等级和宗法家族制度紧密地结合在一起,存在不少糟粕,比如子女与父母人格上不平等,孔子所提倡的"当不义,则子不可以不争于父"在秦汉以后往往被忽视,变成了子女必须无条件地服从父母的安排。违抗家长意志被视为大逆不道,受到家长、族人的辱骂、殴打甚至精神折磨。

"身体发肤,受之父母,不敢毁伤"①,"父母在,不敢有其身,不敢私其财"②,子女整个身体都是父母的,也不能有自己的积蓄,无论财产还是行动都不受自己支配,人身权、财产权是没有的。婚姻必须遵照"父母之命,媒妁之言"③,生育则"不孝有三,无后为大"④,婚姻自主权和生育权也不存在。

传统孝道礼仪在几千年的发展中也演变得相当复杂和烦琐,比如服制,按死者亲疏远近不同,服丧期限及丧服粗细就可分为五种。父母去世后头三天不能吃饭,七日内只能喝粥,十四日内只能吃蔬菜水果,三年内不能娱乐,不能嫁娶,只能在墓旁搭棚而居。

有些孝行也流于形式,并且走向极端。《礼记·问丧》中规定:"亲始死,鸡斯徒跣,扱上衽,交手哭。恻怛之心,痛疾之意,伤肾、干肝、焦肺、水浆不入。三日不举火,故邻里为之糜粥以饮食之。夫悲哀之中,故形变于外,痛疾在心,故口不甘味,身不安美也。"亲人死去子女非得

---

① 《孝经·开宗明义》。
② 《礼记·坊记》。
③ 《孟子·滕文公下》。
④ 《孟子·离娄上》。

折腾得死去活来才算完。

古代的"孝道"对当代社会来说显然已经不适用了。但"孝"的观念毕竟是中华民族区别于世界上其他民族的最明显的文化特质,对于五千年中华文明的发展延续有过特殊的贡献。它包含着父母子女之间相生相养的自然情感,对于现代文明的社会生活还是十分必要的。因此我们应该倡导一种建立在现代"仁爱"观念基础上的"孝"。

今天的中国,社会养老保障体制还远未完善,而人口老龄化已经开始显现,2006年全国老龄工作委员会办公室发布的《中国人口老龄化发展趋势预测研究报告》预测:到2020年,中国老年人口将达到2.48亿,老龄化水平将达到17.17%,其中,80岁及以上老年人口将达到3067万人,占老年人口的12.37%。到2050年,中国老年人口总量将超过4亿,老龄化水平推进到30%以上,其中,80岁及以上老年人口将达到9448万,占老年人口的21.78%。① 如何养老成为全社会必须正视的重大问题。家庭是社会组织的基本单位,而且在未来很长的一段历史时期内,这种状况都不会改变。"孝"是对父母之善的回报,也是对血缘家庭关系的维护,具有一种天然的社会保障功能。赡养老人既是子女应尽的法律和道德义务,也是解决养老问题的最主要途径。因此,提倡"孝"的价值观对于当今社会具有很强的现实意义。

而且强调"亲亲""敬长"的"孝"也可以使家庭关系变得融洽温暖,促使亲人之间相互扶持,有利于解决目前家庭伦理道德和社会伦理道德中存在的问题。家庭稳定了,人人老有所养,社会运行才会稳定有序。而当人们将对亲人的关爱和尊重扩展到家庭之外,"老吾老以及人之老,幼吾幼以及人之幼",邻里、社区乃至社会上的许多纷争和矛盾也可以得到有效的化解,促进社会和谐。

① 全国老龄工作委员会办公室:《中国人口老龄化发展趋势预测研究报告》,《中国社会报》2006年2月27日。

在现代社会，人们的物质生活水平已有了很大的提高，"养亲"在绝大多数情况下可能都不是问题，而由于人们生活节奏加快，活动范围扩大，工作更加忙碌，儿女成年以后与父母的交流会比过去疏离很多。现代的孝观念也应随着这种变化而转变为更注重老年人的精神生活。也就是子女在让老年人物质或经济上得到满足的同时，也应更加关心老年人的精神状态，使他们能够精神愉快，心里踏实，开开心心地过好生活的每一天。子女在外求学或工作，不能在家里陪伴老人，就应该经常与家里通电话，节假日时多回家看望他们，在他们生病的时候，多关心、多探视、多体贴。只要老人的想法是合情合理的，做儿女的就尽量满足他们的意愿，让他们安享晚年。

传统"孝道"中如割股疗亲、郭巨埋儿、卧冰求鱼、恣蚊饱血、尝粪忧心等极端愚孝行为要抛弃，尊亲、敬亲、养亲这些"孝"的普遍意义我们应当继承。现代社会的政治制度是建立在民主的基础上，人与人之间关系是平等的，父母子女之间也是一样，子女拥有独立的人格，拥有自己的人身权、财产权、婚姻自由和生育自由，现代"仁爱"思想基础上的"孝"自然也不再是父母对子女的完全支配。现代社会鼓励和支持人们创新，所以孔子的"三年无改于父之道"也不再适用了。传统"孝道"中的烦琐礼仪早已被人们所抛弃，而孔子提倡的发自内心的孝、心灵的关怀是我们应该秉承的，只要心意到了，"孝"就实现了。

三、自由平等

现代社会以人人生而平等为首要的价值观念，同时社会充分地尊重每个人合法的个性化选择，赋予每个人人生选择和实现其自身目标的最大自由。这种意识源于近代西方社会的"天赋人权"观念。1679、1689 年，英国议会分别通过《人身保护法》和《权利法案》。1776 年美国《独立宣言》申明："一切人生来都是平等的，他们享有不可侵犯的天赋人权——生存、自由、追求幸福。"1789 年法国《人权宣言》主张："人

类生而自由,在权利上生而平等。"自由、财产、安全和反抗压迫是"人
的自然的和不可动摇的权利"。1948 年,联合国通过的《世界人权宣
言》继承了上述思想。如今这种自由、平等的人权观念已被国际社会
普遍接受,成为一种现代文明得以建立、维持的最基本观念之一。

但这种权利意识并非西方所独有。孔子曾经明确地说:"仁者,人
也。"①孟子解释这句话说:"仁也者,人也。"②朱熹进一步解释说:"仁
者,人之所以为人之理也。"③意思就是,"仁"是人的本质,是人应具有的
理性和道德情操。可见"仁学"是关于人的哲学,追问的是"人之所以为
人"的问题。既然人的本质就是"仁",那么只有具备了"仁"的人才成其
为人,才有了与动物的区别,不具备"仁"也就没有作为"人"的资格。这
其实是从道德角度对人类自身的一种规定,充分肯定了人的价值。

孔子的"仁"又是一种人道主义。他明确地说"仁"就是"爱人"。
《论语·乡党》记载:"厩焚,子退朝,曰:伤人乎? 不问马。"这个著名的
故事告诉我们,孔子认为牲畜永远不能与人相比,即使是地位低下的奴
仆也应该享有作为"人"所应有的生存权利。孔子的另一句名言:"始
作俑者,其无后乎?"④也体现了他对人的重视。他之所以对"始作俑
者"如此痛恨,是因为殉葬,即便是用模拟生人的陶俑,也是不把人当
"人"看。郭沫若说:"这也就是人的发现。"⑤

从孔孟之道中,我们甚至可以找到一些与现代公民意识相关的
内容。

在孔子看来,一个人在奉行"仁"的过程中是具有主观能动性的。
他说过:"为仁由己,而由人乎哉?"⑥实行仁德,全凭自己做出决定,难道

---

① 《礼记·中庸》。
② 《孟子·尽心下》。
③ 《孟子集注》卷十四。
④ 《孟子·梁惠王上》。
⑤ 郭沫若:《十批判书》,东方出版社 1996 年版,第 91 页。
⑥ 《论语·颜渊》。

还靠别人吗？他也说过："仁远乎哉？我欲仁，斯仁至矣。"①仁很难做到吗？只要自己愿意，就一定能做到。他还强调说："君子无终食之间违仁，造次必于是，颠沛必于是。"②君子即使是一顿饭的时间，也不会违背仁；紧急情况下是如此，颠沛流离时也是如此。很显然，孔子承认人是具有自我意识和自我控制能力，具有感觉、情感、意志等机能的主体，每一个人都具有独立的人格。孔子说："三军可夺帅也，匹夫不可夺志也。"③孟子说："得志，与民由之；不得志，独行其道。富贵不能淫，贫贱不能移，威武不能屈，此之谓大丈夫。"④推崇的都是独立人格与独特志向。而独立人格正是现代人的自由、平等、权利等价值观产生的前提。

孔子主张的实现"仁"的方法——"推己及人"，也暗含着对自由和平等的肯定。

"推己及人"的消极方面"己所不欲，勿施于人"告诉我们，不管你认为自己的观点多么正确，用意多么良好，行为方式多么合理，都不应该强制别人做什么事情，原因很简单，你也不希望被别人强制，即"我不欲人之加诸我也。吾亦欲无加诸人"⑤。这意味着，每个人都有自己的尊严、志向、见解、行为方式和利益需求，这些东西都是需要得到别人尊重的，不可以被别人强行安排。每个人都有不被任何他人违背本人意愿所占有和控制的自由。

"推己及人"的积极方面"己欲立而立人，己欲达而达人"表达的则是既承认自己是人，也承认别人是人，既肯定自己有成功、发达的愿望和要求，也承认别人有成功、发达的愿望和要求。既然大家的愿望和要求都是一样的，也都有权利实现，那么每一个人必然是平等的，即所谓

---

① 《论语·述而》。
② 《论语·里仁》。
③ 《论语·子罕》。
④ 《孟子·滕文公下》。
⑤ 《论语·公冶长》。

的"一视同仁"。

西方式的自由常常被误解为一个人可以毫无顾忌地随心所欲,为所欲为,为了满足个人的自由,即便挤压了他人的自由空间,侵犯了他人的正当权益,甚至突破伦理道德和法律制度的束缚,也在所不惜。为此,西哲大家们不得不一再地告诫人们,世界上从来没绝对的自由!自由必须以不妨碍他人的自由为前提。自由固然是人人肯定的权利,也必须受到法律与习俗的规范。

而在中国的传统文化中就不存在这样的问题。《论语·颜渊》中"颜渊问仁。子曰:克己复礼为仁。"《论语·里仁》中"曾子曰:'夫子之道,忠恕而已矣。'"我们可以把这两次解读综合为"克己恕人"。

"克己"是对自身人生权利有限性的意识,"恕人"则是对他人人生权利的意识、认可和尊重。"克己恕人"的核心理念可以表述如下:

第一,每个人的人生权利不是无限的,每个人的人生权利并不比其他人更多。

第二,他人与自己享有平等的人生权利,他人的人生权利与自己的人生权利一样,均神圣不可侵犯。

合而言之,"克己恕人"就是指每个个体公民在追求自身合法利益的过程中,要能随时自我警戒:自己的逐利行为是否已越界,是否已侵害了他人的合法权利,以便切实尊重他人的合法权利。

所以,现代中国人无须刻意追求西方式的自由、平等,只要秉持"推己及人""克己恕人"的传统理念,就可以建立起更符合我们思维方式和现代社会要求且逻辑自洽的自由平等信念。

第二节　正义——急公好义

现代公民的个人行为怎样才是适宜的,是恰当和合理的呢? 在社会生活中应该以什么样的方式满足自己的生存需要？又当负起什么样的责任？这是"正义"的信念要回答的问题。

一、自食其力

生存无疑是人生第一要务。一个人只有先确保了生存才谈得上其他更高层次的发展需求。然而一个人应当如何生存呢？对生理健全、具备正常劳动能力的绝大多数成年人来说，现代社会确立的第一条规范便是"自食其力"：每个身体健康的成年人必须"自养"，必须通过本人的辛勤、合法劳动，换取生活资源，独立自主地生存。这样的生存才是正当的生存、这样的人生才是有德性、有尊严的人生。自食其力，方为君子。如果主观上不愿意自食其力，而是想不劳而获地生存，这样的人生既没有尊严，也谈不上意义，因为他只是靠别人喂养的动物。

每个健康的成年人都自食其力，不剥削他人劳动成果是人间一切"正义"的起点。这是中外先哲的共同主张。《易经》中说："观颐，自求口实。"自食其力才是真正的养生之道。孟子说："非其道，则一箪食不可受于人。"[①]如果不合情理，别人给一碗饭也不能要。墨子说："赖其力者生，不赖其力者不生。"[②]人必须依赖自己的劳动才能生存。"今有人于此，入人之场园，取人之桃李瓜姜者，上得且罚之，众闻则非之，是何也？曰不与其劳，获其实，已非其有所取之故。"[③]人们之所以一致认为跑到别人园子里摘瓜果不对，就是因为这是一种不劳而获的行为，拿了不该拿的东西。

《列子》中讲过这样一个故事：齐国有一个穷困潦倒的人，时常到城市里讨饭。人们讨厌他乞讨得太频繁，都不肯再施舍他。他只好在马棚里给兽医当杂工，这在当时是很下贱的工作。有人戏弄他说跟随

---

① 《孟子·滕文公下》。
② 《墨子·非乐上》。
③ 《墨子·天志下》。

着兽医吃口剩饭,不觉得丢人吗? 他回答道:"天下之辱莫过于乞,乞犹不辱,岂辱马医哉?"天下最大的耻辱莫过于乞讨,现在给兽医打杂总算是自食其力,怎么会觉得丢人呢?

道教《太平经》中说:"天生人,幸使其人人自有筋力,可以自衣食者,而不肯力为之,反致饥寒,负其先人之体,而轻休其力不为。力可得衣食,反常自言愁苦饥寒,但常仰多财家,须而后生,罪不除也。或身即坐,或流后生。所以然者,天地乃生凡财物可以养人者,各当随力聚之,取足而不穷。反休力而不作之自轻,或所求索不和,皆为强取人物,与中和为仇,其罪当死明矣。"①

在伊斯兰教的《古兰经》中,有这样的话:"人不该随便获取——除非是经过自己的努力。"②在基督教《圣经》中,对于被逐出伊甸园后的人类始祖,上帝给他们的第一句教言便是:"你必汗流浃背才能生存。"③

但是在古代的等级社会里,总是存在很多人依靠贵族血统、种族身份、政治权势或者武装暴力,享受其他社会成员的供奉,掠夺别人的劳动成果,坐享其成,不劳而获。偶有士大夫身体力行,如田仲子为人灌园,陶渊明种豆南山,还有些士人要求子弟须具有自立能力,如北朝颜之推说:"父兄不可常依,乡国不可常保,一旦流离,无人庇荫,当自求诸身耳。"④晚清曾国藩说:"士宦之家,不蓄积银钱,使子弟自觉一无可待,一日不勤,则将有饥寒之患,则子弟渐渐勤劳,知谋所以自立。"⑤但包括知识分子在内的绝大多数社会上层人士对所谓"自食其力"基本上是敬而远之的。

而在现代社会,人与人是平等的,不存在谁被谁奴役,谁必须供养

① 《太平经·卷六十七》。
② 《古兰经》(53:39)。
③ 《圣经·创世记》。
④ 颜之推:《颜氏家训·勉学篇八》。
⑤ 《曾国藩家书》,中央民族大学出版社 1999 年版,第 464 页。

谁的问题,人们只有彼此交换自己的劳动成果才能够满足生存、发展和享乐的种种需要。自食其力成了一种基本的生存规则,被近现代的教育家们作为一个很重要的道德加以宣扬。

以黄炎培、江问渔等人为代表的职业教育派提出"做工自养是人们最高尚、最光明的生活"①。陶行知作的《自立歌》广为流传:"滴自己的汗,吃自己的饭,靠天靠地靠祖上,不算是好汉。"②蔡元培在《中学修身教科书》中说:"凡人不可以无职业,何则? 无职业者,不足以自存也。人虽有先人遗产,苟优游度日,不讲所以保守维持之道,则亦不免于丧失者。且世变无常,千金之子,骤失其凭借者,所在多有,非素有职业,亦奚以免于冻馁乎?"③

清末新政时期全国曾兴起一股推广工艺的高潮,从京师到地方,工艺局(场)、习艺所、教养所等如雨后春笋般崛起,授予游民谋生的手段,使他们改变游惰习气、安定下来;令受拘留处罚的犯人学习工艺,以便将来有谋生手段。

新中国成立以后,人民政府对不事劳动,以不正当方法为生的无业游民进行了教育改造,"到1953年,全国共举办920所生产教养机构,收容改造了约44.6万游民,另有70万游民分散在基层单位,由群众进行监督改造。"④教育改造的主要目标就是使之认识到劳动光荣,寄生可耻,掌握一定的生产技能,转变为自食其力的劳动者。

但是在社会主义改造的浪潮中,"自食其力"被窄化为体力劳动,雇佣生产的经营者、管理者都视为压迫者和剥削者,从事市场贸易的商人、从事信用交易的金融业者被定为投机倒把,全都被改造成体力劳动者,知识分子也被看作是不事劳动的资产阶级。

① 《黄炎培职业教育思想文萃》,红旗出版社2006年版,第134页。
② 《陶行知全集》第6卷,湖南教育出版社1985年版,第659页。
③ 《蔡元培文选》,上海远东出版社1994年版,第210页。
④ 中国大百科全书出版社编辑部:《中国大百科全书·社会学》,中国大百科全书出版社1991年版,第466页。

改革开放以后,这种狭隘的认识逐渐得到纠正。1997 年党的十五大报告把公有制为主体,多种所有制共同发展的方针确定为中国社会主义初级阶段的一项基本经济制度,明确了非公有制经济的地位,指出私营企业等非公有制经济是社会主义市场经济的必不可少的,不可替代的重要组成部分。个体经济和私营经济开始获得鼓励,过去被视为剥削和投机的经济活动现在也被承认从业者在其中所付出智慧的价值。所以,不仅体力劳动是自食其力,从事经营、投资的脑力劳动同样是自食其力。

自食其力似乎尚算不上什么美德,将其列入我们的公民伦理规范好像要求太低。但什么是最基本的有德之人? 一个人在身体健康的前提下,自觉地通过合法劳动养活自己,不成为家庭和社会的负担,便是一个有德性的人。一个人只有能够且愿意自食其力,才真正活得有尊严、有意义;一个民族的全体成员能够且愿意自食其力,才能组成一个健康、稳定的社会。因此,我们所提倡的公民道德第一义便是自食其力,不依赖他人、不剥削他人而生存。

二、社会公义

自古以来的中国士人们就有一种“以天下为己任”的强烈责任感。《论语》中有这样一段对话:“子路问君子,子曰:修己以敬。曰:如斯而已乎? 曰:修己以安人。曰:如斯而已乎? 曰:修己以安百姓。修己以安百姓,尧、舜其犹病诸!”[1]“修己以安百姓”被孔子作为君子的最高成就。墨子也有同样的看法,他说:“仁人之事者,必务求兴天下之利,除天下之害。”[2]

后世无数士大夫以坚守社会公义为政治美誉。范仲淹的名句“先

---

[1] 《论语·宪问》。
[2] 《墨子·兼爱下》。

天下之忧而忧,后天下之乐而乐",以及挂在东林书院门前的那副对联"风声、雨声、读书声,声声入耳;家事、国事、天下事,事事关心",可以说就是古代中国知识分子的写照。张载的"为天地立心,为生民立命,为往圣继绝学,为万世开太平",顾炎武的"天下兴亡,匹夫有责",鼓励着古代仁人志士呕心沥血,为民族和国家谋求利益和福祉。每到国家危难之际,总会涌现一大批民族英雄、爱国志士,为国家、民族的利益赴汤蹈火,在所不辞;而在和平时期,又总会有许多贤达人士,或热心于公共事业,造福一方,或忧心于民生疾苦,奔走呼吁,力行改革。正如鲁迅先生所说:"在我们中国,自古就有埋头苦干的人,自古就有为民请命的人,自古就有舍身护法的人……这是我们民族的脊梁!"①对"天下公义"的追求对于中华民族几千年的延续无疑曾起到过非常积极的作用,推动了历史的前进。

对于当代中国人来说,神州陆沉的战争年代早已远去,身处在欣欣向荣的崭新时代,"社会公义"又当如何实现?

在当代,坚持"社会公义"就是要主动积极地维护社会公德,抵制不良风气,不仅"独善其身",消极地自己谨守道德规范,更要"兼济天下",积极主动地督促别人也遵守社会公德。自己不乱丢果皮纸屑、不随地吐痰便溺、不插队,也不许别人这样做,自己不欺凌弱小,也不能让别人欺凌弱小,自己不巧取豪夺,也不能容忍别人巧取豪夺。一个急公好义的人必须有是非观念,有批判的精神,不能只注意自己的行为,也要对他人不好的行为做出批评,即便不是自己的事情,但如果违背了道德和公道,也要去干涉。

一个社会仅仅靠警察和法律并不足以维护公正,"徒法不足以自行"②。如果全社会都失去公义,警察和法律也会成为自私自利的奸恶

① 《鲁迅全集》第6卷,人民文学出版社1981年版,第117页。
② 《孟子·离娄上》。

之徒抢掠欺凌他人的凶器,只有当社会成员普遍具有强烈支持公义的道德感,作奸犯科者才会有所顾忌,不敢为所欲为。

一个社会即使建立了民主制度也不足以保障人民的合法权利,如果人民失去公义,民主也会成为野心家操弄社会的工具。只有当选民们在公义的指导下投下自己的选票,民主才能为社会的成员带来幸福。

一个社会有了自由却没有公义也会是一场悲剧,无视公义的经济自由会成为鲸吞民众财富的狩猎场,无视公义的言论自由会成为杀人不见血的蚀骨毒药,只有老百姓都秉持公义,自由才能成为幸福源泉。

在美国波士顿犹太人大屠杀遇难者纪念碑上,铭刻着一位名叫马丁·尼莫拉的德国新教牧师留下的短诗:"起初他们追杀共产主义者,我不是共产主义者,我不说话;接着他们追杀犹太人,我不是犹太人,我不说话;此后他们追杀工会成员,我不是工会成员,我继续不说话;后来他们追杀天主教徒,我不是天主教徒,我还是不说话;最后,他们奔我而来,再也没有人站起来为我说话了。"

这首令人读罢痛心疾首的诗清楚地描绘出第二次世界大战前纳粹德国整个社会失去公义的可怕情景和后果。所以,社会公义的缺失损害的是所有人的利益。对他人的冷漠、对恶的容忍,最终受到伤害的还是自己。

对恶的批判、对善的弘扬,是一个公平、公正、和谐的社会不可或缺的。积极维护社会公义,积极主动地参与社会治理,体现的是现代社会的公民意识。中国传统文化中有"各扫自家门前雪,莫管他人瓦上霜"、明哲保身的传统,但是近十几年来,随着新闻媒体事业的发展,尤其是互联网的迅猛扩张,普通中国人争取社会公义的途径拓宽了,态度也愈发积极起来,多次出现一人作恶,举城斥逐;一人不义,举国声讨的情景。人民网舆情监测室抽取 2013 年的热点舆情 100 件,发现首发曝光的媒介中,体制内媒体所占比例接近三成;市场化媒体首发曝光的约占 1/4;而网民和网络认证用户通过互联网自媒体曝光的则接近半数。① 也就是说,约一半的社会舆论因普通大众的关注而兴起。可见社会公义已经越来越受到民众的重视。社会需要公义,公义需要每个公民的参与和支持,如果人人都积极主动地抵制歪风邪气,和谐社会离我们还会远吗?

三、见利思义

如果说"为万世开太平"这样的恢宏事业对于普通人来说过于遥远,那么见利思义就是任何一个人都可以做到的现实道德要求。

荀子说:"君子之能以公义胜私欲也。"② 宋儒也曾经说:"公私,其实即义利也。"③"义与利,只是个公与私也。"④ 公与私的关系,也就是个人与集体、个人与社会、个人与国家的关系。无论是儒家还是墨家,在义利思想上都主张公共利益高于个人利益,个人利益要服从公共利益,视国家、民族、人民的整体利益为大义。如果能够以集体、社会、国家的利益为重,做到不"以私害公",也可以说是遂行了"义"。这种"重义轻利"的优良传统对于古代中国社会的稳定、文明的延续做出过有益的贡献,但是也在一定程度上限制了古代社会经济的发展。

新中国成立以后的 30 年间,传统的"重义轻利"走向极端,国家在经济生活中搞"平均主义"、吃"大锅饭","狠斗私字一闪念",不承认个人利益,压抑个人利益,否定个人利益,结果严重束缚了生产力的发展造成整个社会的普遍贫困,经济停滞不前。邓小平曾批评那种否定个人利益的片面性的做法,他指出:"不讲多劳多得,不重视物质利益,对少数先进分子可以,对广大群众就不行。一段时间可以,长期就不

---

① http://yuqing.people.com.cn/n/2014/0318/c364391-24662668.html.
② 《荀子·修身》。
③ 《陆九渊集·卷二·与王顺伯》。
④ 程颢、程颐:《河南程氏遗书·卷十七》。

行。革命的精神是非常宝贵的,没有革命的精神,就没有革命的行动,但是,革命是在物质利益的基础上产生的,如果只讲牺牲精神,不讲物质利益,那就是唯心论。"①

改革开放以后,邓小平在多种场合多次提到要让一部分人先富起来,带动大家一起富裕,共同走富裕之路。从此,个人追求正当利益的合理性得到了承认,中国人的劳动积极性、主动性和创造力在市场经济体制的建立和发展中获得了极大的激励,30多年间创造出了巨大的财富,令世界为之震撼。

然而中国人对义利关系的看法却从一个极端走向了另一个极端。经济利益至上成了很多人的处世哲学。对金钱的追逐不择手段,一切向"钱"看的价值取向在中国历史上没有哪个时代能与之匹敌。不少人个人欲望的无限膨胀,否认社会利益和国家利益,只顾个人利益。钻空子、挖墙脚、巧取豪夺、贪污侵吞、中饱私囊的现象屡见不鲜。这显然不利于社会进步和国家发展,有违我们改革开放的初衷。因此我们有必要回到先秦儒家的"重义轻利"中寻找办法。

首先我们必须承认人们追逐利的合理性和合法性。在任何社会里,人们的物质利益都是不可否认和忽视的客观存在,对物质利益的关心和追求是人们一切社会活动的客观推动力。肯定个人利益,承认义与利同时存在是市场经济的起码要求。而我们社会主义的生产目的也正是要满足广大人民群众日益增长的物质和文化生活的需要,也就是要让人民群众更好地实现个人利益,最终消灭贫穷,实现共同富裕。因此,国家必须保障人民群众合理合法谋取个人利益,拥有个人财产的权利,并为之创造良好的环境。

但与此同时,我们应强调个人利益和国家利益是相互统一的。正如马克思所言,共同利益"决不是作为一种具有独立历史的独立力量

① 《邓小平文选》第2卷,人民出版社1994年版,第146页。

而与私人利益相对抗",相反这种共同利益首先是"作为彼此分工的个人之间的相互依存关系存在于现实之中"①。

任何一个社会的整体利益如果遭到破坏,个人利益势必无法得到保障。国家的政治权威遭到损害,国内的社会秩序就可能趋于不稳,国民的生产和经济活动都会受到干扰;国家的军事实力受到削弱,国内居民的生命、财产安全就可能受到外国的侵害,商业贸易就可能遭到不平等的待遇;国家的经济发展水平下降,国民的社会福利就可能难以维系,教育、医疗、养老等公共事业都会受到影响。

反过来说,国家、社会的繁荣富强也只能在国民普遍富裕,个人充分发展的基础上才能够实现。在普遍贫困的社会里,国家税源必然枯竭,财力匮乏,"小河无水大河干";老百姓的个人利益得不到满足和保护,社会秩序必然陷入混乱,国家的凝聚力无从谈起,政治权威将受到质疑,军队战斗力也会下降。

因此,公与私的利益其实是一致的,利与义是统一的,而非对立的。我们的经济生活应该义利兼顾。不过公与私总是会有发生矛盾的时候,需要决出一个"孰先孰后"。在这个问题上社会主义义利观须坚持"先公后私",舍一己之"利",而取全局之"义"。

对于个人来说,在经济生活中最基本的"义"就是合理谋利。这种"合理"指的是遵循国家的法律和社会公认的行为准则。追逐个人利益不能不择手段,必须符合社会正义,否则就破坏了国家和社会的正常经济秩序,损害了国家和社会的利益。

在此基础上更进一步的"义"就是共同富裕。改革开放允许和鼓励一部分人先富起来。先富起来的人如果能够帮助其他人走出贫困,实现共同富裕,那实际上就是增进了社会公利,为国家和社会的利益做出了贡献。

---

① 《马克思恩格斯全集》第 3 卷,人民出版社 1960 年版,第 37、276 页。

而最高的道德境界则是公而忘私,当一个人为某个事业勤勤恳恳,任劳任怨时,他关注的不是这一事业所给予他的物质回报,而是这一事业对人类、对社会的意义,在个人利益与他人利益、集体利益发生冲突的时候,他会自觉牺牲自己的某些私利以维护他人或集体的利益。这是中国共产党对每一个党员提出的要求——"毫不利己、专门利人"。

在我们成立新中国的历史中,曾经涌现出无数这样高尚的人。20世纪五六十年代这种精神曾经是鼓舞全国人民艰苦奋斗的强大动力。"毛主席的好战士"雷锋、提倡"先生产后生活"的大庆石油工人,"三不要三不少"的大寨生产队,至今仍然是中国人伦理道德发展历史上的光辉典范。今天中华民族的伟大复兴正是千千万万为国家和民族的根本大义而不计较个人得失,努力奋斗、无私奉献的人鞠躬尽瘁、死而后已换来的,未来我们构建社会主义和谐社会,仍然需要当代中国人树立强烈的主人翁责任感,识大体,顾大局,不计较个人得失,不争小集体利益,专利国家而不为身谋。

四、见义勇为

"勇"是传统美德之一。《中庸》第二十章中说:"知、仁、勇三者,天下之达德也",将"勇"与"仁""智"并称为三种通行于天下的道德。孔子也曾经多次将这三者放在一起阐述,比如"知者不惑,仁者不忧,勇者不惧"[1],意思是有智慧的人不会迷惑,有仁德的人不会忧愁,有勇气的人不会畏惧,具备了这三种德性,一个人的人格才算是完整。

那么究竟什么是"勇"? 如孔子所说,"勇"首先是"不惧"。贾谊说"反勇为怯"[2],勇的反面就是怯。庄子借孔子之口,对各色人等的"勇"都描述了一番,说:"夫水行不避蛟龙者,渔父之勇也;陆行不避兕

---

① 《论语·子罕》。
② 《新书·道术》。

虎者,猎夫之勇也;白刃交于前,视死若生者,烈士之勇也;知穷之有命,知通之有时,临大难而不惧者,圣人之勇也。"①也就是说"勇"是在遭遇危险、困难等情境时保持镇静、不慌不乱。

但是"勇"似乎又不仅仅是"胆子大""不怕死"那么简单。在古代,这个字有时写作"勭",有时也被写作恿或者憅,这就说明"勇"既是一种力量,又与心灵相关。墨子说:"勇,志之所以敢也。"②段玉裁在《说文解字注》中阐述说:"气,云气也,引申为人充体之气之称。力者,筋也。勇者,气也。气之所至,力亦至焉,心之所至,气亦至焉。"也就是说"勇"是来自"心"的精神力量。

在中国传统伦理道德中,"勇"是实践道德的条件,是为了道义正视危险、克服困难、摆脱恐惧、抗拒欲望、抵制软弱以及忍受痛苦的行动力量。在孔子的思想体系中,"勇"必须与义的要求相联系,要服从于义,只有符合道义的勇,才是真勇、大勇。他明确地说:"君子有勇而无义为乱,小人有勇而无义为盗。"③"见义不为,无勇也。"④这种对"勇"的看法在当时可能比较普遍,《左传》中也有人说过类似的话,如"率义之谓勇"⑤,"死而不义,非勇也"⑥。

孟子对这种"义勇"思想做了进一步发挥。他将"勇"分为"小勇"和"大勇",直白地指出齐宣王用武力威胁别人是匹夫之勇,而周文王、周武王"一怒而安天下之民"⑦才是真正的大勇。朱熹注释说:"小勇,血气所为。大勇,义理所发。"⑧他也曾借曾参之口解释什么是"大

---

① 《庄子·秋水》。
② 《墨子·经上》。
③ 《论语·阳货》。
④ 《论语·为政》。
⑤ 《左传·哀公十六年》。
⑥ 《左传·文公二年》。
⑦ 《孟子·梁惠王下》。
⑧ 《孟子集注·卷二》。

勇"："自反而不缩，虽褐宽博，吾不惴焉；自反而缩，虽千万人，吾往矣。"①反躬自问觉得没有道理，即使是面对一个卑贱的匹夫我也会退缩；反躬自问觉得有道理，即使是千军万马我也要勇往直前。

孟子甚至把"义勇"上升到生命价值的高度，写了那段著名的宣言："鱼，我所欲也，熊掌，亦我所欲也，二者不可得兼，舍鱼而取熊掌者也。生亦我所欲也，义亦我所欲也，二者不可得兼，舍生而取义者也。生亦我所欲，所欲有甚于生者，故不为苟得也；死亦我所恶，所恶有甚于死者，故患有所不辟也。"②鱼是我所想要的，熊掌也是我所想要的，如果两者不能兼有，就舍弃鱼而选择熊掌。生命是我所想要的，大义也是我所想要的，如果两者不能兼有，就舍弃生命而选择大义。我固然珍惜生命，但有些东西比生命更值得我珍惜，所以我不会苟且偷生；死亡是我所厌恶的，但有些东西比死亡更令我厌恶，所以大祸临头我也不会逃避。"舍生取义"由此成为古往今来无数仁人志士为了正义，为了真理奋不顾身的座右铭。

荀子将"勇"分为三等："有上勇者，有中勇者，有下勇者。天下有中，敢直其身；先王有道，敢行其意；上不循于乱世之君，下不俗于乱世之民；仁之所在无贫穷，仁之所亡无富贵；天下知之，则欲与天下同苦乐之，天下不知之，则傀然独立天地之间而不畏，是上勇也。礼恭而意俭，大齐信焉而轻货财；贤者敢推而尚之，不肖者敢援而废之，是中勇也。轻身而重货，恬祸而广解苟免，不恤是非然不然之情，以期胜人为意，是下勇也。"③敢于挺身捍卫天下的公正，这是上勇。对于贤能的人敢于推荐而使他处于高位，对于不正派的人敢于把他拉下来罢免掉，这是中勇。视钱财重于生命，随便闯祸又千方百计逃避罪责；是非不分地争强好胜，这是下勇。

---

① 《孟子·公孙丑上》。
② 《孟子·告子上》。
③ 《荀子·性恶》。

荀子还进一步对勇进行了分类。他说："争饮食,无廉耻,不知是非,不辟死伤,不畏众强,恈恈然唯利饮食之见,是狗彘之勇也。为事利,争货财,无辞让,果敢而振,猛贪而戾,恈恈然惟利之见,是贾盗之勇也。轻死而暴,是小人之勇也。义之所在,不倾于权,不顾其利,举国而与之不为改视,重死持义而不桡,是士君子之勇也。"①

先秦儒家推崇的这种"勇"到了现代就是我们常说的"见义勇为"——见到合乎正义的事情应当勇敢地去做;当他人处于危难时,应该挺身而出,伸出援手;在坏人坏事面前,不能袖手旁观,要勇敢地与之作斗争。在荀子的继承和发扬下,见义勇为的思想逐步发展成为后代儒家传统知识分子践行为民请命、舍生取义的高尚事业的精神动力。在古代的评书小说和民间文学中,见义勇为经常体现为侠义之士锄强扶弱,劫富济贫,路见不平,拔刀相助的故事,到了现代,武侠更是成为文学影视的一个重要类型,成为中国文化的重要组成部分。

新中国成立之后,从20世纪50年代到21世纪初,我们的身边涌现了大量见义勇为、奋不顾身的英雄人物,如欧阳海、刘英俊、王杰、安柯、白雪洁、张丽莉。他们为了保护国家利益和他人生命安全付出了鲜血和生命的代价,做出了最大的努力,成为一代代青年人学习的楷模。但遗憾的是,在当代中国的现实中,见义不为、见死不救、见恶不斗等令人遗憾和焦虑的情况也屡屡发生,一再令国人汗颜。虽然我们可以从心理学、社会学、经济学等等方面来解释,但是不论什么原因,这种现象是一个积极向上的社会所无法接受的。法国教育家安德烈·孔特-斯蓬维尔说过:"勇气是一切美德的条件。"②当公共生活中满是"麻木不仁""明哲保身"的"看客"时,必然导致良心沦丧,人性泯灭,社会崩解。正因为如此,中共十七大报告中特别提出要形成见义勇为的社会风尚。

---

① 《荀子·荣辱》。
② ［法］安德烈·孔特-斯蓬维尔:《小爱大德——人类的18种美德》,吴岳添译,中央编译出版社1998年版,第46页。

见义勇为体现的是社会生活中互帮互助、排危解难的高尚品格,体现的是维护道德和公义的责任感和正义感。今天中华民族的伟大复兴,离不开安定的社会秩序,不能没有见恶敢斗的社会风气,不能没有人帮人、人助人的良好氛围。时代呼唤见义勇为精神。

第三节 忠实——公忠体国

一、忠于理想

人们总是站在现实的起点上,向着美好的明天开拓、创造、拼搏。这种对美好未来的向往、期冀与企盼,便是理想。人类的理想是多种多样的,有勾画未来社会面貌与制度的社会理想,有追求理想人格和做人标准的道德理想,有向往未来成就和收入的职业理想,有憧憬衣、食、住、行方式和条件以及婚姻、家庭的生活理想。

有些理想很宏大,有些理想很现实,有些理想很高尚,有些理想很平凡,不论是什么理想,一旦确定下来,就应该像长跑运动员一样冲上跑道,朝着那个辉煌的终点奋进。人生是否成功,不在于干什么工作,也不在于担任什么职务,重要的是我们对已树立的理想有没有尽最大的努力。这就是忠于自己的理想。

在现实生活中,有人坚韧不拔,能够忍受常人难以忍受的痛苦,能够克服难以想象的困难,创造出不寻常的业绩;有人却意志薄弱,一遇到挫折便灰心丧气,半途而废,甚至沉沦、堕落。如果不能做到忠于自己的理想,再美妙的理想也必然化为泡影。而忠于自己的理想,不管遇到什么困难都毫不退缩,坚定不移地坚持下去,实现理想才有了可能。在奋斗的过程中,对自己理想的忠诚度越高,成功的概率就越高,忠诚是取得成功的基本要素。

一个人忠于理想,实现理想的过程,我们常常将之描述为"自强不息"。《易经》中的"乾"卦"象传"中说"天行健,君子以自强不息",君子要像天上的日月星辰那样不断运行,不断努力。这正是我们这个民族历经磨难终于存在下来并不断强盛的动力。

儒家一贯认为君子应有奋发有为、百折不挠的精神和行为。孔子的一生就是忠于理想,自强不息的一生。春秋末期,诸侯互相征伐,宫廷篡弑迭起。在一片混乱之下,孔子渴慕西周之礼,希望建立以"仁"为中心的社会秩序。他先是自己授徒讲学,后来希望通过从政实现自己的理想,在鲁国官至大司寇。但是当他发现自己的理想在鲁国无法实现时,便决然辞官而去。他率领弟子周游列国十四年,尽管四处碰壁,屡遭困厄,"为权臣所轻蔑,为野人所嘲弄,甚至于为暴民所包围,饿扁了肚子"①,却仍然"知其不可为而为之"②。孔子曾经说"三军可夺帅也,匹夫不可夺志也"③,三军中最重要的统帅是可以换人的,但是一个普通人的志向却不可以改变。这也可以看作是孔子忠于自己理想的写照。

孟子的遭遇与孔子差不多。他也曾经怀着推行王道政治的抱负,奔走呼号,说游诸侯,游历各国近 20 年。尽管受到各国王侯的礼遇,但是谁也不愿遵循他的政治主张。孟子仍矢志不渝。他说:"故天将降大任于斯人也,必先苦其心志,劳其筋骨,饿其体肤,空乏其身,行拂乱其所为,所以动心忍性,曾益其所不能。"④这其实是告诫人们,一定要坚忍刚毅、不屈不挠、自我奋发地实现自己的理想,不能因为一点挫折和困难就轻易放弃。他明白地说:"自暴者,不可与有言也,自弃者,不可与有为也。"⑤自暴自弃的人,跟他没什么话好讲,也做不成什么事情。他劝人们要持之以恒,不可半途而废,指出:"有为者,辟若掘井,

①　《鲁迅全集》第 6 卷,人民文学出版社 1981 年版,第 315 页。
②　《论语·宪问》。
③　《论语·子罕》。
④　《孟子·告子下》。
⑤　《孟子·离娄上》。

掘井九仞而不及泉,犹为弃井也。"①有作为的人好比掘井,井掘得很深却不曾挖到泉水,就如同是一口废井一样。

先秦时期,忠于理想、自强不息已经成为人们推崇的品质。司马迁总结道:"西伯拘而演《周易》,仲尼厄而作《春秋》;屈原放逐,乃赋《离骚》,左丘失明,厥有《国语》;孙子膑脚,《兵法》修列,不韦迁蜀,世传《吕览》,韩非囚秦,《说难》《孤愤》。《诗》三百篇,大抵贤圣发愤之所为作也。"②

秦汉以后,随着作为儒家五经之首的《周易》的广泛流传,"自强不息"精神也日益广泛地传播,逐渐地植根于中华民族的心灵深处,成为中华民族最重要的精神支柱之一。夸父逐日、精卫填海、愚公移山、大禹治水、勾践"卧薪尝胆"、诸葛亮"鞠躬尽瘁",祖逖"中流击楫",无不激励着历代中国人坚持自己的理想,发奋图强。近代以降,民族危机日益深重,自强不息精神尤为得到发扬。仁人志士不甘沉沦、坚决与屈辱命运抗争,为了"亟拯斯民于水火,切扶大厦之将倾",赴汤蹈火,前赴后继。孙中山屡败不馁,晚年还为民主事业抱病北上,最终逝世于北京。

我们的祖先从洪荒时代以来就是这样奋发自强,日夜进取。几千年来,这种精神一直激励着中国人民勤勉奋发、不屈不挠地去生活和斗争,它是中国人民创造出璀璨的民族文化,并使之奇迹般地世代相传、连绵不断的精神动力。在历史的长河中,多少曾经显赫一时的古老文明和古老民族都衰落了、毁灭了,四大文明古国,唯有中国延续至今,没有中断,历尽劫难依然顽强地屹立,靠的就是这种忠于理想,自强不息的伟大精神。

忠于自己的理想,实现自己的理想,这其实是个体公民人生道路上

① 《孟子·尽心上》。
② 《汉书·司马迁传》。

的发展性问题——自我实现：每个解决了人生基本生存问题的公民，不能得过且过、安于现状，而应当想方设法发挥自己的潜力，表现自己的才能。这种潜力可以是科学上的、文学上的、体育上的、经济上的、政治上的，无论在哪一个领域取得令人瞩目的成就，都可以给予人们极大的满足。这种自我实现即便是为了成为亿万富豪，追求的也绝不是物质享受，而是精神上的满足。

一个民族，若其绝大部分成员能忠于自己的理想，必定是一个勇猛精进、不断进取的民族。一个民族，若其绝大部分成员都能忠于自己的理想，必定是一个生产活跃、有着强大发展后劲的民族。一个民族，若其绝大部分成员都能忠于自己的理想，必定是一个趣味丰富、个性张扬的民族，必定能够在物质和文化领域都为人类做出重大贡献。

二、忠于职守

18 世纪末 19 世纪初的英军统帅威灵顿有着"铁公爵"的美誉，他的人生格言是"忠于职守"。他一生曾经在许多职位上工作，从营长、团长、旅长到师长、军团司令甚至联军统帅，从外交大臣到首相。在每一个岗位上，他都只有一个目标：最大限度地发挥自己的能力和技巧。无论命令他做什么，他都精力充沛、准确及时地做好。他曾说过："除了我们承担的责任，世上没有什么值得我们留恋，为了完成职责，我们可以勇往直前，奉献自己的一切。"①

其实不只军人，对于任何一种职业来说，它既是个人赖以生活的谋生手段，也是人类社会生产延续和发展的一个环节。各种职业共同构成社会生活的有机整体，只有每个工作人员都忠实地履行了职责，整个社会这架大机器才能有条不紊地运行。因此忠于职守，尽心尽力做好

---

① ［英］塞缪尔·斯迈尔斯：《品德的力量》，夏芒编译，海峡文艺出版社 2004 年版，第 9 页。

本职工作,不仅是关乎个人收入、升迁和事业发展的私事,也是每一个人都应当承担相应的职责和义务。当一个社会中大多数人都能够忠于职守,兢兢业业,整个社会必然走向繁荣。

在中世纪的西欧,新教出现以前,天主教会是所有人精神领域的统治中心。天主教的神甫们相信要对上帝表示虔诚,就要远离世俗,世界对基督徒来说只是一种诱惑和干扰。因此他们鄙视物质享受和学术追求,强调出离尘世,"修身养性",以此潜心追求上帝和"灵性",反对人们为了追逐财富而经营和工作。

到了16世纪,时代已经变了。一种新的基督教——新教在宗教改革的烈火之中诞生了。新教徒认为,上帝会使信仰坚定的人在尘世中取得成就。信仰越坚定,成就越大。换句话说,成就越大,说明信仰越坚定。所以如果你想证明你自己对上帝具有虔诚的信仰,就要在尘世中创造出成就。为了争相证明自己得到了上帝的恩宠,新教徒只有拼命工作,把自己变成一个工作狂。

不止如此,在新教徒那里,工作更成为一种责任。他们相信是上帝召唤自己到在这个世界里工作,并且要借此救赎这个世界,无论做什么,只要尽到了责任就是在为上帝增加荣耀。更重要的是,在这种压力下,满怀着神圣感的新教徒们开始拼命地为了工作而工作,为了"赚钱"而赚钱,"金钱"本身反倒成了次要的。

社会学宗师马克斯·韦伯在其著作《新教伦理与资本主义》中将新教的这种精神特质作为欧美资本主义兴起的重要根源。

美国开国元勋富兰克林就是一位很典型的新教徒。他出身寒微,12岁就在印刷所里当学徒。然而他具有强烈的使命感,不断地钻研学问、勤奋工作、热衷于公共事业。他创办了自己的印刷所,成为北美洲印刷行业的佼佼者;他作为一个科学家,揭示出雷电的本质,被世人称赞为"第二个普罗米修斯";他还与华盛顿一起,领导了美国的独立运动,并且成为美国总统。富兰克林是新教伦理思想的奇迹。

正是由于无数像富兰克林那样的新教徒在工商、科技等等各行各业勤奋地工作，不断地创造财富和其他成就，才有了工业革命的辉煌，也才有了欧美文明奇迹般的进步。可见，敬业精神对于促进一定民族经济社会发展、文明进步甚至培育民族精神都具有重要意义。

虽然中国人与欧美人文化不同，但是在中国，"忠于职守"也同样是一个优秀的传统。孔子常常以"敬"来形容恭敬谨慎、严肃认真的工作态度，比如"敬事而信"①"君子敬而无失"②"执事敬"③"事思敬"④。

孟子还曾经以是否尽职来警示齐宣王，说："'王之臣有托其妻子于其友，而之楚游者。比其反也，则冻馁其妻子，则如之何？'王曰：'弃之。'曰：'士师不能治士，则如之何？'王曰：'已之。'曰：'四境之内不治，则如之何？'王顾左右而言他。"⑤可见，在孟子时代的人看来，即使是一国之君也必须做好本职工作，在这一点上被人质疑是没法辩解的。

荀子也对敬业做出过论述。他说："凡百事之成也必在敬之，其败也必在慢之，故敬胜怠则吉，怠胜敬则灭。"⑥大凡在各种事业上取得成功的人，一定非常敬业；那些失败的，一定是因为怠慢了自己的本职工作。所以在一个国家中，对职责敬谨的人多于懈怠的人，国家就能吉祥；懈怠的人超过了敬业的人，国家就会灭亡。

明朝大儒王守仁说："古者四民异业而同道，其尽心焉，一也。士以修治，农以具养，工以利器，商以通货，各就其资之所近、力之所及者而业焉，以求尽其心。其归要在于有益于生人之道，则一而已，士农以其尽心于修治具养者，而利器通货犹其士与农也；工商以其尽心于利器

---

① 《论语·学而》。
② 《论语·颜渊》。
③ 《论语·子路》。
④ 《论语·季氏》。
⑤ 《孟子·梁惠王下》。
⑥ 《荀子·议兵》。

通货者,而修治具养犹其工与商也。"①士农工商的工作内容和性质不同,但共通之处是都要尽心尽力地做好本职工作。

清代人也将敬业作为一项重要的行为准则。"读书者,当闭户发愤,止愧学问无成,哪管窗外闲事;务农者,当用力南田,惟知及时耕种,切莫悬耜妄为;艺业者,当居肆成工,务以技能取利,勿生邪念旷闲;商贾者,当竭力经营,一味公平忍耐,毋以奇巧欺人。"②读书要专心致志,种地要勤劳得时,做工不能投机取巧,经商要公平实在。各行各业都应当遵守职业道德原则和规范,在自己的岗位上兢兢业业,竭尽全力做好自己的本职工作。

古代的许多经典对从上到下各行各业的职责还提出过具体的要求。《吕氏春秋》中要求农民"敬时爱日,非老不休,非疾不息,非死不舍。上田夫食九人,下田夫食五人,可以益,不可以损。一人治之,十人食之,六畜皆在其中矣。此大任地之道也"③。

在社会主义市场经济蓬勃发展的今天,社会分工比古代要复杂得多,人们的个性发展和所面对的诱惑也要丰富得多,弘扬忠于职守的传统道德显得尤为重要。

医生的一次误诊可能给病人带来终身的痛苦,甚至关乎一条性命。教师不经意的一个举动可能给学生留下心理阴影,影响他们的成长。邮递员的一次失误可能耽误客户的大事,造成难以想象的损失。法官的一次误判可能导致一起冤假错案,毁掉无辜者的生活。安检人员的一次大意可能引发人员死伤的可怕灾难。

对于企业员工来说,现代生产的规模化、劳动的复杂性和高新技术趋势,要求从业者必须具备高度的敬业精神,乐业爱岗,要有强烈的事业心、责任感和使命感,否则就不能适应现代劳动和社会发展的要

---

① 《王文成公全书·卷二十五》。
② 石成金:《传家宝·人事通·各守本分》。
③ 《吕氏春秋·士容论·上农》。

求。因为你的懈怠可能造成错失商机,造成重大损失,影响企业的声誉乃至生存;你的轻率可能招致严重的生产事故,让自己或者同事在飞转的机器下付出血的代价;你的疏忽可能导致生产出来的产品质量低劣,食品成了毒药,电器成了炸弹,车辆成了棺材。

所以,在现代社会,忠于职守不再是个人的事情,它表达的实质上是个人对社会的责任感。

忠于职守并不是要求每个人一生只从事一个职业,在同一家企业或者单位工作到退休。在流动性极强,发展速度迅猛的市场经济社会里,这是不可能做到的,也不利于人的全面自由发展。但不管你喜欢还是不喜欢这份工作,只要在岗一天,就要把这个岗位上的工作做好。"当一天和尚撞一天钟"在现代社会其实是一种值得赞扬的精神。只要今天还在当和尚,就要履行和尚的职责——撞钟,而且一定要撞响。

日本能够在第二次世界大战之后,从战败的废墟上重新崛起,与整个社会勤劳敬业精神是分不开的。日本人在勤劳敬业上的超常状态被世人视为劳动中毒症,甚至称他们为"工蜂"。日本经营之神松下幸之助不爱用那些"顶尖"人才,认为这种人往往自视甚高,容易抱怨环境,抱怨职务、待遇与自己的才能不相称,从而对工作缺乏责任心和工作热忱,干起工作来不会出色,才能也发挥不出来。而能力仅仅及这类人70%的人,能力虽然不够高,但往往没有一流人才的傲气,工作踏实、肯干,反而能够为公司出大力。因此,松下认为公司能雇佣到能力只能打70分的中等人才是"公司的福气"。

忠于职守还意味着积极主动地完成任务。在工作中遇到问题和困难,不可举步不前或者抱怨和找各种理由推脱责任,而是想方设法寻找办法,完成任务。"有条件要上,没有条件制造条件也要上!"20世纪50年代的大庆油田工人"铁人"王进喜用这样铿锵有力的宣言,为忠于职守的敬业精神下了定义。

在平时,准时上下班不迟到早退可能算是忠于职守了。但真正的

忠于职守只有在非常时期才能看出来。在 2008 年的汶川地震中,我们多次看到普通人忠于职守的感人壮举:

一位医生在倒塌的学校废墟中连续十几个小时抢救被挖出来的孩子。当记者问及他的亲人时,他指着那堆废墟说:"我的孩子还埋在那里。"

汶川县映秀小学的两位老师用自己的身体,挡住了垮塌的砖石,保护了 4 名小学生,而他们自己被挖出来的时候,已经没有了呼吸。

一位派出所民警本已找到被倒下的建筑物压在最低处的儿子,却因为一时难以施救,转而去抢救那些埋得较浅的孩子,当他知道儿子已再也回不到自己的身边时,瘫倒在地⋯⋯

他们都是忠于职守的模范。在平日的生活中,他们都是默默无闻的普通人,危难时刻的忠于职守让他们显示出圣人般的光辉。

随着生产力的不断发展,社会的不断进步,现代化程度越高,对每一个社会成员忠于职守的要求就越强烈。历史和现实都说明,忠于职守是我们民族的一种伟大财富,是我们民族引以为骄傲的东西。只要这种精神永存,我们这个民族就不会衰落,我们的未来就充满着无限的希望。

三、理性爱国

对于现代公民来说,"忠实"的最高对象就是自己的祖国。忠于祖国就是为建设祖国、保卫祖国勇于献身,努力奋斗。它是长期以来形成的对自己的祖国、民族、人民、山河大地、优秀文化的热爱之情,并由此产生的对祖国、民族的崇高社会责任感和历史使命感。

这种深厚的感情不是一朝一夕形成的,而是千百年来世世代代积淀下来的。它首先源于人们传递自己基因的本能驱动;其次源于人们对自己赖以生息的地理环境的依托和眷恋;再次是源于人们对满足自己情感和物质需要,关系到自己生存和发展的群体的认同感和归属感。

爱国主义是中华民族的优良传统和崇高美德,有着丰富的内涵和动人的魅力。许多文人学者都曾发表过有关个人与国家之间关系的言论、诗文,至今被爱国主义者传颂。春秋时的齐国大夫晏婴说:"利于国者爱之,害于国者恶之。"①郑国大夫子产说:"苟利社稷,死生以之。"②战国时期赵国上卿蔺相如说:"先国家之急而后私仇也。"③

西汉司马迁说:"常思奋不顾身,而殉国家之急。"④东汉班固说:"爱国如饥渴。"⑤三国曹植诗云:"捐躯赴国难,视死忽如归。"⑥唐代戴叔伦诗云:"愿得此身长报国,何须生入玉门关"⑦,南宋岳飞说:"以遗体报国家,何事不敢为?"⑧陆游诗云:"位卑不敢忘忧国。"⑨"僵卧孤村不自哀,尚思为国戍轮台。"⑩"一身报国有万死,双鬓向人无再青。"⑪明朝于谦诗云:"一寸丹心图报国。"⑫清末黄遵宪诗云:"开卷爱国心,掩卷忧国泪。"⑬

当国家处于危难之中时,总有无数人挺身而出,视死如归,保卫国家的独立和领土完整,保卫同胞不受外敌欺凌。春秋时期的楚国令尹子囊"将死不忘卫社稷"⑭,鲁国大夫叔孙豹"临患不忘国"⑮,郑国商人

---

① 《晏子春秋·子部》。
② 《左传·昭公四年》。
③ 《史记·廉颇蔺相如列传》。
④ 《汉书·司马迁传》。
⑤ 《后汉书·班固传》。
⑥ 曹植:《白马篇》。
⑦ 戴书伦:《塞上曲》。
⑧ 岳珂:《鄂王行实编年·卷之一·崇宁二年》。
⑨ 陆游:《病起书怀》。
⑩ 陆游:《十一月四日风雨大作》。
⑪ 陆游:《夜泊水村》。
⑫ 于谦:《立春日感怀》。
⑬ 黄遵宪:《小学校学生相和歌》。
⑭ 《左传·襄公十四年》。
⑮ 《左传·昭公元年》。

弦高"以乘韦先,牛十二犒师"[1],智退企图偷袭的秦军。楚国申包胥为兴复故国,独自赴秦国求援,"跋涉谷行,上峭山,赴深溪,游川水,犯津关,躐蒙笼,蹶沙石,蹠达膝,曾茧重胝,七日七夜,至于秦庭。"[2]秦王没有立即答应,于是"依于庭墙而哭,日夜不绝声,勺饮不入口七日"[3]。最后终于说服秦王,成功光复楚国。

更有无数爱国者不惜以身殉国。楚国大夫屈原慷慨悲歌,自投汨罗。唐朝名臣颜真卿在安史之乱中置生死于度外,竭力平叛,刚强不屈,最终捐躯。南宋文天祥抗元失败,在狱中被关押四年,宁死不屈,留下了"人生自古谁无死,留取丹心照汗青"[4]的千古绝唱。明末史可法坚守孤城,拒不降清,声言"劈尸万段,甘之如饴"[5],从容就义。

在中国古代,君主是国家主权、领土的象征,因此爱国不可避免地在历史发展中表现为忠君。但是爱国主义精神的确在这种"忠君报国"的壮举中逐渐形成深厚的积淀,融入到我们民族的血液当中。到了近代,当中国开始由传统帝国向着近代民族国家转型,国家的概念变得越来越清晰的时候,这种积淀千年的爱国主义精神迸发出翻天覆地的力量。

当外敌觊觎,国家危亡之时,无数爱国主义战士舍生忘死,浴血奋战。鸦片战争中,两江总督裕谦在战前集众宣誓,与镇海共存亡,镇海失守,愤而投水殉国。在镇江保卫战中,副都统海龄率军与敌人展开了顽强的白刃战,不幸城陷,海龄举火自焚,壮烈牺牲者数百人。甲午海战中,邓世昌管带的致远号舰,虽弹尽舰伤,仍舍身冲向敌舰,全舰官兵200多人壮烈牺牲。台湾苗栗诸生徐骧在反对日本入占台湾时,领导

---

① 《左传·僖公三十三年》。
② 《淮南子·修务训》。
③ 《左传·定公四年》。
④ 文天祥:《过零丁洋》。
⑤ 《史阁部文集·书殉扬州事(黎士宏)》。

台湾人民英勇抗敌，最后在曾文溪阻击战中阵亡。抗日战争中更是涌现了难以数计的爱国主义英雄。杨靖宇、赵尚志领导的东北抗联，战斗在白山黑水，吃草根树叶，犹坚持抗战，八路军副参谋长左权、国民党将军张自忠、副军长佟麟阁等都战死在抗日战场上。

为改变祖国落后挨打的局面，有识之士纷纷以各种方式救亡图存，造福人民，振兴中华。晚清启蒙思想家倡导学习外国的先进文明成果，林则徐编《四洲志》，开眼看世界，魏源编《海国图志》，倡议"师夷长技以制夷"，严复翻译了《天演论》《原富》《法意》等书，较系统地介绍西方资产阶级的政治经济思想。李鸿章、张之洞等洋务派以"富国""强兵"为目标，积极创办民用、军用企业，将中国引上早期工业化的道路。

维新派试图在维护帝制的前提下变法维新，以戊戌政变而告终，六君子血洒菜市口。孙中山领导的革命派以"驱除鞑虏、恢复中华、创立民国、平均地权"为纲领，试图建立资产阶级共和国，经历 11 次惨痛失败之后，终于推翻清王朝。

20 世纪初的民族资本家，如张謇、范旭东、荣宗敬、荣德生、卢作孚、吴蕴初等，抱着实业救国的理想，创办了一批重要企业，为中国了近代化建设打下基础，抵制了外国的经济掠夺，维护了民族利益。

十月革命一声炮响，一批先进分子便掀起了学习马列主义的热潮。中国共产党人在马列主义思想指导下，领导工农民众经过 28 年英勇奋战，推翻了"三座大山"，终于成立了新中国。在为新中国的诞生而献身的英烈之中，有中国共产党的著名领袖，还有许许多多平凡的共产党员。他们不计名利，不怕杀头，为革命鞠躬尽瘁，为国家英勇捐躯。

新中国成立以后，广大的工人、农民、解放军、知识分子和各级干部，谱写了一曲曲振兴中华的壮歌。短短十几年中，国民经济各部门新建和扩建了大批大中型骨干企业，建立起冶金、采矿、电站、石化等工业设备制造以及飞机、汽车、工程机械制造等十几个基础行业。几十万拓荒者奔向戈壁滩、北大荒、热带丛莽，将青春和热血化作矿井、油田、滚滚麦浪和橡胶林。以钱三强、邓稼先为代表的广大科技工作者,艰苦创业,取得了包括"两弹一星"在内的一大批高科技成果。

几千年来,中华民族尽管历经无数内忧外患,濒临绝境,却始终维系不坠,就是因为中华民族爱国之心不死,始终鼓舞、激励着人们为民族的生存、发展而前赴后继、奋斗不息。在社会主义现代化建设的新阶段,爱国主义仍然是实现中华民族伟大复兴的强大精神动力。

爱国主义早已成为我们评判忠奸善恶、功过是非的基本的社会道德标准,成为衡量重大历史事件进步与否的最一般的价值尺度。人民会以是否热爱自己的祖国、能否为自己的祖国贡献力量,来衡量一切个人、集团、政党、阶级的言行,决定赞扬还是唾骂、效法还是摒弃。

忠于国家不仅是一种道德规范,在现代民族国家中,它更是一种政治原则。每一个公民都必须认同于自己的国家,维护自己国家的利益,捍卫国家的独立和统一,维护国家的主权和尊严,忠于国家人民,决不背叛祖国。这是现代民族国家对公民的基本要求,也是现代民族国家维系自身生存,集聚发展能量,以及在国际竞争中求胜的最重要源泉。因为它能够激发人民建设祖国的热情,调动一切可以调动的力量,化消极力量为积极力量,使人民团结一致,互助合作。在任何一个现代国家里都是这样。在我国,爱国已经被固定为法律。1949 年的《中国人民政治协商会议共同纲领》第四十二条中就规定:"提倡爱祖国、爱人民、爱劳动、爱科学、爱护公共财物为中华人民共和国全体公民的公德。"今天,热爱祖国仍是《中华人民共和国宪法》中规定的公民基本义务之首要一条。

在以今天的爱国主义观点返照古代历史时,有时会造成一些认识上的混乱。比如有人认为元朝、清朝都是外族入侵建立的政权,不是正统王朝,不是中国的历史。这种认识显然是错误的。我们今天的爱国,爱的不是汉族人建立的宋朝、明朝,也不是汉族共和国,而是现代民族国家形态的中华人民共和国。蒙古族、满族与汉族一样,都是中华民族这个国族概念下的一分子,他们建立的王朝怎么会不是中国的历史呢?几百年前的民族战争和压迫都发生在中国向现代民族国家转型之前,所以不能与近代西方列强和日本的侵略等同视之,只能看作是惨痛的"兄弟阋于墙"。

有些人又走到反面,用现代爱国的标准来衡量古代人的行为,说文天祥抗元、史可法抗清,都是逆历史潮流而动,阻碍了国家的统一,不能算爱国。岳飞只是为了一个分裂政权卖命拼杀,也不能说是民族英雄。更有人说,既然都是兄弟,那么朝代战争中的血腥屠杀也应该含含糊糊当作没发生过了。这种说法也无法让人接受。岳飞、文天祥、史可法效忠的朝廷当然不是今天的中华人民共和国,但是作为我们的先人,他们的壮烈之举已经深深印刻在中国传统文化当中,是今天中国人爱国精神之源,他们当然是爱国的,也无愧于民族英雄这个称号。而战争杀戮无论任何时候都是可怕的灾难,是我们要严厉谴责的,只是这种谴责应该就历史谈历史,不应延及现实民族关系,破坏今天的民族团结,因为任何人都无法为其几百年前的祖先的行为负责。

今天在我们国家,爱国主义似乎是不需要动员就会随时涌动的热情。但理性爱国却常常被人们所忽视。盲目爱国很可能在群情汹涌之时造成危害。因此"爱国贼"一词常常被忧虑的知识分子挂在嘴边。所谓"爱国贼"是指打着爱国旗号危害国家和人民利益的人。

对于古今中外的野心家、阴谋家、专制统治者而言,爱国主义真是一面极堂皇极称手的旗帜、幌子。有了这面旗帜,他们既可以在自己已经丧尽人心,统治不能照旧进行下去时利用爱国主义口号来蛊惑人心,摆脱困境,又可以把自己打扮成民族代表和英雄,煽起民族主义狂热,让人民心甘情愿为他们的野心卖命。

第一次世界大战的起因是奥匈帝国皇储被刺,德、奥两国借机挑起本国民众"爱国情绪",于是在统治者的阴谋策划下,在"爱国民众"的支持下,第一次世界大战就热热闹闹地开场了。整个世界损失惨重,多个国家解体,人民遭殃。

第二次世界大战也是"爱国贼"造的孽。希特勒上台后,狂热地煽动排外的情绪和民族主义的狂热,所有的反对势力和自由派组织都遭到禁止。到1934年夏天,全德国只剩下一个合法的党,那就是希特勒的纳粹党,无数知识分子遭到迫害,像爱因斯坦这样的科学家也被迫逃亡美国。最终德国的民族主义狂热终于走上了与世界人民和世界和平直接对抗的不归之路。第二次世界大战过去70多年了,德国人对爱国主义仍心有余悸,甚至悬挂国旗仍然被认为是一种禁忌。

"爱国贼"们最擅长的是给持不同意见的人扣上"不爱国"的帽子。

19世纪的德国在欧洲国家中是政治上最落后最专制的。诗人海涅致力于揭露了德国的腐败和堕落,讽刺了德国人的奴性,又致力于向德国人介绍法国的政治、社会、艺术和文学,致力于消除法、德两大民族之间的隔阂。而对他恨之入骨的德国政府给他安的罪名就是"不爱国",就海涅青年时代崇拜过拿破仑而诋毁他"无祖国观念",就海涅接受法国政府年金一事而诋毁他被法国收买,就海涅揭露德国的黑暗、讽刺德国君主而诋毁他污蔑德国的贞洁。

晚清朝廷也有过类似的做法。外交家郭嵩焘是第一个全面实际接触西方文明的政府官员。他参观了英国的工厂学校、政府机构和议院之后,写了一部《伦敦与巴黎日记》,向国内介绍西方先进的政治管理概念和政治措施,称赞西洋政教制度、对中国内政提出效仿宪政的建议。但他的书寄回中国后,却被满朝士大夫误解,招致保守的爱国人士的仇视,要求将他撤职查办。攻击者所拟的郭嵩焘的罪状中不乏荒唐的指控。郭氏应邀参观外国炮台,突遇气候变化,英国提督见他年迈,将自己的衣服披在了郭的身上,很自然的一件事情,攻击者却喝道,即便冻死也不应当披洋人的衣服。这等荒谬的言论,因为附上了"爱国"的华丽外衣,就成为一支支利箭,坐实了郭嵩焘"汉奸"之名,使之壮志未酬抑郁而终。

普通的群众既不是独裁者,也不是政客,但他们也同样可以引爆可怕的灾难。

还记得八国联军侵华吗? 这场战争的起因既不是因为外国人要求开展贸易(如鸦片战争),也不是侵略者觊觎我们的国土(如抗日战争),而是由扶清灭洋的义和团主动挑起。他们也许是出于爱国热情,烧教堂、扒铁路、毁洋物,"在各街巷搜杀教民,男妇被杀者不计其数,皆弃尸于宽敞之地,无衣无棺,骸骨暴露"①。同文堂学习外语的学生都被指为汉奸,许多学生躲避不及死于非命。戴眼镜的、打洋伞的、穿洋服洋袜的、用火柴的,身上带着钢笔、铅笔、洋书的,发现后,也都在打杀之列。

对洋教的进攻引起外国干涉。义和团在洋人的枪炮面前很快失败。时人哀叹:"自义和团肇乱起事,至于今日京师失陷不及百日。古来叛乱,失家失国,未有如此之速。"②冲天的怒火、响亮的口号、表面的激进、虚幻的热情,到了关键时候,竟如此不堪一击! 满腔的热血,带来的却是国家的深重灾难。战败的清政府赔款4.5亿两白银,以关税和部分常关税、盐税作担保,沙皇俄国借口防止义和团,派遣十几万大军占领东北。英国派兵侵略西藏,占领拉萨,中国被瓜分危机更甚于以前。

另一种可以与义和团相媲美的爱国贼可以在巴勒斯坦找到。巴勒斯坦和以色列已经斗争了很多年。双方其实早就有坐下来进行和平谈判的愿望。但是每当巴以和谈出现进展的时候,就会有巴勒斯坦的激进分子开着装满炸药的汽车,冲进以色列人群之中,自杀殉国。这些激进分子显然是热爱祖国的,与以色列势不两立,但是他们的行为却让自

---

① 中国科学院历史研究所第三所编:《庚子记事》,科学出版社1959年版,第17—18页。
② 中国科学院历史研究所第三所编:《庚子记事》,科学出版社1959年版,第32页。

己的祖国继续留在战乱之中。

今天的中国早已不是民族危亡之时，但很多年轻人却常常表现得非常激进。在互联网上，常常看到"打美国，我捐一个月的工资；打台湾，我捐一年的工资；打日本，我捐一条命"的之类豪言壮语。他们认为只要爱国，可做一切他们认为对的事，用不着什么法律、道德。在对日、对美、对台等问题上，别人稍有理性的思考，和他们的一味"灭之"的思维不同，便扣以可怕的大帽子，施以最恶毒的人身攻击，并且连让人申辩的机会都没有。

爱国是一种人类普遍存在的本能，是一种高尚的情操。可是有一些黑暗的，甚至恶的东西，却因"爱国"这一大义名分以最高的善的面目出现。真正爱国的人，不会随意地宣泄自己的爱国热情，不会口出污言，不会打砸抢烧，不会让情感驾驭理智，不会自以为是地以为抵制了什么就是爱国。让我们冷静下来，做一个真正的爱国者。

第四节　秩序——克己复礼

中国传统儒家认为，礼是人与动物相区别的标志。《礼记》中说："鹦鹉能言，不离飞鸟。猩猩能言，不离禽兽。今人而无礼，虽能言，不亦禽兽之心乎。夫唯禽兽无礼，故父子聚麀。是故圣人作，为礼以教人，使人以有礼，知自别于禽兽。"[1]古人为什么把"礼"的地位抬得这么高？这是因为"道德仁义，非礼不成；教训正俗，非礼不备；分争辩讼，非礼不决；君臣上下，父子兄弟，非礼不定。宦学事师，非礼不亲；班朝治事，莅官行法，非礼威严不行；祷祠祭祀，供给鬼神，非礼不诚不

---

① 《礼记·曲礼上》。

庄"①。几乎一切社会活动都离不开"礼"。

那么如何才能做到"礼"呢？孔子提出了"克己复礼"的主张，要求人们克制自己过分的欲望，言行举止遵循社会规则和秩序，不能自己想怎么干就怎么干，想怎么来就怎么来。在任何一个社会要想顺畅地生活，唯有一途可行——自觉地适当限制自己的权利，以换取别人对自己的接纳。

传统的"克己复礼"体现的其实是一种"秩序"精神。今天我们呼吁的这种"秩序"当然不是恢复孔子热爱的周礼，也不是遵循古代的繁文缛节，而是一方面讲究文明礼仪，另一方面遵纪守法。

一、文明礼仪

人是一种社会性动物，一个人只有在一定的社会关系中，才能找到自己的位置、感觉到自己的存在，才能发挥自己的作用、证明自己的价值。人的文明也只有在各种社会关系中，在各种社会活动中，在人与人的交往和相处中，才能体现出来。

通常我们将人们在社会交往中谦虚、恭敬、庄重、友爱、和善的表现称为礼貌。东汉赵岐解释说："礼者，接之以礼也；貌者，颜色和顺，有乐贤之容。"②这种和善的态度显然有助于人与人之间关系的和谐，拉近人与人之间的距离，避免不必要的冲突。法国启蒙思想家孟德斯鸠曾经说："礼貌使有礼貌的人喜悦，也使那些受人以礼貌相对待的人喜悦。"③英国著名政治家、外交家查斯特菲尔德勋爵告诉自己的儿子："礼貌像只气垫：里面可能什么也没有，但是却能奇妙地减少颠簸。"④

---

① 《礼记·曲礼上》。
② 《孟子章句·告子下》。
③ ［法］孟德斯鸠：《论法的精神》上，张雁深译，商务印书馆1961年版，第31页。
④ ［英］查斯特菲尔德勋爵：《一生的忠告》，雯莉、苍柏编译，中国华侨出版社2004年版，第233页。

西班牙作家松苏内吉也曾经说："礼貌是人类共处的金钥匙。"①人人讲礼貌，处处讲礼貌，社会就会更加和谐、温馨。

每一种文化都有其特定的文化模式和交际规则，在实现礼貌的方法以及对礼貌的判断标准上存在着差异，但对礼貌的注重都是一致的。法国价值学家让·斯托策尔曾经做过一项关于西欧九国的价值观调查，在17项流行于欧洲的美德中，法国有51%的被调查者选择了礼貌，意大利36%，英国27%，荷兰42%，丹麦50%，西班牙20%，比利时48%。整体上看，"礼貌"是各国居民最为看重的五项传统美德之一。②

礼貌常常被看作是文明社会的重要标志，它要求人们的不仅仅是在彼此交往中保持友善，更重要的是不论喜欢对方与否，都要温文尔雅，不论意见是否统一，利益是否一致，都要以心平气和的对话来解决问题，而非争吵辱骂甚至以力相争。

那么如何才能做到"礼貌"？怎样做才算是"礼貌"的态度？1973年英国语言学家莱科夫提出了三种说话的礼貌原则：

（1）不强加于人

适用于交际双方权势和地位不均等的场合。

（2）让对方有选择机会

适用于交际双方权力地位平等，但社会关系不密切的场合。

（3）说话友好，让对方感到自在

适用于好友，恋人之间。

1978年英国学者布朗和列文森发表了一篇题为《语言应用的普遍现象：礼貌现象》的文章，提出了"面子保全论"。每一个社会成员都意欲为自己挣得的在公众中的"个人形象"，这就是面子，从消极的方面说就是不希望别人强加于自己，自己的行为不受别人的干涉、阻碍。从

---

① ［西］松苏内吉：《合同子》，林之木译，上海译文出版社1984年版，第338页。
② 转引自丁大同：《礼貌研究》，《理论与现代化》2002年第1期。

积极的方面说就是希望得到别人的赞同、喜爱。礼貌就是人们在交际时为满足双方的面子需求所采取的各种行为。

1983年英国著名语言学家杰弗里·利奇在《语用学原则》一书中提出了人际会话中的六项礼貌准则：

（1）得体准则

尽量少让别人吃亏，多使别人得益。

（2）慷慨准则

尽量少使自己得益，多让自己吃亏。

（3）赞美准则

尽量少贬低别人，多赞美别人。

（4）谦虚准则

尽量少赞誉自己，多贬低自己。

（5）一致准则

尽量减少分歧，增加一致。

（6）同情准则

尽量减少对方反感，增加对方同情。

在此基础上，利奇的学生，中国语言学家顾曰国1992年提出了更贴近中国文化特点的礼貌原则：

（1）贬己尊人准则

指谓自己或与自己相关的事物时要"贬"，要"谦"；指谓听者或与听者有关联的事物时要"举"，要"尊"。

（2）称呼准则

用适切的称呼语主动跟对方打招呼。

（3）文雅准则

选用雅言，禁用秽语；多用委婉，少用直言。

（4）求同准则

说者、听者在诸多方面力求和谐一致，尽量满足对方的欲望。当不得不批评别人或发表不同意见时,说者先把对方赞扬一番,也就是指出并肯定双方共同点然后才说出不同点,不赞成、该批评的地方。当面对给予、邀请、请求时,听者尽量"恭敬不如从命",以取得和谐一致的效果。

(5)德、言、行准则

在行为动机上,尽量减少他人付出的代价,尽量增大对他人的益处;在言辞上,尽量夸大别人给自己的好处,尽量说小自己付出的代价。①

按照这些原则,我们可以判断哪些日常社会生活中的言行是礼貌的。比如在任何需要麻烦他人的时候,把"请""劳驾""对不起""谢谢"挂在嘴边;耐心听别人讲话,不打断别人,不东张西望、看书看报、面带倦容、哈欠连天;乘车的时候,请别人先上,坐电梯的时候,请别人先出轿厢;不在别人面前炫耀自己的优越,不揭别人的短处,不提别人的伤心事;等等。

各种人际关系和交际场合中的具体礼貌言行逐渐固定下来,成为约束人们言行举止的行为规范,也就是礼仪。

礼仪是社会最普遍的社会规范,几乎无处不在。从个人的仪容、举止、服饰、卫生到交际中的称呼、介绍、致意、谈吐,从私人聚会、宴请、馈赠、访问,到办公室里的文牍、会议、谈判、迎送,处处都有礼仪规范。从社会各界通用的礼仪,到特殊场合、特殊行业的礼仪,从生老病死、婚丧嫁娶的礼仪,到男女老幼,不同身份的礼仪,人们的一举一动都要受到一定礼仪的规范。

礼仪可以让人们的仪表谈吐更为文雅,更容易被别人所接受,更容易被视为是一个善解人意的、富于同情心和怜悯心的人。只要遵循这种行为规范,就能够以社会惯常的方式顺利解决许多一般事务。

---

① 顾曰国:《礼貌、语用与文化》,《外语教学与研究》1992年第4期。

礼仪存在于每一个民族、每一种文化之中,是文明发展的必然产物。德国犹太社会学家埃利亚斯认为,个人心理结构的长期变化和社会结构的长期变化是同方向发展的,在社会变迁的进程中,人的情感变得越来越细腻化。① 因为社会职能愈分愈细,越来越多的人的行为一定要相互配合;行动的组织愈益精确、愈益严格地加以通盘安排,以使单个人的行动在其中完成其社会职能。单个人被迫愈益细致、愈益均衡、愈益稳定地调整其行为。② 感情越是容易冲动,情绪越是容易爆发之人,其社会存在就会越多地遭到威胁;越是能够抑制自己情绪之人,他在社会上越是处于有利的地位;每一个人就越是从小被催逼着通盘考量自己和他人行动的后果。③

　　社会的发展引起人们心理和观念的变化,对文明和教养的要求越来越高,行为举止受心理和观念的支配,所以人们也越来越自觉地追求行为方式的文明化。因此,人们才会从粗俗、不雅、野蛮逐渐变得有教养、识礼貌、讲文明,学会使用餐具,不再用手抓;动物尸体必须在厨房处理好、烹调好并将肉切好才能上桌;不再用手或袖子擤鼻涕,不再随地吐痰、随地大小便。"人们在围绕如何处理身体的分泌物(鼻涕、痰、耳屎等)、排泄物(大小便)、本能与冲动(性欲、食欲、攻击欲、施虐欲等)、身体感官与感觉(油腻、汗渍、污垢、体臭)、身体形象(姿态、体态、洁态、身体裸露、外表修饰、谈吐方式、行为举止、眼神等)等等方面,都发生了显著的变化。"④

　　礼仪是与法律并列的维护社会有序正常运转的两大途径之一。作

---

① ［德］诺贝特·埃利亚斯:《文明的进程》第 1 卷,王佩莉译,生活·读书·新知三联书店 1998 年版,第 2 页。
② ［德］诺贝特·埃利亚斯:《文明的进程》第 2 卷,王佩莉译,生活·读书·新知三联书店 1999 年版,第 254 页。
③ ［德］诺贝特·埃利亚斯:《文明的进程》第 2 卷,王佩莉译,生活·读书·新知三联书店 1999 年版,第 258 页。
④ 王宁:《文明化进程的社会学解释》,《南方日报》2007 年 1 月 25 日。

为一种普遍的行为规范,礼仪就像一张无所不包的秩序大网,使各行各业、各种社会角色各安其位,各行其是,随时指导人们该做什么,不该做什么,该如何做,起到了社会控制的重要作用。当时代发生变迁,礼仪出现变化,也就意味着社会秩序发生了变化。

这一点在古代中国体现得尤为明显。中华民族自古就有崇尚礼仪的优良传统。从个人到家庭,从社会到国家,从生产到生活,从言论到行为,无不为礼文化所包容。社会秩序的正常运转,人与社会及人与人之间的关系的调节都有赖于礼仪。春秋时期齐国大夫晏婴说:"礼者,所以御民也……无礼而能治国家者,婴未之闻也。"①《左传》中说:"礼,经国家、定社稷、序人民、利后嗣者也。"②荀子认为:"人无礼则不生,事无礼则不成,国无礼则不宁。"③这都是在强调礼仪在社会控制中发挥的关键作用。因此每当王朝更替,政治重新稳定下来的时候,新的统治者都会将制定礼乐当作重中之重,为的就是建立新的社会秩序。西周的《周礼》,西汉的《仪品》《汉礼器制度》,唐朝的《贞观礼》《显庆礼》《大唐开元礼》,明朝的《大明礼集》都是古代王朝为实现社会控制所做的努力。

礼仪每每通过一些仪式化的行为来象征现实的社会关系,使人们认同现实的社会秩序。家庭里,长辈不坐,年轻人不能先坐,长辈不吃,年轻人不能先吃,象征着对长幼尊卑的认可。宴会上,下属请上级坐主位,向上级敬酒,象征着对上级权力和地位的认可。臣子对皇帝的三拜九叩象征着对君臣关系的认可。交际的时候相互致敬象征着对双方人格平等的认可。

在古代社会,礼仪象征的是封建等级秩序,所要建构的是一个君臣百姓各有等差,各自在等级秩序中安守本分的社会。在现代社会,人人

---

① 《晏子春秋·谏下二五》。
② 《左传·隐公十五年》。
③ 《荀子·修身》。

平等,君臣父子夫妻主仆的等级尊卑贵贱亲疏早已烟消云散。但是现代社会的秩序仍然需要新的象征性的礼仪来进行维护,社会关系仍然需要礼仪来理顺,比如社交礼仪、公共礼仪、商务礼仪、服务礼仪。因此,礼仪的社会控制功能不容忽视。

礼仪本身就是道德规范的外化,它将社会公认的伦理道德具体化为日常生活的行为举止规范,从而实现了伦理道德在社会各个角落的渗透,代表的是一种被普遍认可的价值观。对父母的礼仪意味着孝,对他人的礼仪意味着宽容和平等,在公共场合的礼仪表示和谐和谦让。因而懂得礼仪不仅可以让一个人变得平易近人,受人欢迎和尊重,而且可以培养人的道德是非观念。

就现代社会而言,礼仪规范对人的喜怒哀乐加以节制,用理智指导人的自然本性及行为,帮助其建立起各种社会关系,是良好的社会润滑剂、凝聚剂和调节器。在生活中促进家庭成员乃至邻里、亲友之间互爱互敬、互谅互让、互助互利,在职场上使同事之间和睦相处、互相信任、诚意合作。

虽然古代中国有着"礼仪之邦"的美名,但是现代中国人却屡屡为"无礼"而蒙羞。旅游景点和大型集会场所总是一片狼藉:桌上、椅上留下餐巾纸、花生壳、瓜皮、果屑、残汤剩饭等杂什堆积如山,地上也丢满了烟头和啤酒瓶。排队购物、候车时,人们也往往推推搡搡,争吵殴斗。很多大学生,甚至研究生参加工作后,连最起码的礼仪都不懂。诸如等电梯礼仪、乘车礼仪、用餐礼仪、电话礼仪等都被人们所忽视。出了国门,一些不懂礼仪的行为更让人尴尬。随地吐痰、闯红灯、乱扔垃圾、随地大小便、在公共场所大声喧哗、开会的时候旁若无人地打手机、别人发言的时候他在下面窃窃私语、公共汽车上争抢座位等行为更是成为国人痼疾。2005 年的一次对北京市民的抽样调查显示,有接近95%的受访者认为会在日常的生活中考虑或遇到过礼仪问题。有 83.6%的受访者认为人们的礼仪水平还不够好,近 30%的受访者评价为"比较差",认为人们缺少基本的礼仪常识,有很多不文明行为。①

现代社会处处都要求人讲礼仪。制定和推广符合现代中国社会要求的文明礼仪,对于我们构建和谐、宽容和与人为善的社会,既有必要性,也有迫切性,既是现代国家实现有效的社会控制的需要,也是增强社会道德控制能力、稳定社会心理及缓解社会摩擦、减少冲突和对抗的需要。时代呼唤礼仪,建设中国特色的社会主义精神文明需要礼仪。

二、遵纪守法

法律是国家制定或认可的,由国家强制力保证实施的,以规定当事人权利和义务为内容的具有普遍约束力的社会规范。以严格依法办事为核心的社会管理机制、社会活动方式和社会秩序状态就是法治。今天我们要构建的社会,首先是一个法治社会,因为良好的秩序是和谐社会的基本标志,而通过有效地解决纠纷、防止纠纷来形成和维持秩序,正是法律的功能和使命。

法律是社会最基本的行为规范,对人们的行为具有指引、预测和评价等作用,可以有效地协调、支配和控制人们的行为,仲裁纠纷,调解矛盾,缓和冲突。在这个规则体系下,人们知道自己能干什么,不能干什么;应该怎样做,不应该怎样做;从而对自己的行为有一个准确定位,有序地安排自己的生活。

人身安全、财产安全、公共安全和国家安全是人类社会生活得以正常进行的最基本条件。对于和谐社会的建构来说,这些社会基本安全更是不可动摇的。法律以国家强制力作保障,对破坏社会基本安全的行为加以惩处,其威慑力还可以降低越轨行为发生的概率,起到提前预防冲突的作用。只有通过法律维护和保障社会基本安全,下一步才能谈构建和谐社会。

---

① 李莉:《北京市民礼仪需求水平调查报告》,《学习时报》2005 年 2 月 7 日。

　　在市场经济条件下,法治的作用尤为重要。每一个社会成员的需求和愿望都存在差异,每一个社会群体的利益追求也都各不相同,不可避免地会发生矛盾和冲突。矛盾和冲突积累太多了,或者发生激化,社会秩序就会遭到破坏,社会和谐也就无从谈起。法律通过在名目繁多的利益中,确认利益名目、界定利益范围、数量和质量,来实现利益的公平分配;通过民事、刑事等手段,阻止合法利益受到侵害,恢复社会利益关系;发生利益冲突的人们也可以根据法律规定自觉、自行予以调节,或通过法定程序解决争端,从而使利益得到协调。

　　法治社会的基本标尺就是其社会成员的守法状况。守法是指在一个国家或地域范围内应当遵守法律的主体,包括所有社会成员、社会团体和政治机构,均以现行的法律为自己行为的准则,行使权利,享受权利,承担责任,履行义务。在法治运行过程中,守法占有极其重要的地位,它是立法和执法、司法的出发点。胡旭晟指出:"于任何社会的法制建设而言,法律的遵守都是其中至关重要的一环;守法的普遍程度历来是检验'法治'水平最为重要的形式要件;但也正是在这里,人们一向遭遇到最多的困境与危机。……'守法'环节的缺陷不仅使许多立法形同虚设,极大地损害了'法'的威信,并导致某些社会生活领域失控,致使诸多改革措施半途而废。"①离开了守法,立法、执法和司法就没有了必要。

　　公民守法的动机可分为两种,外在的强制力驱使下的被动守法和内心自觉驱使下的主动守法。比较而言,外在强制力的作用远远不如内心自觉的作用来得深远和持久。只有当人们把这种"强制"当作一种自觉"内化"为义务感和责任感时,法律实施才能是有效的。

　　社会心理学研究中有这样一个案例。以色列的一位幼儿园为了让家长们接孩子的时候不要迟到,要求任何迟到超过 10 分钟的家长交纳

---

　　①　胡旭晟:《守法论纲——法理学与伦理学的考察》,《比较法研究》1994 年第 1 期。

3元钱的罚金。没想到迟到的家长人数不降反升,比原来翻了一倍还要多。心理学家究其原因认为,采取罚款措施之前,迟到的家长总是怀有愧疚之心,觉得对孩子不够关心,还影响了教师正常下班。而现在3元钱的罚款消除了他们的负罪感,让他们感觉迟到不是一个大问题,不过只给幼儿园带来了区区3元钱的痛苦。既然交点小钱就行了,何不在下班之后去酒吧聊聊天,或者打几场保龄球呢?

在这个案例中,罚款是外在强制力,对孩子的责任感是内心自觉,原本由内心自觉驱动的行为在外在强制力出现之后转而恶化,这就说明外在强制力的作用远不如内心自觉有效。甚至当外在强制力取代内心自觉成为行为的理由时,人们对遵守行为规范看得更淡。因此如果我们希望某种行为得以保持,就不要给它过于充分的外部理由,而应该尽可能地唤起其内心自觉。正如伯尔曼所说:"法律只有在受到信仰,而且并不要强制力制裁的时候,才是有效的,依法统治者无须处处都依赖警察。"①

那么人们如何才能说服自己,唤起守法的内心自觉呢?西方法学家曾经给出过多种自觉守法的理由。

古典自然法学派按照社会契约论的逻辑认为,公民之所以具有遵守法律的道德义务,乃是因为他们都是社会契约的当事人。作为这个契约的当事人,应该遵守契约的内容,遵守自己同意的政府和法律。因此公民的守法理由就是自己的同意和承诺。

功利主义法学认为,公民守法与否是由守法与不守法的比较结果决定的。当法律能给公民或社会带来更多的利益或者能更好地防范风险并因此而减少可能的损失时,公民就遵守法律。

新分析实证主义法学派的创始人哈特提出公民在其他人都遵守法

---

① [美]哈罗德·伯尔曼:《法律与宗教》,梁治平译,生活·读书·新知三联书店1991年版,第43页。

律的情况下,享受了这种守法状态所带来的利益,为了使他人也享受到因为自己守法所产生的利益,公民就应当遵守法律,否则就是不公平的。

政治哲学家约翰·罗尔斯认为法律是公共理性,虽然它不能代表我的全部主张,但是它是我和其他社会成员协商一致形成的,代表了我一部分的利益要求,因而我必须遵守它。

但是当这些守法理由被移植到中国来之后,似乎并没有为中国人所接受。当前我国社会中守法状况不容乐观,人们缺乏对法律的信仰,在遇到矛盾冲突时往往寻求人情、权势而非法律来解决;在判断是非曲直时,常常从道德而非法律出发;在法律和权势面前更容易屈从于后者。老百姓对法律的冷漠、对法律正义的怀疑、对合法行为和正当程序不屑和玩弄都令人担忧。改革开放 30 多年来,我们基本上解决了无法可依的问题,各种法条如雨后春笋般层出不穷,但是有法不依、有法难依却无从解决,有劲使不上。

这说明西方法学家们提出的这些理由并没有在中国人中间发生作用。也许中国人应该回归自己的守法理由——崇礼。

在夏、商、西周三代,礼法混一,法在内容上与礼相通,是对人们进行引导和禁止的条文规定。刑罚的作用是协助礼制规范的实施,礼制直接承担了法律的职能。春秋战国时期,儒家和法家因"为国以礼"还是"以法治国"而发生论战,礼法分立。战国后期乃至秦朝,法家的法治思想一度得势。但是强秦的暴亡使人们认识到弃礼任法,峻法严刑,片面强调刑罚作用,过分迷信法律镇压,对稳定社会秩序只能是治标不治本。西汉之后的儒家"引礼入法",在立法和司法实践中以儒家的礼经作为指导原则,体现礼所提倡的精神,合礼即合法,合法即合礼。此后历代封建王朝的法律都以礼为纲,并将许多礼制规范直接编入法典,最后发展为"礼法不分"甚至"以礼代法"。

"'引礼入法'的过程,不但使法典的制定贯彻儒家的基本精神和原则,还把具体的礼制规范引入法律,以确保法律的强制实施过程本身就是道德的推行过程,它不但是使法律成为所谓'最低限度的道德',还要使法律成为教化成俗的实现德化天下的至善目标的手段。"①

礼不但是中国古代法的渊源,而且更是古代法精神与价值的体现,是法的灵魂所在。法所要体现的宗旨和精神则是礼所力倡的伦理道德。守法的实质是崇礼。封建伦理道德的精神力量与国家法律之强制力量紧密糅合在了一起。可以说,在中国古代社会里,法就是维护道德的工具。因此对于古代中国人而言,道德问题便是法律问题,法律问题亦是道德问题,法实质是一种凸显道德意识的伦理法,法由止恶而兼劝善。因此古代中国人之所以守法只是因为他们必须谨守仁义道德,是一种道德自觉。

到了到近代,在西学东渐的浪潮中,法治理念传入中国,近代的维新派、革命派、启蒙思想家摒弃传统礼法,开始制宪、立法。然而中国缺乏西方法治文化的土壤,移植来的西方式的法律与传统的伦理道德是割裂的,中国人信守法律的理由也与西方人迥然不同,以至于法治观念始终未能真正内化为人民的主观意识而衰变成一种口号。

法律是一个文化的概念,难以简单模仿和移植,法治建设必然要在本国传统文化的基础上进行。也许我们应该继承中国传统的崇礼精神,鼓励人们从谨守道德的立场出发遵守法律。

那么在现代社会发扬崇礼精神还有可能吗?有可能。当代中国的法律体系固然已经与传统的礼法制度大相径庭,但是现代的法律制度仍然不乏道德内涵。

西方当代诸法典的奠基之作《法国民法典》开篇即强调"法必然具有道德性",其第6条明确规定:"个人不得以特别约定违反有关公共

---

① 唐凯麟、曹刚:《重释传统——儒家思想的现代价值评估》,华东师范大学出版社 2000 年版,第 286 页。

秩序和善良风俗的法律。"整部法典始终贯穿着强烈的道德和伦理价值,体现的就是当时的资产阶级价值观——自由、平等、天赋人权。

《德国民法典》更甚,第 138 条第 1 款规定:"我们的目标是把道德与法律相联,传播符合社会整体理念的家庭的精神。"法律不能违背善良风俗——道德。其第 826 条又规定:"以背于善良风俗的方法故意加损害于他人者,应向他人负损害赔偿义务。"还有两个规定契约和债务必须诚实守信的一般性条款。第一次世界大战后,德国法院便以此条款判决因通货膨胀、德国马克贬值而发生的债务案件。

英美法系中的衡平法是以法官的"良心"和"正义"发展起来的,所谓衡平就是通过被民众普遍接受、相信的公理、道义、道德原则来判案以求结果的正义和公平。因此而甚至一度被称为"良心法""道德法"。

我国也同样是如此。1982 年全国人大第五次会议修改通过的《中华人民共和国宪法》第 24 条第 2 款规定:"国家提倡爱祖国、爱人民、爱劳动、爱科学、爱社会主义的公德,在人民中进行爱国主义、集体主义和国际主义、共产主义的教育,进行辩证唯物主义和历史唯物主义的教育,反对资本主义的、封建主义的和其他的腐朽思想。"

法律规范必须要有道德作为价值基础。人们总是根据社会普遍认同的伦理规范、道德观念、风俗习惯来制定法律条文。法律又总是以伦理上的善恶判断为前提,几乎每一个法律条文都是对某一个伦理命题或道德判断的回答。真正能够给人类带来福祉的法律,必须体现、维护和促进维系社会存在的基本道德,具有最低限度的道德内容。如果法律背离了人类最基本的伦理目标和道德规范,也就是"恶法",就必然造成社会秩序的混乱,也不会得到人们的尊重和维护。

法律会吸收一定的道德内容,予以直接确认、规定或间接反映。有些道德规范直接上升为法律条文。许多法律规则实际上就是由被赋予强制力,要求社会成员必须遵守的道德规范转化而来。有些道德则成为立法和司法实践中的原则。当社会的道德伦理发生变迁,法律也一定会随之发生相应的变化。

可以说道德是最高标准的法律,法律是最低要求的道德。遵守法律是人类社会的道德选择,是"善",是"正义"。所以即便现代法治理念、法律体系并非我们本土产物,今天的中国人仍然可以像崇礼的古人一样将遵循道德作为守法的理由。

守法,不仅是法律义务,更是道德义务。因道德自觉而守法,人们所遵从的法律就远远不是由立法者制定的法律本身,而是深受道德影响的内化为个人意志的法律。人们会由衷地、心悦诚服地遵从法律,尊重法律,信仰法律,愿意热忱地投入到捍卫法律尊严和权威的斗争中,并把参与这种斗争视为自己的一个庄严的使命和责任,无须外在强制。"守法过程中权利的享受、自由的实现、对社会不法行为的积极抑制、对他人幸福和社会公共福利的维护与促进,这都使得守法主体充分展示出其自身的价值和美德,从而获得极大的精神愉悦。"①

只有当人们普遍将守法当作道德上的善与荣誉,并将不守法当作道德上的耻辱时,法律才不再是一纸空文。公民的道德水准越高,守法意识就越强。正如法国思想家马布里说:"道德犹如哨兵,它保卫着法律,不叫任何人违犯;相反地,如果缺乏道德,就会使人忘记或忽视法律。"百年来一代代志士仁人呼唤法治,希图通过法治建设实现国泰民安的理想,却饱受挫折。如今我们若能复归传统礼法精神,从中国历史文化中吸取经验和智慧,为当代中国的守法建设寻求强有力的支持,也许不失为一条合理有效的道路。

第五节　诚信——诚实守信

诚信是人们交往中的规则,是人们之间相互协调的伦理基础。它

---

① 胡旭晟:《守法论纲——法理学与伦理学的考察》,《比较法研究》1994 年第 1 期。

可以有效地减少社会生活中的各种内耗和摩擦,减少社会生活的风险和代价,降低社会运行的成本。如果人际之间尔虞我诈,相互缺乏信赖,关系必然处于紧张状态,既不可能互相尊重,也不会有友爱和合作,社会的和谐就无从谈起。

在中国传统伦理体系中,"诚信"是重要的德目之一。儒家"五常"("仁""义""礼""智""信")中,即有"信"这一项。孔子曾经说"言而有信""敬事而信"①"人而无信,不知其可也"②。这说明,儒家很早就意识到诚信乃社会秩序建立之本,也是个体国民立身之本,所以孔门四教,信居其一("子以四教:文,行,忠,信"③)。北宋哲学家程颐指出:"为事不以诚,则事败;自谋不以诚,则是欺其心而自弃其忠;与人不以诚,则是丧其德而增人之怨。"④"大丈夫一诺千金""君子一言,驷马难追"等俗语也可以证明诚信在中国民间社会所受到的重视。为人真诚信实,说老实话、办老实事,诚恳实在,不弄虚作假,不隐瞒欺骗,表里如一,这是传统信德对人们的要求。

而现代社会是建立在契约关系基础上的,对个体公民而言,契约关系的存在有两个基础:一是平等的权利主体地位,二是合作方的相互信任。如果订约双方失去基本信任,已有的契约难以维持,新的契约关系也难以产生。所以一个社会没有了诚信,也就等于出现了普遍的背约状态,只能造成公民对社会秩序失去最低限度的信任,社会秩序也就无法维持。

在构建和谐社会的过程中,信任有利于增加社会的价值认同感和凝聚力,维系和谐的社会关系。人能守信,其言行可靠,才能取得他人的信任,与他人建立并保持正常的交往。有了相互之间的信任,人们不

---

① 《论语·学而》。
② 《论语·为政》。
③ 《论语·述而》。
④ 程颢、程颐:《河南程氏遗书·卷二十五》。

用费心地猜测揣摩别人,不用相互提防,社会生活中的各种内耗和摩擦随之减少,彼此才能够和谐共处,互相协作。这就是诚信对现代社会的基础性意义。从这个角度讲,诚信之于现代社会,比之于传统社会就更为重要,更需要公民将之作为为人处世必须遵守的基本准则,视作人之为人的最重要的品德。

第四章　企业道德信念

企业信念是指企业在生产经营活动中培育形成并确立的,评判自身存在和发展的意义,经营的目的,以及对员工和顾客所持态度的价值标准、原则、尺度和取向,是企业在经营活动中所推崇的行为准则。

企业的信念总是与其管理制度、商业行为以及外在形象相一致的。不同的信念会指引企业在生产经营中作出不同的决策。当生产效率、企业利润、技术创新、员工发展、社会效益发生矛盾的时候,不同的企业做出的选择可能会大不一样。

企业是社会系统的有机组成部分,是国民经济的细胞,社会财富的创造者,倡导一种符合时代和社会要求的企业信念对员工、对企业、对社会都有着非常重要的意义。但什么样的企业信念才算是符合时代和社会要求呢? 在现代世界工商业界,为人们所津津乐道的企业信念总是与社会所公认的伦理道德规范密切相关。无论哪一家长盛不衰的知名企业,其企业信念一定具有强烈的道德精神。

经济学的主要创立者,19 世纪的英国经济学家亚当·斯密曾经提出了经济学理论的逻辑基础——"经济人"假设:人具有自利性,追求自身利益是其经济行为的根本动机,每个人都关心并且追求利益最大化。企业作为市场经济的主体,因此许多人认为企业从事经济活动时,唯一的目的和动力就是以理性为基础追求利润的最大化。长期以来西方流传着这样一句话:企业的职责就是经营。许多经济学家和企业经营者们对此都笃信不疑。自由主义经济学家弗里德曼说:"在这种经济中,企业仅具有一种而且只有一种社会责任——在法律和规章制度许可的范围之内,利用它的资源和从事旨在于增加它的利润的活动。"①这种观念被称为"企业非道德性神话"。

美国著名经济伦理学家理查德·T.德·乔治说:"这种观念描绘了许多美国公司及其从业人士是如何看待自身的,同时也描述了社会其他公众对企业的看法。经营的终极目标是获得收益。为了实现这一目的,经营者才有动力去生产产品,提供服务并致力于买卖交易行为。而根据这一观念,企业及其从业人员并不直接关注伦理道德。他们并不是破坏伦理或不道德的,而是认为自身行为与道德无关。就他们看来,在企业经营活动中进行伦理道德的考虑是不合时宜的。总而言之,生意就是生意,他们不愿将其道德化,他们讨厌伦理学家的无聊说教,当然他们也不会因为竞争激烈而用石头砸对手的玻璃窗,这一观念的本质含义是:伦理与企业经营根本就是两码事。"②

然而从20世纪中叶起,"企业非道德性神话"逐渐破灭了。

20世纪50年代末60年代初,美国工商业活动中出现的一系列丑闻,如行贿受贿、规定垄断价格、欺诈交易和歧视员工等等,一些公司忽视消费者的安全、无视民权、污染环境、恶性竞争、贿赂政府官员、错误诱导投资者等道德败坏行为,引起了公众的强烈质疑与批判。美国宗教界人士率先呼吁人们重视对企业道德的研究。70年代,石油危机对美国以及其他处于衰退期的欧美发达国家的经济造成了巨大冲击,而日本经济却在此次危机之后得以迅速复苏并获得迅猛发展,其原因就在于日本企业当时已经初步具备了相对系统的企业道德规范。美国学

---

① [美]米尔顿·弗里德曼:《资本主义与自由》,张瑞玉译,商务印书馆1986年版,第128页。

② [美]理查德·T.德·乔治:《经济伦理学(第5版)》,李布译,北京大学出版社2002年版,第9页。

界从此开始深入研究企业道德及其构建。到了 20 世纪 80 年代,对企业道德的研究从美国扩展到西欧、日本、澳大利亚等经济发达国家,关注企业道德的学者遍及管理学界、经济学界、哲学界、宗教界。企业道德成为许多大学哲学社会科学系、神学院及商学院中的一门必修课。20 世纪 90 年代以后,对企业道德的研究,从发达国家延伸到东欧、南美及亚洲的发展中国家。不同地区、不同国家企业伦理的比较研究也开展了起来。

20 世纪 90 年代中期,《财富》杂志排名前 500 位的企业中,有 90% 以上都制定了成文的伦理守则来规范员工的行为。1995 年 8 月份的英国《经济学家》杂志报道,欧洲一半以上的大型企业,美国 3/5 的大企业,设有专门的企业伦理机构,30% 到 40% 的美国企业会对员工进行某种形式的伦理道德培训。

日本企业界尤其注重企业伦理。他们把忠诚、仁义、明朗、爱和、喜劳等道德观念融进企业的经营活动中。并且通过定期培训、制定社训、唱社歌、做朝礼来推动企业伦理的建设。

韩国"全国经济人联合会"于 1996 年 2 月代表企业界向政府和国民公布了《企业伦理宪章》,内容包括:正确认识企业的地位、作用,树立社会责任感;通过创造和革新,追求正当的利润;提倡公平、正当的竞争,尊重竞争对手,遵守公正交易和竞争秩序;实行大企业与中小企业的密切合作,实现共同、协调发展;树立与顾客的共存意识,保护和增进消费者权益;实行按个人努力和业绩进行公平分配,保障企业成员的利益;树立环境意识,推行与环境协调的经营;尊重地区传统文化,为地方经济与社会发展做出贡献。①

学术界对要求企业谨守道德规范给出过多种理由。

首先,企业是由有行为能力和意志自由的人建立起来的经济共同

---

① 周祖城:《管理与伦理》,清华大学出版社 2000 年版,第 5—6 页。

体,既是一种经济组织,又是一种社会组织。其组织成员都受到道德合理性的约束,这就使企业的道德责任成为可能。正如理查德·T.德·乔治所言:"企业既不是机器也不是动物,它们是由人来运行的组织,而且正因为如此,即使它们不是道德人,但是却具有了接受道德评价的道德身份。"①

其次,尽管企业以追求利益为目标,具有"经济人"的品格,但企业必须取得法人资格,即按照法律规定程序设立,有一定的组织机构和独立的财产,并能以自己的名义享有民事权利、承担民事义务,之后才能开展经营活动。企业法人与自然人同为独立的民事主体,根据自身的意志来行动,有完全的权利能力和行为能力,是具有人格化的实体。因此企业理应具有自身的道德责任意识和伦理精神。

再次,任何一个公司的发展都离不开各种利益相关者的投入或参与,包括员工、股东、顾客、用户、供货商、经销商、债权人、政府、社区等。企业的不当行为可能导致他们利益受损,或者承担危险后果。公司在追逐自我历史的时候,必须考虑这些相关利益者的利益。在这个意义上,要求企业讲道德,其经营活动不得损害相关利益者的利益,并且最好能够增进相关利益者的利益,就是理所当然的了。

最后,现代人类文明中,企业的规模和影响力日趋庞大,有些跨国公司完全可以用富可敌国来形容,以至于全球最大的 100 个经济体中有 51 个是公司,而只有 49 个是国家。而这些超级公司的权势也日益膨胀,甚至可以干预一个国家大政方针的制定,乃至政府的选举。同时,这些公司所秉持和宣扬的理念也越来越深刻地影响着人们的文化习俗和价值取向,其生产和经营战略左右着科学技术研究的方向和进程。按照权力与责任对等的原则,具有如此可怕影响力的公司必须承

---

① [美]理查德·T.德·乔治:《经济伦理学(第 5 版)》,李布译,北京大学出版社 2002 年版,第 225 页。

担起相应的社会责任,在社会公认的伦理道德规范下进行商业活动。

对于什么是企业道德,人们并没有一个统一的定义。但是人们基本上都会认可企业道德就是规定企业在生产和经营活动中善与恶,应该与不应该的非制度化行为规范,协调的是企业与企业内部员工,企业与客户,企业与企业,企业与社会,企业与国家、企业与自然环境之间的关系。

除了社会公众的期望、媒体舆论的监督,以及企业家个人的道德自觉之外,企业道德也会给企业带来实际的利益。

良好的企业道德有利于在企业内部形成和谐的劳动关系,获得员工的信任和持久的忠诚,最大限度地把人心凝聚在一起、把情绪调整到最佳,激发员工的积极性、主动性和创造性,为企业的发展自觉出力流汗、献计献策、自主创新,积极辅佐企业的经营发展,实现企业利润最大化。

加强企业道德建设有利于企业与消费者的和谐。消费者是企业的"上帝",能否始终如一地吸引消费者有赖于企业的道德观念和高度的责任心。一些西方学者通过对西方七国的一百多个企业的研究发现,顾客挑选某种商品,实际上首先是对公司的价值观的肯定,对某种商品的评价首先是对生产这种商品的公司的价值观的评价。可见良好的企业道德有助于企业占领市场。

坚持道德原则有助于企业赢得合作方,如供应商、经销商、投资商的信任和支持,保持产业链条稳定,降低生产、流通和融资成本,获得更大的利润。道德规范下的行业竞争是良性、有规则的竞争,而非你死我活的零和博弈,有助于企业与同行资源共享、优势互补,实现双赢。

这些论断已经得到了一些实证研究的支持。西方有学者通过对荷兰小型和中型企业的研究,发现企业的伦理水平和企业生产率之间是正相关的。而对美国企业的研究表明,企业的社会业绩,包括员工关系、社区关系、环境绩效和产品特性等,与企业的经营业绩也是正相关的。

在当今世界知名的企业中,能够持续成长、具有旺盛创新意识、受到广泛赞誉的企业,无一例外都对企业道德建设非常重视。美国兰德公司对世界 500 强企业的 20 年追踪调查显示,凡是百年不衰的企业,都紧紧把握住了企业文化、企业伦理的原则。而根据美国约翰公司的调查,从 1950—1990 年的 40 年间,美国遵守经营道德声誉高的企业年平均增长率为 11.3%,而声誉平平的企业增长率仅为 6.2%。

道理很简单,人们总是希望与社会公德形象好、令人信赖的企业做生意。金融机构和投资人慑于巨额罚款从天而降,或者消费者联合抵制,也都不愿投资于那些存在社会风险和环境风险的企业。所以在现代市场经济中,由于道德缺失而导致的企业瓦解和破产事件总是层出不穷,忽视道德建设的企业必然会在激烈的市场竞争中惨遭淘汰。

从整个社会的角度看,企业道德的效益也非常明显。加强企业道德建设可以为构建和谐社会提供强有力的支撑。企业是市场经济活动的主要参与者。只有在企业的经营活动普遍合乎道德规范的条件下,社会经济才有可能协调可持续发展。企业道德的建设还有利于提高整个社会的道德水平。企业的内部活动和销售服务都少不了人与人之间的交往。良好的企业道德可以通过情感的传递和感染,改善整个社会的风气,消除社会中的许多不稳定因素,形成安定团结的社会局面。相反,企业道德缺失不仅会降低社会效率,增加社会成本,还会影响社会公平的实现:不仅导致社会结果不公平,更严重的是导致了机会、规则的不公平,最终危害的是全社会的稳定。

在市场经济中,企业既是经济主体,同时也是道德主体。那种资本无道德,财富非伦理,为富可以不仁的理论和行为,是社会主义和谐社会所不能容忍的。今天的中国企业在追求经营成功过程中,切不可忽视商业道德。

第一节　诚信——童叟无欺

早在上古时期,中国人就已经有了商业贸易活动。《尚书》中记载大禹曾经说:"奏庶艰食鲜食,懋迁有无化居,烝民乃粒,万邦作乂。"①意思是把百谷、鸟兽肉送给老百姓,让他们互通有无,调剂余缺。于是,百姓们就安定下来了,各个诸侯国开始得到了治理。《周易》也有"日中为市,致天下之民,聚天下之货,交易而退,各得其所"②的描述,即百姓携带着自己的货物,在正午的时候从四面八方聚在一处,交易之后带着自己需要的货物各自散去。

与商业活动同时出现的就是古代的商业道德,其中最重要的一条就是童叟无欺。《礼记》就规定:"用器不中度,不粥于市;兵车不中度,不粥于市;布帛精粗不中数,幅广狭不中量,不粥于市。……五谷不时,果实未孰,不粥于市;木不中伐,不粥于市;禽兽鱼鳖不中杀,不粥于市。"③日常所用的器皿不合规格,不准在市场上出售;兵车不合规格,不准在市场上出售;布帛的丝缕疏密不合规格,幅宽不合尺寸,不准在市场上出售。……没有成熟的五谷瓜果不准在市场上出售;未成材的树木,不准在市场上出售;不适合屠宰的禽兽鱼鳖不准在市场上出售。《周礼》中还建议"贾民禁伪而除诈"④,聘请懂行的商民做顾问,鉴别伪劣商品,以消除欺诈。

春秋时期的农学家许行的商业理想是:"市贾不贰,国中无伪,虽使五尺之童适市,莫之或欺。布帛长短同则贾相若,麻缕丝絮轻重同则

---

① 《尚书·虞书·皋陶谟》。
② 《周易·系辞下》。
③ 《礼记·王制》。
④ 《周礼·地官·司市》。

贾相若,五谷多寡同则贾相若,屦大小同则贾相若。"①市场上的物价没有差别,都市里没有欺骗行为,即使是五尺高的孩童到市场上去,也没有人会欺负他。布匹丝绸的长短相等,价钱就差不多;麻线丝絮的分量相等,价钱就差不多;粟米谷物的多少相等,价钱就差不多;鞋履的大小相等,价钱就差不多。荀子也说:"商贾敦悫无诈,则商旅安,货财通,而国求给矣。"②商人忠厚老实而不搞欺诈,那么流动的商贩就安全保险,货物钱财就能流通,而国家的各种需求就能得到供应了。

儒家文化浸染下的古代中国商人大多把诚信作为经营伦理的首要原则,往往以"诚招天下客,信聚八方商","忠诚不蚀本,刻薄不赚钱","童叟无欺"等言语自我标榜,相互诫勉,留下了许多守信经营,有诺必承的故事。

《后汉书》中记载东汉辽东属国都尉公沙穆卖猪的故事。公沙穆派人把病猪运到市场上卖掉,嘱咐说一定要明告买家是病猪,便宜卖,不能隐瞒骗人。结果卖猪的人没提猪病的事儿就把猪卖了。公沙穆知道以后追上买主,说明实情,要退一半的钱给人家。买家说买卖已成,合约已定,不该再变了。但公沙穆还是留下钱走了。天下的人都说公沙穆诚信。③

《魏书》中记载北魏河内太守赵柔卖犁的故事。有人赠给赵柔铧犁数百件。赵柔便拿到市场上出售,开价绢二十匹。有一个商人觉得这个价格太便宜,愿意出绢三十匹买犁。赵柔的儿子想卖,赵柔说:"与人交易,一言便定,岂可以利动心?"最后还是按绢二十匹的价格卖了。远近豪绅之流,皆闻而敬服。④

---

① 《孟子·滕文公上》。
② 《荀子·王霸》。
③ 《后汉书·公沙穆传》。
④ 《魏书·赵柔本传》。

明清时期,中国商品经济已经相当繁荣。诚信在商业道德中的地位越发突出。

清代戏剧家李渔在其小说《十二楼》中记载一位商人靠"三不买""三不卖"的公平交易而发迹的故事:"他做生意之法又与别个不同,虽然为着钱财,却处处有些雅道。收贩时节三不买,出脱的时节三不卖。哪三不买?假货不买,低货不买,来历不明之货不买。……哪三不卖?太贱不卖,太贵不卖,买者信不过不卖。……他立定这些规矩,始终不变。初开店时节,也觉得生意寥寥;及至做到后来,三间铺面的人都挨挤不去。由平民至仕宦,由仕宦以至官僚,没有一种人不来下顾。就是皇帝身边的宫女,要买名花异香,都吩咐太监,叫到萃雅楼去买。其驰名一至于此。"①

清代山东商人互信的气氛非常浓厚。《道光胶州志》在提到本地商人时说,"商者大曰装运,曰典当、曰银钱。交易皆一言为券,无悔改者"②。莱阳商人左文升的仆人用过去交易中收到的一锭假银子到集市上买货。左文升得知后非常生气,说道,"人既误我,安可更误他人"③,硬让仆人把假银换了回来。宁津县李俊常到周村贩卖丝绸,然后再购买棉布运回宁津县出售。有一次,周村行店伙计误把绸子当作棉布发售给李俊。李俊回家之后发现了,"乃悉数送还,仍易以布,由是信义著闻"④。

著名的徽商讲究"贸易无二价,不求赢余,取给朝夕而已,诚信笃实,孚于远迩"⑤。清代休宁商人吴鹏翔购进 800 斛胡椒,发现有毒,担心退货之后货主可能把这批有毒胡椒再卖给别人,便全部当众烧掉,自己承担了损失。婺源茶商朱文炽贩茶至珠江,路途耽搁时间太长,新茶

---

① 李渔:《十二楼·萃雅楼·第一回　卖花郎不卖后庭花,买货人惯买无钱货》。
② 道光《胶州志·卷十五·风俗》。
③ 康熙《莱阳县志·卷八·人物》。
④ 光绪《宁津县志·卷八·人物上》。
⑤ 光绪《婺源县志·卷三十六》。

已成陈茶,他在出售的时候,老老实实标明"陈茶"。当地的茶贩极力怂恿他将"陈"字改"新"字,朱文炽始终不为所动,亏损数万也在所不惜。休宁墨商胡开文经营的苍珮室墨是著名徽墨品牌,有一次他发现一批已出售的墨质量不高,便想法高价收回,在休宁城外一个池塘中全部销毁。歙县布商吴南坡说:"人宁贸诈,吾宁贸信,终不以五尺童子饰价为欺。"①因为他的布货真价实,获得顾客的高度信任,人们只要见是南坡字号便"不视精恶长短"争相购买。

"诚信不欺"也是晋商的基本美德。著名的祁县乔家有一次从包头运胡麻油回山西销售。经手员工为图厚利在油中掺假,掌柜发现后,立令倒掉重装,宁可蒙受经济损失也绝不损害声誉。砖茶是晋商在内蒙和外蒙乃至中俄边贸的大宗商品。祁县大德通号规定:"两山采办砖茶,务宜拣好买到,押工齐楚,押砖总要磁实,洒面均匀,以期到两口不受买主之挑驳。……倘不尽心治理,货色低次,工不精细,必致有碍门市。"②因为晋商注重信誉,蒙民甚至将砖茶当作一般等价物,代替钱银交换货物。蒙民还放心地让晋商代为赊销本地出产的货品,一个季度结算一次。双方都讲求信用,承诺的事情必定做到。

山西票号是晋商注重信用的最典型例证。因为信誉好,山西票号不但在内地十八行省,即使在蒙古、新疆等边远地区,也有分号和来往商号。八国联军侵华时期,山西票号在京津的分庄损失惨重,现银被抢、账簿丢失。外逃京官和难民惶恐之下也纷纷持汇票向各地的票号分庄提现,不啻为雪上加霜。但是山西票号仍然坚持诚信为本,一律兑取,分毫不短。甚至有人因出逃太急,丢失了票据,只要讲明情况,留一张字据,账房先生凭记忆核准便可提走现银。由此晋商"声价大增,不独京中各行推重,即如官场大员无不敬服,甚至深宫之中,亦知西号之

---

①　张海鹏、王廷元:《明清徽商资料选编》,黄山书社1985年版,第205页。

②　黄鉴晖编,中国人民银行山西省分行、山西财经学院《山西票号史料》编写组编:《山西票号史料》,山西经济出版社2002年版,第596页。

诚信相符,不欺不昧"。①

中国商界显然有着非常可敬的诚信传统。然而今天我们面对的现实却令人难以接受。在生产和销售领域,知假卖假、以假充真、以次充好的恶性案件屡屡发生。工程建筑领域里,豆腐渣工程层出不穷,社会影响恶劣。合同失信行为发生的频率之高,造成的恶果之严重,令人触目惊心。偷税漏税现象层出不穷,逃债赖债现象严重,银行不良资产居高不下,呆账、坏账与日俱增,逃、废债现象时有发生。上市公司制造虚假利润,骗取上市资格,串通庄家做市,"黑幕"重重。

诚信缺失对于社会主义市场经济的建设是极为不利的。任何市场交易行为要得以实现,首先要有一定诚信基础。进行商品、劳务、信息、服务交换的各类经济主体只有相信对方所提供的物品物有所值,保质保量,对收益有稳定的预期,才可能完成交易。诚信的存在还可以大大降低交易的成本,交易双方的互信可以减少他们花在扯皮和求证上的时间、精力和金钱。而诚信缺失则必定使市场交易变得困难重重。

诚信还是信心的保障,是借贷和投资的前提。诚实守信的人贷款都比较容易,许多便捷的先进高效的支付手段比如信用卡、支票、汇票等等也是以诚信的存在为前提条件的。如果欺诈取代诚信充斥市场,人人自危、彼此提防,必然阻碍资金流动,会导致一方面资金的闲置浪费,另一方面资金紧缺,影响社会的投资和消费,其结果是市场秩序紊乱、行业衰败。

况且任何一个企业不可能依靠一次交易就实现自己的最大利益,必须要靠长期的交易。人们在市场经济中的一切活动形成了一个严密的信用网。消费者只会青睐最讲诚信、最货真价实的企业,因此良好的信誉就成了企业成功的必要条件。企业如果没有了诚信这一道德底

---

① 李燧、李宏龄:《晋游日记、同舟忠告、山西票商成败记》,山西人民出版社1989年版,第132页。

线,也就失去了未来发展的基础。

可以说,企业的一切生产经营活动都必须依托信誉这一无形资产才能进行。从雇佣劳动,到商品交换,再到复杂的金融信贷、保险交易、票据流通、证券买卖,无不以信誉的存在为前提条件。诚信是市场经济活动中任何人、任何企业应当遵守、必须遵守的行为准则,在规范经济运行秩序、推动经济发展方面起着重要作用。而诚信缺失不仅严重影响投资和消费,破坏企业的正常经营,加大企业的经营成本,还会使政府的宏观调控政策和措施难以发挥作用。同时这种不良风气还会向社会其他领域扩散,导致人与人之间、企业与企业之间、个人与企业、政府之间都充斥了不信任。

对于今天我们建设社会主义市场经济和构建社会主义和谐社会来说,诚信毫无疑问是首要的企业道德。

2003年中国共产党十六届三中全会审议通过的《中共中央关于完善社会主义市场经济体制若干问题的决定》中表示要"建立健全社会信用体系。形成以道德为支撑、产权为基础、法律为保障的社会信用制度,是建设现代市场体系的必要条件,也是规范市场经济秩序的治本之策。增强全社会的信用意识,政府、企事业单位和个人都要把诚实守信作为基本行为准则"①。

《社会信用体系建设规划纲要(2014—2020年)》指出:"提高商务诚信水平是社会信用体系建设的重点,是商务关系有效维护、商务运行成本有效降低、营商环境有效改善的基本条件,是各类商务主体可持续发展的生存之本,也是各类经济活动高效开展的基础保障。"②并且对生产、流通、金融、税务、价格、工程建设、政府采购、招标投标、交通运

---

① 《中共中央关于完善社会主义市场经济体制若干问题的决定》,《人民日报》2003年10月22日。

② 国务院法制办公室编:《中华人民共和国新法规汇编》2014年第7辑,中国法制出版社2014年版,第58页。

输、电子商务、统计、中介服务、会展广告、企业管理多个领域的信用建设都做出了具体的要求。

诚信是企业商家的道德自省，也是市场经济的游戏规则，更是国家对工商从业者的基本要求，应该被列为首要的企业道德信念。

第二节　仁爱——和谐宽仁

孔子说："仁者，爱人"，"己所不欲，勿施于人"。这种思想运用到企业雇佣关系中就是经营者、管理者要把雇员当作与自己一样有血有肉有情感有需求的人来善待，自己都不能接受的待遇就不能施加给雇员。

早在战国时期，社会上就开始出现零散的雇佣劳动现象。《韩非子》中描述雇人耕地时，就提到雇主为了使受雇者在为其耕地时能更好地尽心尽力，"费家而美食，调布而求易钱"①，准备较好的饭菜来招待受雇者，把交赋税的钱款都集中起来，按时发给他们工钱。

汉代手工业各部门都有使用雇工劳动的情况，有专事粮食加工的"赁舂"，有油漆工，有缝纫工，采矿冶铸业使用雇佣劳动力尤其多。雇主对其不仅要提供饮食，还要提供住宿。《崔寔政论》中讲道："客庸一月千，刍膏肉五百，薪炭盐菜又五百。二人食粟六斛。"②每个佣工的劳动报酬，从一些史料来看，通常能够维持一家（大约三口人）的生活，包括佣工自己和家属一或二人。③《太平经》中记载："赁作富家，为其奴使。一岁数千，衣出其中，余少可视，积十余岁，可得自用还故乡。"④受

---

① 《韩非子·外储说上》。
② 魏征等编：《群书治要·崔寔政论》。
③ 宋杰：《汉代雇佣价格辨析》，《首都师范大学学报（社会科学版）》1988年第2期。
④ 佚名：《太平经·庚部之一二·卷一一四》。

雇于富家的佣人,一年可得数千钱,除去置办衣物等开销外,每年还可剩余一点。

明清时期中国工商业繁荣,有过不少"掌柜的"善待"伙计","伙计"尊敬"掌柜的",相互体谅,同心协力,共创基业的美谈。

明朝冯梦龙所著的《醒世恒言》中写大名府濬县地主卢楠,"田产广多,除了家人,顾工的也有整百,每年至十二月中,预发来岁工银,到了是月,众长工一齐进去领银"。卢楠还"恐家人们作弊,短少了众人的,亲自唱名亲发,又赏一顿酒饭,吃了醉饱,叩谢而去"①。清光绪十年大德通票号号规中规定:"各处人位,皆取和衷为贵,在上位者固宜宽容爱护,慎勿偏袒,在下位者亦当体量自重,无得放肆。"②

明清山西商号中的掌柜、伙计,虽无资本顶银股,只要勤奋工作、才华出众,却可以自己的劳动力顶身股,与财东的银股一起参与分红,且不承担亏赔风险。"三年结账,按股分余利,营业愈盛,余利愈厚,身股亦因之以增。"著名商号大盛魁,即使初顶身股的人员每年也可以分得1000两红利,顶得上一名驻守归化城的将军的年薪,一个经理就顶得上三个将军了。"其发起之人及效力年久者,于其身后,必给身股以赡其家。"③对创立票号的老一代功臣,解除他们的后顾之忧。顶身股者死后,其家眷仍可在一定时间内参加商号的分红,称"故身股"。短则两年,长则八年,有重大贡献者还可更长。

清末,在洋务运动中涌现出一批近代军事工业和民用企业,其中一些企业后来直接转化为民族资本主义,大量的近代产业工人也随之出现。但近代中国的企业管理长期落后,工头制十分盛行,20世纪20年代以前企业的福利待遇少得可怜,由此导致企业的人际关系恶化,劳资

---

① 冯梦龙:《醒世恒言·第二十九卷·卢太学诗酒傲王侯》。
② 张正明编:《明清晋商资料选编》,山西人民出版社1989年版,第144页。
③ 徐珂编:《清稗类钞·农商类·山西票号》。

关系紧张,严重影响着企业的发展。

1915 年和 1918 年在上海创办德大和厚生两家纱厂,1919 年又在河南郑州创办豫丰纱厂的民族企业家穆藕初第一个将西方的科学管理理论引入中国,废除工头制,改善职工的福利待遇。他自己说:"从民国四年开始办纱厂以后,但凡遇到业务繁荣的年度,我的厂总比别家的工厂盈利多些,如遇到不景气的年度,即使亏本,也总比别人的纱厂亏的少些,这不能不说是实行科学管理的结果。"①

爱国实业家周志俊在一战以后日本纱厂的倾轧之下接手父亲周学熙创办的青岛华新纱厂。为了应付与日商激烈斗争的局面,他对纱厂进行了经营策略、管理机制、能源供应等方面的一系列改革,取得了令人瞩目的发展。

华新纱厂"在管理上,开始也是采用当时一般资本家'严加管束'的方式。结果,制度愈严,管束愈紧,工人的积极性愈差,工作效率愈低,甚至时有逃亡。周志俊主持厂务后,延聘进步人士关锡斌负责此项工作,情况才得以改善。以后注意加强职工教育,增进福利设施。除兴建职工宿舍大楼,创办职工俱乐部,开展正常文体活动外,还试行一些比较原始的劳动保险制度。如建立储蓄慰劳金制度(每月按职工工资10%由厂方提供作为慰劳金,由职工月工资中提出 5%作为储蓄金,工作若干年后可以由职工领取作为养老金);成立矜恤部,由厂方拨存资金为职工疾病死亡周济之用;实行厂内诊所免费医疗等。特别是重视提高职工文化技术水平。在厂办的职工补习学校中,经常就学者数一百人。初级班学文化,高级班学技术,八年之间前后毕业者达 2000 人。与此同时还从高级班毕业的工人中选拔职员和技术人员。这样就可以使后备力量不断成长,队伍素质不断提高。这支力量不仅成为华新当年事业发展的主力军,也成为周氏以后在南方开拓新局面的一部分基

---

① 穆藕初:《纱厂组织法》,《华商纱厂联合会季刊》第 1 期(1919 年 1 月)。

本队伍"①。

上海康元制罐厂的创办者项康元也采取了相似的管理方式。"康元厂除有必需的生活福利设施如:食堂、医务室、洗浴间等外,还举办职工消费合作社,职工可自愿入股为社员,社员不出厂门即可购得低于市场价格的日用必需品。职工每月可获得一定数额由工厂发行的厂币用于购物。厂币印有'节省钱就是提高自己人格'、'浪费一文必受一文痛苦'等提倡节约的格言。康元厂还成立职工寿险团,为职工投保人寿保险;拟订职工养老储金办法,年老退职发还本息兼获奖金;还订有职工伤亡抚恤办法等,使职工生老病死有保障。此外,为活跃职工业余文化生活,开展各种文体活动。厂内设有图书馆和文娱组,文娱组有演戏、唱歌、节目彩排、远足旅游等项目。体育活动有武术训练、球类比赛等。当时康元香港分厂的职工篮球队,阵容实力很强,在港澳一带小有名气。

"项康元在推行科学治厂的同时,更有深谋远略,他曾写下篇五万余言的建厂远景计划,设想在上海闵行购地百亩建成一处全能工厂群,辟有一个职工居住生活区,供职工一生休养生息安居乐业,并实行多劳多得的分配制度。这一超前意识的近乎空想社会主义的蓝图及其模型,使参观者大开眼界赞叹不已。惜乎项康年后来倾心投资其他经营,未能毕其功于一役,遂成一纸空文。"②

荣氏企业的创办者荣德生之子荣尔仁经过专业学习后到公司任领导职务,改进了企业的技术管理和经营方针。他曾经说:"实业家欲直接谋技术之精良、工作之改进,则间接必先筹劳工之福利、注意其身心之安康,庶几工作之时无内顾之忧,业余之暇得精神之慰。安居乐业,

①　寿充一:《近代中国工商人物志》第一册,中国文史出版社 1995 年版,第 285—286 页。

②　政协上海市静安区文史资料委员会、中共上海市静安区委党史研究室编:《静安文史》第 9 辑,1994 年版,第 121—122 页。

专心一志，自无因循畏难之思，见异思迁之想。且以设施之完备，享受之舒适、精神饱满、体魄健康、对于工作自能任重致远，勇往迈进，虽遇挫折，亦必竭全力以赴之。"[1]

卢作孚创办民生公司后，把为职工谋福利列为人事管理的任务之一，"不仅为谋职工当前福利，并须为谋未来福利；不仅为谋职工个人福利，并须为谋家庭福利。有关福利的设施，如职工之补习教育、卫生环境运动及娱乐生活，医药及死亡保险、家庭住宅、家庭经济、家庭卫生、家庭娱乐及子女教育皆所必需。其属于物质方面者应视经济能力设施之，其属于服务方面者应竭所有人力趋赴之"[2]。

在民生公司，职工拥有用餐津贴、医疗津贴、交通津贴、服装津贴、文化娱乐津贴等其他补助，到年底可以领取双薪一个月。效益好的时候，企业还拿出纯利润的百分之二十作为职工红酬。在上海、宜昌、万县、重庆、徐州均有职工宿舍，并有专门人员每天负责打扫卫生或清洗，一切费用由公司承担。公司还可以为职工家属介绍工作。公司员工都可免费乘船，直系亲属乘坐本公司轮船可享受半费优惠。公司举办职工互助保险。公司设有医务室，免费为员工检查身体、提供药品、注射预防针以及为职工家属治病，生病职工可到公司订约的当地医院就诊，诊费由公司支付，因工受伤者，公司给予医药费用，或给予全部津贴。在职职工因病死亡，公司根据其职务给予相应的救助金，若因公殉职，救助金更为优厚，若已在公司工作五年以上或十年以上，其家庭还可以获得生活费。

民生公司还为职工安排了各种休假，并规定休假期间内工资照发；规定员工每年有24天事假，请事假最多不超过15天的，工资照发；婚丧假一月之内，工资照发；产假两月内工资照发；病假两月内全薪，四月

---

① 荣尔仁：《申新第三纺织厂对于劳工事业设施之现状》，《劳工月刊》第3卷第3期（1934年3月）。

② 《卢作孚文集》，北京大学出版社1999年版，第586页。

内半薪。

中国共产党自成立的第一天起，就致力于改善工人阶级的劳动待遇，并且领导工人运动进行了英勇的斗争。1922 年 5 月，第一次劳动大会在广州召开，要求北洋政府颁布劳动法，实行劳动保险。1929 年11 月，在第五次全国劳动大会上通过的《中华全国工人斗争纲领》提出："工人或工人家属发生疾病伤害，应由资本家给予医药费，听其自由医愈为度；病假期间不得扣工资"；"因工作致死伤之工人，应给以优厚恤金"。① 在土地革命时期、抗日战争时期，中国共产党领导的根据地都制定了一些劳动保险办法，要求当地的企业和雇主保障职工的利益。

1945 年毛泽东在中共七大上作了《论联合政府》报告，其中明确指出："在新民主主义的国家制度下，将采取调节劳资间利害关系的政策。一方面，保护工人利益，根据情况的不同，实行八小时到十小时的工作制以及适当的失业救济和社会保险，保障工会的权利；另一方面，保证国家企业、私人企业和合作社企业在合理经营下的正当的赢利；使公私、劳资双方共同为发展工业生产而努力。"②

1949 年中华人民共和国成立以后，在短短几年之中，中央各产业主管部门及劳动行政部门颁布了一百一十九种有关劳动保护的法令规程和制度，推动了国营或私营企业改善劳动保护工作和安全卫生状况。这些法规都较好地体现了职工在企业中的地位和作用。

经过对资本主义工商业的社会主义改造，过去的私有民营企业全部为公有制企业所取代。在计划经济时代，我国的企业福利涵盖了职工生活的方方面面，包括住房、医疗、养老、子女的教育。职工宿舍、食堂、托儿所、医务室、澡堂等集体福利设施一应俱全。职工在食堂就餐，

---

① 中华全国总工会中国职工运动史研究室编：《中国历次全国劳动大会文献》，工人出版社 1957 年版，第 288 页。

② 《毛泽东选集》第 3 卷，人民出版社 1991 年版，第 1082 页。

子女入托儿所,都只需要交很低的费用,单身职工住集体宿舍,在浴室洗澡,也常常是免费的。工会时常组织职工文体活动,体育比赛或者观影看戏,也常常只需要职工支付很少的费用,或者不需要任何费用。但是这种由企业包办劳动者的所有福利的做法使企业不堪重负,降低了经营效率。

改革开放以后,随着政策的放宽,国退民进,个体、私营经济逐步地得到恢复和发展,然而这时候却出现了将员工福利甚至基本社会保障作为社会包袱的片面看法。很多企业以"经济人"自居,片面追求企业利益最大化,对于国家规定的最基本的员工福利和劳动保障也大打折扣。在很多工厂,工时被无限制地延长;工作环境危机四伏:有毒化学品、火灾隐患、工伤事故处处都有。与失去工作、身心伤残相比,加班已经是不值得一提的小问题了。如今的职场,不论办公室里的白领,还是车间里的工人,加班似乎成了常态,在连续的工作压力下,"亚健康""过劳死"成了人们熟悉的字眼。一些不良企业主还变着方法克扣、拖欠工人工资。许多农民工辛辛苦苦干一年却拿不到工资,追讨工资的现象屡见不鲜,常常酿成社会事件。

企业作为劳动力的直接使用者,对员工的社会保障甚至福利始终负有不可推卸的责任。劳动者待遇过低的问题已经受到全社会的关注,掀起了热烈的大讨论。以人为本的管理理念渐渐成为企业界营造优秀企业文化的旗帜。所谓以人为本,即以人为企业的中心,从尊重人,爱护人,发挥和调动人的积极性和首创精神出发,去组织和安排工作。这不仅仅是继承中国古代儒家"仁学"思想,也是世界现代管理学发展的趋势。

现代的人本主义管理思想认为,在任何社会管理或组织的管理中,人的价值高于一切。管理问题从根本上讲是人的问题,只有尊重每个人,尊重每个人的价值和贡献,才能充分发挥每一个人的积极性。因此,企业必须坚持以人为中心,正确地认识人性和人的需要,充分尊重人性和人的需要,并且在管理活动中努力创造条件去适应和满足人的各种需要。凡是与人性或人的根本需要相冲突的管理行为,均应加以拒绝。企业要为职工提供从事创造性劳动,发展和提高自己的机会和条件,多为职工提供训练机会,不断提高他们的技能,甚至让职工以各种方式参与公司的经营业务。

20 世纪 90 年代初,美国某服装制造商在类似监狱一般的工作条件下使用年轻女工的事实被曝光。为了挽救其公众形象,该公司草拟了第一份公司社会责任守则(也称生产守则)。之后,鉴于一些跨国企业为了追求利润,在第三世界国家大量雇佣童工、迫使雇工超时工作、所设工厂劳动环境恶劣等事件被频频曝光,引发了消费者的抵制浪潮,西方各国一些公司开始制订约束企业行为的社会责任要求,成立了一些关于"企业社会责任"的多边组织,并随着经济全球化而逐渐波及全球。1997 年,总部设在美国的社会责任国际组织(SAI),发起并联合欧美部分跨国公司和其他一些国际组织,依据国际劳工组织宪章、世界人权宣言和联合国儿童权利公约,最终制定了 SA8000 标准——社会责任标准。它规定了企业必须承担的对社会和利益相关者的责任,对工作环境、员工健康与安全、员工培训、薪酬、工会权利等具体问题指定了最低要求。

SA8000 主要有九个方面的内容:

1. 童工问题(Child Labor)。企业不应使用或支持使用年龄在 15 周岁以下的童工,不得将其置于不安全或不健康的工作环境和条件下。

2. 强迫性劳动(Forced Labor)。公司不得使用或支持使用强迫性劳动,也不可要求受聘的员工存放押金或身份证于公司,必须允许雇员轮班后离开并允许雇员辞职。

3. 健康与安全(Health and Safety)。公司应提供健康和安全的工作环境,对事故伤害的防护,卫生清洁维持设备和常备饮用水,对员工有系统地进行健康和安全培训,采取必要措施以防止工伤。

4. 结社自由及集体谈判权利（Freedom of Association & Right to Collective Bargaining）。公司应尊重所有员工自由成立和参加工会,以及集体谈判的权利。应确保工会代表不受歧视,并且在工作环境中能够接触工会的会员。

5. 不从事或不支持歧视（Discrimination）。公司不可干涉员工遵奉涉及种族、社会阶级、国籍、宗教、残疾、性别取向、工会的信条、规范或要求的权利。禁止性骚扰。

6. 惩罚措施（Disciplinary Practices）。公司不可从事或支持肉体上的惩罚、精神和肉体上的压制和言词辱骂。

7. 工作时间（Working Hours）。雇员不可经常加班（每周工作时间超过 48 小时）,加班一周不得超过 12 个小时,且必须是自愿的,一周至少有一天的假期。

8. 工资报酬（Compensation）。公司支付给员工的工资不应低于法律或行业的最低标准,必须足以满足员工的基本需求。员工能自由处置收入。所有加班应按照国家规定支付加班津贴。

9. 管理体系（Management Systems）。公司必须承诺遵守 SA8000 标准,制订并签署一份社会责任政策,有一套管理系统以保证长期贯彻执行本标准中的各项要求。

SA8000 发布后,受到欧美国家工商界和消费者的欢迎和支持。不少跨国公司如耐克、阿迪达斯、沃尔玛、麦当劳、雅芳、玩具反斗城、家乐福等为了避免品牌形象受到影响,纷纷加入这一运动。它们不仅自己制定社会责任守则,而且要求产品配套企业和合作企业均要遵守这些守则,从而将企业社会责任运动扩展到了生产制造基地的发展中国家。2000 年以后,几乎所有的欧美企业都对其全球供应商和承包商实施社会责任评估和审核,只有通过审核与评估,才能建立合作伙伴关系。

全球化时代的中国企业很快感受到了 SA8000 的威力。香港报纸曾连续报道深圳某玩具企业使用 400 名童工包装玩具,由于这家玩具企业供应着美国的多家玩具制造商,该消息在全球引起轰动。美国客户立刻委托调查小组前往调查,虽没发现童工,但确认工厂存在加班加点严重和工资偏低的问题,并多次提供虚假的工时工资资料,因此取消了该工厂及关联企业的供应商资格,最后该家拥有 4 间工厂、近 8000 名工人的集团公司被迫倒闭。2003 年 7 月,广东一家台资鞋厂因发生中毒事件,美国进口商对该厂全部撤单;同年 9 月,广东中山市一家 500 人左右的鞋厂因没有达到当地法律规定的最低工资标准,也曾被停单两个月。重庆一家化工公司为了向一家全球最大精细化工企业出口化工中间体产品,先后接受了该公司两次严格的社会责任检查。据估计,从 1995 年以来,我国沿海地区至少已有 8000 多家工厂接受过跨国公司的社会责任审核,超过 50000 家企业被要求随时接受检查,有的企业因为表现良好获得了更多的订单,部分工厂则因为没有改善诚意而被取消了供应商资格。沃尔玛 2002—2005 年大概淘汰了中国 40% 左右的供应商,淘汰理由就是因为这些企业中存在损害工人权利和违反中国劳动法律的情况。

SA8000 通过撤单、取消供应商资格等经济手段来"迫使"中国企业在生产经营管理中以人为本。而遵循 SA8000 标准也的确能够给企业发展带来好处。按照 SA8000 认证程序,企业(组织)向 SAI 认可的认证评审机构申请 SA8000 认证,如果符合认证所需的条件,达到 SA8000 的一系列最低要求,就成为获得 SA8000 认证证书的企业。企业因此可以赢得公众的信赖,提升企业的形象及声誉,有利于吸引消费者,从而获得市场优势,订单量会显著增加。获得这个认证还可以大大减少客户审核的数量,避免重复审核的成本、时间及管理。对人性化工作标准的清晰承诺可以吸引更多高素质人才,员工的忠诚度及工作效率也因此提高。

而且管理伦理学的最新研究成果显示,伦理关怀是企业激励机制的有效方法。人是有情感的,公正、诚实、尊重和为他人着想往往能够获得相当优厚的经济回报。人们更愿意为一位体恤员工的雇主额外多干一点。以人为本的管理所体现出来的那种对人性的尊重和员工生活的关心，强化了员工对企业的认同感和归属感，使员工与企业同呼吸，共命运，爱企业如家、克己敬业、积极主动工作来回报管理者的关爱，最终换来企业的业绩。

对于中国企业和社会的发展来说，这的确是一件好事。但是SA8000毕竟是在西方文化基础上制定的，强调外在约束力的企业行为准则。中国企业还应该从本土传统文化中寻找善待劳动者的伦理道德基础和内在驱动力，那就是儒家所倡导的"仁"。20世纪60年代以来，深受中国儒家传统文化影响的东亚、东南亚的许多国家和地区，普遍对中国传统文化中的"仁爱""忠孝""和谐""礼义""尊贤"等管理原则，加以吸收改造，融化为企业文化和企业精神，极大地推动了经济和社会的发展，创造了管理上的"东方奇迹"。

因为"仁"，所以要以人为本，因为"仁"，所以要尊重员工，关爱员工；因为"仁"，所以要努力为员工提供良好的劳动条件，为他们提供平等的职位升迁和接受教育的机会；因为"仁"，所以要谨守SA8000提出的要求；因为"仁"，所以我们做得要比SA8000要求的更多。

第三节　正义——社会责任

现代企业道德要求企业在创造利润的同时承担更多的社会责任。所谓企业的社会责任，哈罗德·孔茨和海因茨·韦里克认为，"公司的社会责任就是认真地考虑公司的一举一动对社会的影响"[①]。里基·

---

① ［美］哈罗德·孔茨、［美］海因茨·韦里克：《管理学（第9版）》，郝国华等译，经济科学出版社1993年版，第689页。

W.格里芬认为,"企业社会责任是指在提高本身利润的同时,对保护和增加整个社会福利方面所承担的责任"①。斯蒂芬·罗宾斯认为,"它是一种工商企业追求有利于社会的长远目标的义务,而不是法律和经济所要求的义务"②。

西方工商界和管理学对企业社会责任问题的关注是从 20 世纪初开始的。当时美国的一些批评者试图通过立法来限制公司规模和权力急剧扩张所带来的反社会犯罪和垄断。面对社会的压力,一些大公司开始拿出大量财富,捐献给教育和慈善机构,并且开始积极地参与社会的公益活动。有一些学者也在其论著中涉及有关思想。1920 年,德国学者基于"企业自体思想"理论,提出了企业社会责任的观点。1924 年,美国学者谢尔顿提出了公司社会责任的理念,只是未引起人们的足够关注。

但是直到 1953 年,美国学者霍华德·R.鲍恩出版了《企业家的社会责任》一书,才正式将企业社会责任问题提了出来,并由此在西方学术界和企业界引发了一场关于企业社会责任的大辩论。20 世纪 80 年代西方各国出现了"公司社会责任运动"。到 90 年代末期,越来越多的跨国公司意识到,公司应该运用它们的力量和影响志愿服务于广泛的社会目标,而不仅仅是追求利润。现在,企业社会责任的观念已经取得了西方工商业界的普遍支持和认同,并且逐步走上制度化的发展轨道。

西方工商企业对社会责任的追求无疑是值得赞赏的。但是与中国商人 2000 多年来的社会责任意识相比,西方企业短短 100 年来的进步显得实在是"后知后觉"。

---

① [美]里基·W.格里芬:《实用管理学》,杨洪兰、康芳仪编译,复旦大学出版社 1989 年版,第 73 页。

② [美]斯蒂芬·罗宾斯:《管理学(第 4 版)》,黄卫伟等译,中国人民大学出版社 1997 年版,第 97 页。

中国古代商人的社会责任意识根源于儒家传统伦理中的"义利之辨"。受到这种道德观念的影响，中国古代的商人往往具有很强的社会责任感，每当地方、国家和民族危难之时，往往能慷慨解囊，扶危解困。

春秋时期郑国商人弦高做生意途中遇到前往偷袭郑国的秦国军队，情急之下一面派人急速回国报告敌情，一面假借郑国国君的名义送去十二头牛犒劳秦军，暗示郑国已经知道秦军的行动。秦军以为失去了战机，只好班师返回。郑国避免了一次灭亡的命运。

西汉河南郡人卜式以牧羊致富。武帝时，匈奴屡犯边，他上书朝廷，愿以家财之半捐公助边。一年后，山东发生水灾，洪水方圆二千里，流民大量涌入河南郡，卜式又上书河南太守，出二十万钱帮助流民。太守上报汉武帝，武帝赏赐卜式，把四百戍边人的十二万给养钱归他，卜式又把这些钱通通还给朝廷。

东汉时期的马援也是如此，年轻时率人在陇汉之间游牧，因地制宜，多有良法，因而收获颇丰。当时，共有马、牛、羊几千头，谷物数万斛。对着这田牧所得，马援慨然长叹，说："凡殖货财产，贵其能施赈也，否则守钱虏耳！"[1]于是，把所有的财产都分给兄弟朋友，自己则只穿着羊裘皮裤，过着清简的生活。

唐代长安有一位药商宋清，药好人善，名气很大，有病的人，都愿意找他看，宋清一一热情接待，即使是有些没带钱的人来，宋清也都给他好的药材。债券、欠条堆积得像山一样高，宋清不曾跑去向他们收账。或者有些他不认识的人，打从远方来，拿债券赊欠，宋清并不拒绝对方。到了年终的时候，宋清估计人家不能还债了，往往就把债券、欠条给烧掉。大家都说他"蚩妄人也！"宋清听了后说："清之取利远，远故大，岂

---

① 《后汉书·马援传》。

若小市人哉!"①长安一时盛传"人有义声,卖药宋清",柳宗元也为他立传。

这类"富好行其德"的商人历代皆有,诸如修桥、铺路、办学堂、修水利、赈济贫弱、济行旅、拯覆溺、助葬、掩骼、设渡、放赈、施药等等成为商德传统。

明清时期,随着商品经济的繁荣,大量区域性商帮——徽商、浙商、晋商出现,成为社会不可忽视的一个群体力量。几乎所有有关商人的传、行状、墓表中都必然罗列其行善事迹,他们的无数义举充分显示了中国古代商人文化中的社会责任感。

明清商人只要是稍有经济实力,都愿意捐资兴办公益事业。徽商无论是行贾在外还是服贾还乡,常把主动参与地方水利事业作为回馈客商地居民和家乡父老的义举之一。如明正德年间,祁门奇岭人郑璥"商于瓜渚,见运河为官民要道,遇粮运辄阻商行,澍捐金别浚一河,使官运无碍,商不留难,至今赖之"②。清嘉庆年间,清歙人江演"修北关万年桥以利涉。又浚扬州伍佑东河二百五十里及安丰串场官河,盐艘免车运之劳,商民受益"③。

投资兴建城池、架设桥梁、修补道路也是明清时期商人们所热衷的公益性事业。明代郑板桥曾经记述山东潍县烟行商人都纷纷捐资修建城墙的事迹,并为此树碑。清末潍县商人陈尚志,经商致富后,不吝施舍,"邑中凡有工大役,靡不慷慨纳资,前后修补西北隅石城,修学宫,修文昌祠,多赖其倡捐多金"④。清雍正年间山西静升王麟趾为了乡里蓄水防旱,捐地挖塘,筑堰垒坝,使附近的千亩良田得以灌溉,惠及百姓。他的后代也广行善事,修庙宇,办义学,建会馆,备受称赞。

---

① 《柳河东集·卷十七·宋清传》。
② 同治《祁门县志·卷三十》。
③ 江登云:《橙阳散志·卷三》。
④ 民国《潍县志稿·卷二十九·人物·义行》。

"贾而好儒"是明清商人们的文化特征。山西榆次常家先后办起私塾十七所,并于光绪二十九年创办了山西最早的农村新学堂——笃初小学堂,光绪三十二年,创办了私立中学兼高、初两等学校。同时常家还因两次捐资、捐书榆次学堂而受到府、县的赠匾褒奖。祁县富商渠本翘在家乡创办了山西第一所女子学校。介休富商冀氏家族马太夫人主持家政时,曾给"会垣修贡院,首捐万金"。榆次富商宋继宗于1921年在本村创办了一所山西较早的"纺织实业学校"。①

清乾隆年间山东济宁商人许树德,少时由于家贫而弃儒从贾。他致富后"置义学城西,延师教育乡党子弟"②。光绪年间惠民县商人李麟趾,经商起家后,尤喜行善事,"于村中设立义学"③。栖霞县商人冯秉忠常到北京房山一带贸易,便在家乡和房山"各捐膏火设义塾,且令子均踵行之,前后计费数千金"④。栖霞县没有书院,县令筹划创建,但没有合适的地基。牟氏商人牟相翼便用自己的房产置换家族公地捐作书院地基。⑤

扶危济困的侠义心肠在明清商人中间多有体现。明清徽商很注重在故乡和寓居地捐助孤苦,赈济贫穷。对于那些因贫困而向他们借贷的人们,徽商都不遗余力地帮助他们。在遇到借贷人无力偿还的情况时,有些徽商还撕毁凭据,不要他们偿还。明朝休宁人汪大浚,"尝商于徐之沛,济急周乏,贫不责偿"⑥。明末清初之际,清兵南下,令军中所俘妇女,其家愿赎者,可放归。襄陵商人乔承统"闻故旧女子多俘在中,乃遍访诸营,倾囊赎以归其家"⑦。清嘉庆年间休宁吴光祖,曾经借

① 张辉:《晋商致富方略》,山西古籍出版社2004年版,第155—156页。
② 乾隆《济宁直隶州志·卷二十七·人物五》。
③ 光绪《惠民县志·卷二十一·孝友》。
④ 光绪《栖霞县志·卷七·人物·义行》。
⑤ 光绪《栖霞县志·卷七·人物·孝友》。
⑥ 康熙《休宁县志·卷六·人物·笃行》。
⑦ 同治《两淮盐法志·卷四十三》。

给族人三百两银子,后来族人死去,家贫无力偿还,"遂以券还其子,复赠金二十,使之受室。族人贫不能葬及有志读者而无力者,必周之"①。光绪年间江西婺源长溪人戴耀梧,十五岁就在江北经商,虽然他自己赚钱也很辛苦,但时刻不忘帮助贫困人员,"每得钱一百,即将五十散残疾穷人"②。清末临猗人阎天杰,经营盐业五年,赢利数万,旋辞商回家,倡修庙宇,周济苦民,每于岁暮,设施饭衣,终身不辍。③

当乡土遭遇兵祸之时,商人们也可以散财御寇。明朝嘉靖年间,倭寇流窜入太湖,烧杀掳掠。东山首富翁参散家财,募乡勇,捍御东山,使山中父老乡亲免遭倭寇之祸。清末山东平度县商人张复彦在麻兰镇开设油肆。一年,起义军捻军将要经过此地,镇中开始修筑围墙以为防御,但是还剩几十丈因资金用完而无法完工。"复彦即捐钱五百缗助其成"④,全镇赖以保全。

明清时期,山东地区水灾、旱灾频繁,百姓多灾多难。每逢灾荒来临之际,地方富商、豪绅一般就会设立粥铺,救济灾民;或者是把自家的存粮低价卖给百姓。

明朝天顺嘉靖年间,安徽歙县人许芳,"营业庐州,居积几致万金,田产日赢。……会庐州民大饥馑,即命滋发廪赈贷,人于是感恩刻骨"⑤。乾隆三年,岁饥,歙县人汪应庚首捐万金备赈,"自公厂煮赈期竣,复独力展赈一月,约用米三万石有奇,其赖以全活者共计九百六十五万三千余口"⑥。

清朝乾隆年间,值山东半岛的登、莱、青三州连年发生水旱灾害,致使三州饥民遍野、百姓苦不堪言,山东黄县巨商王旭"出粟振饥于

---

① 嘉庆《休宁县志·卷十五·人物·乡善》。
② 张海鹏、王廷元:《徽商资料选编》,黄山书社1985年版,第316页。
③ 光绪《琦氏县志·卷上》。
④ 民国《平度县续志·卷八·人物志·笃行》。
⑤ 张海鹏、王廷元:《徽商资料选编》,黄山书社1985年版,第318页。
⑥ 张海鹏、王廷元:《徽商资料选编》,黄山书社1985年版,第321页。

普安寺、黄山馆、真一馆三处,设灶放饭。邑东南赵家庄放米,每口日给米半斤。自冬至月初一日至四月初一日止"①黄县、栖霞、蓬莱、登州四县灾民得以渡过严冬。当地因此流传一首民谣:"天公活一半,王公活一半"。

光绪三四年间(1877—1878),骇人听闻的"丁戊奇荒"爆发,灾被晋、豫、直、陕、甘全省并及山东、江苏、安徽、四川等部分地区,"赤地千里人相食"。上海绅商经元善将父亲遗业仁元钱庄收歇,在原址成立上海"协赈公所",与友人立捐册,筹募巨金。各地绅商善士闻风而动,纷纷成立协赈公所,遍及大半个中国甚至延散到海外,各地"义赈"组织均与上海"义赈"组织保持密切联系。他们通力合作救灾,成绩斐然。东赈期间,义赈同人收到江南绅士赈款共计约 13.1 万两、药料制钱 3 万串、棉衣 3.5 万件,赈济了山东益都、临朐、寿光、乐安四县灾民26 万余口;豫赈期间,义赈同人共筹赈银 450 多万两,其中上海解交了16.4 万多两,苏州解交了 28.8 万多两;晋赈期间,共发赈银 12.08 万余两;直赈期间,义赈同人总共从苏、沪、扬、浙四家赈所接受赈款 20.7万余两,实际散赈 18.6 万余两,余款交予直隶筹赈局散放。光绪二十六年(1900 年)至光绪二十七年(1901 年)的陕赈,义绅们经手散放赈款总数达到了 91 万余两。每次灾荒救济中,义赈同人筹集和散发的银两动辄数十万,数目不可谓不大。②

从此一种由民间自行组织劝赈,自行募集经费,并自行向灾民直接散发救灾物资的慈善公益事业——义赈兴起。之后,几乎每逢重大自然灾害,义赈便会活跃在灾赈舞台上,不但广泛地参入到赈务中去,而且在某些时候甚至超过官赈。在光绪三十二年的江苏水灾赈济中,江南、江北遭灾最重之地的赈务几乎全都由义绅来承担。这种义赈已经

---

① 乾隆《黄县志·杂志》。
② 贺永田、石莹:《试评晚清义赈》,《延边大学学报(社会科学版)》2009 年第 3 期。

由纯个人的"义举"发展成为全社会性的公益活动,赈济对象、募捐范围往往都面向全国。它比政府赈灾的组织更加严密,工作程序简洁有效。遇有重大灾情发生,义赈发起者往往网罗社会各界名流,充分利用报刊传媒,募捐劝赈,一旦筹得赈款后,便委派得力人员亲赴灾区放赈,赈务完结后,为做到账务明晰,向社会公开赈款用途及去向。每次救灾活动中,募款、解款、放款等各个环节都有专人负责,专款专用,而且从来不通过政府的渠道,防止官员借机贪污中饱。义赈人员为避免占用有限的赈银,往往连薪水都不要。

　　清末中国遭受帝国主义列强的武力和资本双重侵略。列强用坚船利炮迫使中国打开国门之后,就开始大肆倾销过剩商品。著名的绅商兼维新思想家郑观应首先提出要使国家摆脱任人欺凌的命运,"习兵战不如习商战"。从此,大批清末绅商将兴办实业、求富求利作为挽救民族危亡的方法,积极配合清朝政府"振兴商务"政策和洋务运动。投资兴办工矿、交通企业一时间成为热潮。外国报纸一度报道说:"现在我们遇到了中国商人激烈的竞争,他们已完全控制了天津的贸易,并正逐渐地把我们挤出长江流域的贸易。甚至从香港进口大量的鸦片也是依据中国人的利益而进行的,外国人已暂时放弃了和当地人的贸易。"①

　　20世纪三四十年代,实业救国思潮在新兴的民族资产阶级群体中蔚然兴起。清末著名的状元资本家张謇可以说是个典型代表。他说:"救国为目前之急……譬之树然,教育犹花,海陆军犹果也,而其根本则在实业。"②张謇的实业救国纲领叫作"棉铁主义",期冀以棉纺织业和钢铁工业为起点和重心,全面发展经济振兴实业,在中国形成一个近

---

　　① 《北华捷报》1866年9月25日,转引自芮玛丽:《同治中兴:中国保守主义的最后抵抗(1862—1874)》,中国社会科学出版社2002年版,第220页。
　　② 张謇:《对于救国储金会之感言》,载苑书义主编:《20世纪中国经世文编(清末卷)》,中国和平出版社1998年版,第254页。

代化的、独立的国民经济体系。在他的提倡下,实业救国论在资产阶级上层人物中风行一时,全国上下形成一股"实业热"。民族资产阶级发展工商业的努力,成为抵制洋货的爱国运动的组成部分。

1937 年,抗日战争爆发。转瞬之间,上海、南京相继沦陷,武汉危在旦夕,国民政府决定迁都重庆,为避免工业尽陷敌手,劝导东南沿海的实业家、工商业者举厂内迁。国民政府原打算只搬迁与军火制造直接有关的工厂,但随着战事日紧,要求内迁的厂家不断增加。一场规模空前的中国近代工业大迁徙紧张展开。整个工厂内迁工作持续到 1940 年基本结束,内迁民营厂矿 448 家,内迁物资 12 万吨,技工 1.2 万余人。[①] 整个迁移过程异常艰难,不得不冒着敌人的炮火长途辗转,民营企业家们"不为一厂利润所限而为民族工业着想而付出巨大代价"[②],而"他们的努力,不仅为战时供给着物资,同时也替战后新中国的工业打下了一点基础"[③]。

新中国成立以后,百废待兴,又面临着国外敌对势力的战争威胁,将贫穷落后的农业国迅速建设成为门类齐全的工业国就成了摆在全体中国人面前的迫切任务。1950 年抗美援朝战争刚刚开始,全国工矿企业就掀起了爱国主义生产竞赛运动,1951 年又开展了增产节约运动,以保证朝鲜前线的物资供应。

从 1953 年到 1956 年,经过社会主义三大改造,全国资本主义工商业就变成了公有制的国营企业。计划经济体制下的国营企业本身的性质决定了它的社会责任压倒经济目标,企业利益服从国家利益。它们的宗旨正如朱德 1951 年对国营电信企业所说的:"一反映政权建设的需要,二反映经济建设的需要,三配合国防建设的需要,四反映国家教

---

① 吴文建:《中国工矿业之内迁运动》,《新经济》第 7 卷第 9 期(1942 年 8 月 1 日)。
② 元甄:《发展纺织工业保障战时需要》,《新华日报》1939 年 4 月 24 日。
③ 社论:《大后方的工业》,《新华日报》1942 年 8 月 11 日。

育的需要,五反映人民的一般需要。"①国营企业的利润基本全部上交。"在 1953 年至 1957 年国家财政收入增加的 96.8 亿元中,全民所有制经济也占了 72 亿元,达 74.4%。可见国营经济的上缴既是第一个五年计划时期国家财政收入的主要来源,也是国家财政收入增长的主要源泉。"②这些措施使国家得以集中全国的物力和财力,进行大规模经济建设。

除了经济上的贡献之外,企业还要协助政府实现对社会的治理,比如组建民兵维护社会治安;协助政府办教育,开办子弟小学、子弟中学,一些企业还有技校、中专,甚至大专;自办医疗卫生机构,如卫生所、职工医院、疗养院;等等。据有关资料显示:到 1998 年,全国企事业单位办有各类中小学校 1.9 万所,占全国学校总数的三分之一,全国工业及其他部门自办医疗卫生机构 9.1 万个,约占全国医疗卫生机构的三分之一。③

在计划经济时代,国营企业为国家和社会的发展做出了巨大的贡献,承担了远远超出营利之外的各种社会责任。这些社会责任也成了企业运行的沉重负担,使其步履艰难,效率低下。改革开放以后,过去属于企业负责的员工医疗、教育逐渐移交给社会。这些举措减轻了企业的负担。但在商品经济大潮中很多企业,不论是老牌国企还是新兴的民企,在义利价值的追求上又迷失了方向,片面追求利润,见利忘义,甚至不择手段地唯利是图,拜金主义、极端利己主义横行。

进入 21 世纪以来,随着我国市场经济日趋成熟,企业的社会责任再次成为学术界和大众舆论讨论的热点。许多成功的企业开始把回馈

---

① 杨泰芳主编:《当代中国的邮电事业》,当代中国出版社 1993 年版,第 30 页。
② 董志凯:《国营企业对我国工业化资金积累作出的贡献和牺牲——对"一五"建设资金积累再现认识之一》,《当代中国史研究》1998 年第 1 期。
③ 朱金瑞:《当代中国企业社会责任的历史演进分析》,《道德与文明》2011 年第 4 期。

社会、帮助他人作为自己的一项义务和道德要求,捐出一部分财富用于各种公益事业,在造成人民生命财产损失的自然灾害来临时,也慷慨解囊,伸出援手。

在2003年的抗击非典中,企业慈善责任表现突出:中国石油天然气集团公司捐款800万,中国海洋石油总公司和联想集团都捐赠1000万。在民政部门收到的1.9亿元社会捐赠中,绝大部分来自企业。2008年中国重大自然灾害频发,特别是年初南方大部分地区发生的低温雨雪冰冻灾害和5月12日四川汶川发生的8.0级特大地震,造成严重损失。大灾引发了两场慈善捐助高潮。根据民政部社会福利和慈善事业促进司、中民慈善捐助信息中心共同编制发布《2008年度中国慈善捐助报告》,大陆地区企业捐款388亿元,占捐款总额的45%。全国接收捐赠物资折价208.84亿元。很多企业还捐赠服务,仅在汶川地震紧急救援和恢复阶段,各类企业就提供了交通运输、通信、保险等价值约44.36亿元的免费服务。

企业在慈善事业中的身影出现得越来越频繁自然是一件令人鼓舞的事情。然而企业社会责任并不仅仅局限于大灾大难之时大把撒钱的慈善行为。《人民日报》2007年5月14日报道,90%的中国企业或多或少捐过钱,可一般老百姓还是不买账。① 因为日常生产经营活动中是否具有社会责任意识更为重要。对于现代企业来说尤其如此。

现代化生产带来的外部性远非古代工商业所堪比。当前中国有许多企业为谋取最大利润化或经济效益,往往不考虑自己的经营活动对他人是否有不利的影响,如是否会造成公害、环境污染、浪费资源等。只要能产生一点点利润,即便消耗大量的资源,也会乐此不疲。据《中国企业公民报告(2009)》蓝皮书,目前,我国生态破坏和环境污染的主要源头仍是工业企业,其污染比重约占总污染比重的70%,而约50%

---

① 冉永平:《社会责任等于捐钱吗?》,《人民日报》2007年5月14日。

的企业污染行为是由于企业管理不善造成的。我国从 2001 年到 2009 年各种废弃物的排放总量增长很快,而且一直呈上升势头。尤其是部分传统化工企业,包括钢铁、造纸、铝合金制造等,没有对环境保护引起足够重视,也没有采取任何排污处理等环保措施,导致一些城市开发区的周围,失去耕地的农民住着裂缝房屋、吃不到清洁的食品、喝不上干净的水、呼吸不到新鲜的空气。

这些做法显然都是无视企业社会责任的行为,直接影响到当地社会的稳定与发展,不仅要受到法律的惩处,更要受到社会舆论的唾弃,最终将影响企业生产经营的正常运行。所以任何企业在市场经济环境中要想赢得竞争优势,保持良好的成长性、稳定性、收益性和安全性,必须重视社会责任。实践证明,那些最容易被消费者和社会认可的企业都是比较重视社会责任的企业。

况且企业是社会的一员,社会是企业利润的源泉,企业与社会是共荣的关系。企业在享受社会赋予的自由和机会时,也应该在其发展到一定水平时以符合伦理、道德的行动来回报社会。在谋取企业利益最大化的同时,企业必须认真考虑如何处理国家、社会的利益、他人的利益、整个人类生存环境及子孙后代的长远利益。

如今已有一些优秀企业意识到这个问题,开始实施以节能、健康为主要内容的绿色战略,将低碳、清洁、节能作为企业生产的原则。比如首钢将发展循环经济、打造"绿色钢铁"作为履行社会责任重大战略任务,以"人、技术、环境和谐一致"为目标做了大量工作。华为技术有限公司提出了"绿色华为、绿色通信、绿色世界"的战略目标,通过领先的绿色解决方案,帮助客户降低能耗和二氧化碳排放,创造最佳的社会、经济和环境效益。三一重工提出了工程机械环保节能的概念,研发新一代动态节能模式,积极发展废旧机械再制造业。

现代企业必须承担起自己的社会责任,积极地说,企业对与其行为无关的社会公益事业应该主动伸出援手。这类社会责任不应靠外界强制,而应是企业自觉自愿根据自身能力来承担。消极地说,企业的经营行为应该对社会产生有益影响,避免那些破坏自然环境,干扰居民生活,甚至扰乱市场、破坏稳定的负面影响。

中国近代航运业巨子卢作孚把"服务社会、便利人民、开发产业、富强国家"作为道德规范。对于今天的中国企业来说,这句话并不过时。随着我国企业的发展壮大,它们应该且必须承担起更多的社会责任。

第四节　秩序——和气生财

在中国传统儒家政治理想当中,以"礼"治天下、治人事,其目的只有一个——治"乱"致"和"。今天我们社会主义市场经济中的"秩序"也是为了实现企业经营和发展中的"和"。

"和"体现在商业哲学中就是"和气生财",对同行、对客户、对顾客以礼相待。明朝中后期被商人视为经商指南的《士商类要》告诫人们"凡人存心处世,务在中和,不可因势凌人,因财压人,因能侮人,因仇害人"[1],"待人必须和颜悦色,不行暴怒骄奢,年老务宜尊敬,幼辈不可欺凌,此为良善忠厚"[2]。另一部商书《天下水陆路程》中也说:"凡处财治事,须宽宏大度。若势逼急剧,则人情不堪,不接于水火,必至于犯逆,祸起事裂,遂难救止。或在最紧,亦要徐徐图之。如解绳,缓之则理。怀人以德,无有不全不治之事也。""不论贫富,或属我尊长,或年纪老大,遇我于座于途,必须谦让恭敬,不可狂妄僭越。"[3]

在中国古代历史的长河中形成并广为流传的晋商、徽商、浙商、鲁

---

① 程春字:《士商类要・卷二・买卖机关》。
② 程春字:《士商类要・卷二・为客十要》。
③ 黄汴:《天下水陆路程・商贾一览醒迷》。

商等几大商帮的成长和发展历程,及其成功之道,是对"和气生财"的历史诠释。

对待同行,晋商通常能够平等竞争,同时敦而好义、相互帮助。如果同行因生意赔折、欠账过巨或因天灾人祸而破产、无法继续经营下去,不仅不追讨旧债,还会凑钱帮助他返回家乡。榆次常家在外遇同乡,总是对"贫不能归者,给川资;贫不能娶者,助婚费""戚族、故旧,凡求助者无不助,或不待求而厚助之"①。著名的乔家对破产同行非常宽厚仁慈,有时候象征性地收取一把斧头,或者一个箩筐,就把欠款一笔勾销了。

清末著名商号大盛魁和天亨玉互相扶持的事情传为佳话。当年榆次天亨玉商号因资金短缺即将破产,向大盛魁商号求援。大盛魁慨然借给这个同行冤家三四万两银子,帮助其渡过难关。1929 年大盛魁发生危机,这时天亨玉已改名为天亨永,掌柜的主动送去 2 万银圆。当时天亨永有人反对此举,认为这笔钱是收不回来的。但掌柜的却说:"假如 20 年前没有大盛魁的支持,天亨玉早完了,哪里还有天亨永呢?"②

光绪年间,乔家、渠家在东北开设的票号遭遇挤兑风潮,人们纷纷持钱帖子到乔、渠两家的票号兑取现金,两家一时难以应付,只好向太谷曹家求援。在东北根基深厚的曹家此时完全可以坐视不管,轻松将竞争对手挤出东北。但曹家却公开宣布所有曹家各票号、银号均可代乔、渠两家的钱帖子兑付现金。挤兑风潮这才逐渐平息下来。经此风潮后,乔、渠两家感激曹家扶持之义,遇事处处谦让,无形中使曹家商号声势更为提高。

对待客户和顾客,晋商往往非常细致周到。为了方便顾客,晋商不厌其烦将货品化整为零进行销售。如把旱烟切片零卖,直到后来生产

① 耿彦波:《榆次车辋常氏家族》,书海出版社 2002 年版,第 25 页。
② 刘建生、刘鹏生:《晋商研究》,山西人民出版社 2002 年版,第 295 页。

出卷烟也只是 10 支或 20 支一包,但也可拆开几支几支零卖。把红茶压成圆柱形破成小段零卖,把砖茶也耐心切片零卖。旅蒙商大盛魁为扩大经营,迎合消费者心理,针对蒙古牧民不善算账特点,就把衣料绸缎按大人小孩身段事先拉成不同尺寸的蒙古袍料,定好价格由顾客自行选购。蒙古医用习惯用药包,大盛魁就用不同味量将中药分包,用蒙、汉、藏三种文字注明药名效用。

晋商店铺没有营业时间,一般适应人们生活习惯日出而作日落而息,即使顾客夜间敲门也同样接待。太谷曹家不仅商号招牌上标有"童叟无欺、物美价廉"字样,而且规定凡顾客走进商号,不管是否买货都要让座递茶热情接待,拿出所有相关货品任其选购,能成交就精心包装送货上门。事后退换货等有求必应,赢得大量回头客。并把伙计是否赢得顾客满意作为奖励重用的重要条件。若遇对方商号当下无力付款,还可以推后三个月一个标期的兑现。

山东商人同样非常重视优质的服务。比如胶东黄县人出门学生意,多半在大商店里学徒,站栏柜卖货。顾客进店,要礼貌招呼,介绍商品,帮顾客挑货,送顾客出门,处处都要规矩而又热情;顾客挑货,一路相陪,要根据客人的要求,仔细介绍;为顾客送货上门更要处处周到;说话得体。经过几十年这样的职业训练,他们一言一行都不出规范,一般人有感于他们的客气与能说会道,称之为"黄县套子""黄县嘴子"。①

有"家传八世,年近三百"之称的潍县颐和堂药铺,"很重视柜台服务,接待顾主热情周到,并提供各种方便,如专治小儿'惊风'的羚羊角、犀牛角等,因系整体,不便零星出售,而允许病家取药时可将整块带家去研用,送还时按所耗分量付钱。夜间有人值班,随到随售。店内明柱上挂有'货真价实、童叟无欺'的牌子。压方板上,都有'细心看方、慎重配药'的警句。在配方时,各味药部分别单包,再标上药名、重量,

---

① 山曼、单雯:《山东海洋民俗》,济南出版社 2007 年版,第 167 页。

便于复核。包扎牢固后,再附上一面过滤药汁的小罗,交于取药人,并告诉煎药注意事项。"①

清末民初专门接待登泰山朝拜进香者的泰安张大山香客店,每年初一凌晨,联络人手持红封套,上书"张大山店拜"一行字,提着灯笼,侍立在四关驿道旁或火车站,见香客到来,高举红拜帖,向香客请安问好,说些吉祥如意的话,领回店中。客人到了店门口,服务人员要敬酒接风。客人进入客房,落座、净面、献茶后,店主出来拜客。接客后,店里彻夜不眠,店员分班轮流值役。店里要求服务周到,礼数上不能有丝毫疏漏。

第二天一早客人登山。天不亮,店内便灯火通明,人声鼎沸,山轿子鱼贯等在门前。早点后,店主人亲自将客人一批批地送到大门口,满脸赔笑地说些吉利话,对官宦们说"步步登高",对求子的人说"早生贵子",对商人说"登高发财",总之是送什么人说什么话。

客人起程后,店里派两人送上山。客人若在中途的斗母宫、二虎庙(中天门)、朝阳洞等处打尖休息,也由送山人细心安排。香客下山回店,店主又要亲自迎接。店里端出酒菜"道喜",祝贺香客上山得到泰山奶奶的赐福。香客在城内岱庙等处游览,给东岳大帝烧香,买些土特产品回家。这里人也随时来做向导。

香客离店前结账。店家只收房钱,不收饭钱,客人在店里和上山的其他费用都在房钱里找齐了。到结账时显得主谦客让,十分友好。香客临行,店里备酒钱别。客人出店,主人亲自送出大门,门外又设有送别酒菜。店主为客人把盏后,一揖躬身到地送别,主客先后说"望明年再来","明年一定相会"②。这等接待礼遇恐怕今天的五星级饭店也难以做到。

---

①　潍坊市政协文史资料委员会编:《潍坊工商老字号》,中国文史出版社2001年版,第227页。

②　山曼:《泰山风俗》,济南出版社2001年版,第23—25页。

明清徽商同样讲究"和为贵""和气生财",有"和商"一说。明末休宁义士金声说:徽商"一家得业,不独一家食焉而已,其大者能活千家百家,下亦至数十家"①。清末徽商代表胡雪岩就有过生意场上的礼让之举。当时太平天国势力浩大,各地纷纷举办团练,守土自保。胡雪岩知道英国军火商有一批枪支运抵上海,立即洽购一千支准备转手,但是当英商表示还可供应大炮时,胡雪岩却因为龚振麟父子主持的浙江炮局的火炮销售可能因之受到影响,而放弃了这个打算。

传统儒商的成功之道告诉我们应该以和为贵。不过现代市场经济活动远比古代复杂得多,因此今天"和气生财"的内涵和外延都已延伸及扩大了。一个现代企业的生财之道在于理顺各种关系,与供应商、销售渠道、竞争对手、顾客建立一个和谐友善、互利合作的关系。对顾客礼让有加,带来的必是"上帝"的眷顾和垂青。对供应商、销售商的礼让,换来的是精诚合作,共创基业。对竞争对手的礼让,换来的是行业发展,和谐共赢。

新中国成立以后,建立在社会主义公有制基础之上的计划经济取消了市场竞争,我们曾经骄傲地宣布社会主义企业是分工协作的关系,共同担负着满足全体人民生活需要的光荣任务,与资本主义尔虞我诈,钩心斗角,你死我活的竞争完全不同。然而这种彻底的"和"又窒息了企业的活力。改革开放以后,我们重新引入市场竞争,可是过度竞争又随之而来。一些企业为了打败竞争对手,采取打价格战、相互诋毁、攻讦拆台等等手段。

恶性竞争使企业的利润下降,必然会影响到企业进行生产创新、营销创新和开发研究创新所需要的资金支持,降低了整个行业产品的质量和服务水平,削弱了企业的发展实力,最终会导致整个产业的发展后劲不足。

---

① 《金太史集·卷四·与歙令君书》。

有人认为,市场竞争不能调和,必然是"商场如战场,同行如敌国"。从博弈论来看,并非如此。比如一个农夫有个牧牛人做邻居,庄稼总是被牛啃吃。遇到这种情况,我们脑子里蹦出来的第一个想法肯定是农夫应该把牧牛人告到法院去,要求赔偿全部损失。可是不要忘了,打官司是要花大量的钱和时间的,很可能最后拿到的赔偿还不如付出的多。所以善良的农夫也许不会去告状,而是考虑在农田和牧场之间筑起一道篱笆。不过修筑篱笆需要买木料和钉子,至少也得哼哧哼哧地花上几天时间。还有没有更省事的法子呢?有,农夫可以直接付点钱给牧牛人让他管住自己的牛,这笔钱可能比筑篱笆的费用还低。

故事听起来似乎很不公平,农夫凭什么给牧牛人钱?可事实上,这种办法对双方最为有利。牧牛人不希望把农夫欺负得太厉害,因为人家告上法庭去自己会挨罚,人家筑起篱笆自己也没有任何收益,答应农夫管住自己的牛倒是可以得到一笔钱。而对农夫来说,不管是法院的诉讼费、筑篱笆的材料费,还是收买牧牛人的钱,都是与牧牛人打交道过程中产生的费用,经济学上可以称为交易费用。只要能够降低这笔交易费用,采取什么方式农夫是无所谓的。①

这就如同一名商人遇到了竞争对手,要展开激烈的竞争,就得付出相当高的交易费用,很可能还会两败俱伤,得不偿失。一个典型的例子就是 2001 年 IT 巨头英特尔公司与威盛公司之争。2001 年 9 月,英特尔起诉威盛的处理器及芯片组产品侵犯其专利权,而威盛也随即反诉英特尔的处理器产品侵犯威盛的 3 项专利。这场诉讼涉及中国台湾地区、中国大陆、英国、德国、美国,再加上中国香港,包括 11 件法律诉讼,27 项专利;而直到 2003 年 4 月 8 日达成和解,不到 2 年的时间里,双方都耗费了大里的资源,包括人力、物力。其中威盛的损失可能要更大,其在芯片组市场的份额已经从诉讼前的最高 45%,下滑到和解时的

---

① 参见诺贝尔经济学奖得主罗纳德·科斯的名作《社会成本问题》。

20%。最后威盛选择了和解,因为彼此争斗下去,受益的只会是别的芯片组厂商。

商场毕竟不是战场,同行不是敌国,没有必要你死我活。与其如此,还不如让出一部分利益,大家共存共荣。在市场经济中,这大概是最有效率的方式。而这也正是古代中国商贾"和气生财"的智慧。

第五章　政府道德信念

　　政府道德信念是人们关于政府的功能、结构和行为的观点或主张，是规定政府存在的最终目的、政府追求的最高理想，和评价政府行为的一整套价值标准。它反映了人们的政治理想、信仰和依托，是政府行政的灵魂和核心。

　　世界各国政府由于社会结构、历史文化和意识形态的不同，所奉行的信念也各不相同。不同的信念决定着政府的性质、任务、效率、成果，进而影响到整个国家的运行状态。政府的决策方式是专制还是民主，决策的目标是维护某一个集团的利益还是社会的整体利益，以财富增长为重，还是以社会融洽为重，都是以其秉持的道德信念为依据的。

　　政府道德信念是政府所追求的一种应然状态。社会普遍认同的政府道德信念会推动政府向着特定的方向变革，使政府的组织结构和行为模式与之趋于一致，并成为检验政府改革成功与否的标准。今天中国的现代化进程进入了新的加速发展时期。在经济体制改革取得辉煌成就的同时，政治体制改革则相对滞后。将来我们的政府应该是什么样子？政治体制改革应该向什么方向努力？我们只有通过总结一套符合时代和社会要求的政府信念，并在今后的改革过程中不断重新审视和确认才能够回答。

第一节　秩序——依法治国

传统社会的人们就已经清楚地知道法律制度对于社会秩序维持的重要意义,也明确地认识到法律制度是对人类本能欲望的限制和规范。在我国,春秋战国时的法家代表人物们提倡"法"。管仲说"以法治国,则举措而已"①;商鞅说"明王之治天下也,缘法而治"②。韩非子提出治国要"以法为本"③,"法不阿贵,绳不绕曲,法之所加,智者弗能辞,勇者弗敢争。刑过不避大臣,赏善不遗匹夫"④。荀子虽是儒家,但受法家思想影响,主张治国应当"隆礼重法":"法者,治之端也","隆礼至法则国有常"⑤。杂采众家的刘安则说:"无法不可以为治也。"⑥但是他们的主张其实并非真正的"依法治国",而是"以法治国"。法,而且是严厉惩罚之法——刑律,主要被用来律民。孔子曰:"圣人之治化也,必刑政相参焉,太上以德教民,而以礼齐之。其次以政焉导民,以刑禁之,刑不刑也。化之弗变,导之弗从,伤义以败俗,于是乎用刑矣。"⑦这种"以法律民"被称作"法制"。

我们这里所要讨论的却是"法治"。"法治"的本义是"法的统治",而不是"使用法律手段进行统治"。法是"依"法治国的"根据",而非"以"法治国的"工具"。"法治"意味着执政者、治理者必须依据既定规范进行公共事务管理,其管理行为必须处处以法律为根据。

---

① 《管子·明法》。
② 《商君书·君臣》。
③ 《韩非子·饰邪》。
④ 《韩非子·有度》。
⑤ 《荀子·君道》。
⑥ 《淮南子·泰族训》。
⑦ 《孔子家语·刑政》。

在现代法治社会,遵纪守法是每一位公民应有的美德,但是政府在遵纪守法方面应该率先垂范。因为公权是一种垄断性、强制性的权力,力量远远大于个体公民甚至绝大多数利益群体,政府的公共事务管理又会涉及公民的普遍性利益,如果不对公权的边界和施行手段做出明确的限制,势必会出现公权随意侵犯公民合法权益的现象,最终使政府、国家在根本原则上违背其天职,成为全社会最大的公害。就像习近平警告的那样:"纵观人类政治文明史,权力是一把双刃剑,在法治轨道上行使可以造福人民,在法律之外行使则必然祸害国家和人民。"①

"依法行政"是一个现代政府应有的基本理念,它要求每一级政府、每一个公务员在日常公共事务管理中,以国家相关法律法规为是非判断、利益取舍的最高标准,严格执行之。法规之外,绝无其他标准,不因涉事人员、团体之势力强弱,或与自身利益相关度之远近而有所改变。

法治政府当有透明、稳定的施政程序,其施政规则必须为全体国民所知晓,其行政决策对于社会公众来说,必须是可预期的,必须使国民能够预料自身行为的相应后果。唯有章可循的阳光施政,政府的一切行为对国民而言才是可预期、可质询的,国民因此而人心安定,对政府持有信任,政府才能获得强大的贯彻和动员能力,才可望社会持久之和谐、安定。

一个只要求普通公民依法行事,政府及公务员可以置身其外的社会,本质上仍是一个传统的专制社会:政府的行为无章可循,一切循行政长官的个人意志而定,依各种利益集团的角力而定。由于诸多利益之争背离社会公正原则,决策过程难以公开,国家政治生活势必蜕变为依照潜规则运行的黑金政治、权谋政治。

---

① 《习近平关于全面依法治国论述摘编》,中央文献出版社 2015 年版,第 37—38 页。

在西方,古希腊哲学家亚里士多德是第一个系统阐述法治思想的人。他明确提出"法治优于一人之治":首先,法治比人治理智和公正。因为人是有感情的,难免偏私和不公。而法律恰恰是免除一切情欲影响的神祇和理智的体现。依法办事,就不会偏私,从而保持公正。其次,法治比人治正确高明。法律是由多数人审慎考虑后制定的,因此法治意味着以众人的智慧、意志和能力来治理国家,集体的智慧总胜过一人的智慧。最后,法律具有稳定性。法律制定出来在一定的时间内是不能够改动的,就可以避免人治之下信口开河,朝令夕改的情况。

古罗马著名的政治家和思想家西塞罗坚决反对人治,他认为:人的行为要受到约束,国家的行为要受到法律的制约。要真正使公民获得幸福,国家应当实行法治,不允许任何人享有法律以外的特权。全体公民包括执政官在内,在法律面前应一律平等。

中世纪欧洲尽管基督教神学思想统治一切,但宗教意识不但没有与法治意识形成对抗,相反却提供了有力的支持。基督教教义认为,由于亚当的犯罪堕落,他将自己的罪也带给了后代,所以每个人生来就是有罪的,这个罪不是个人行为所致,而是人类的本性,所以叫原罪。根据这种观念,基督教徒们认定,世俗社会充满罪恶,罪恶性和堕落性是人与生俱来的。靠着自己的努力和神的恩宠,人可以得救,但人永远无法变得完美无缺。

于是,基督教社会产生了对人的不信任,尤其是对掌握权力的人的不信任。人性本来具有罪恶性,权力是由人而产生,必然具有无法消解的罪恶性。所以人一旦有权就很容易走向堕落。权力越大的人,罪恶性也就越大。政府是由一个个具有罪恶性和堕落性的人所组成,也必定不可靠。所以,治理国家不能通过寻找所谓"明君""良相""清官""忠臣"来实现,而需要制定法律对权力进行必要的约束,或者实现权力的制衡。

另外基督教中的诸如"法即神意"等观念在人们心灵深处又树立

起法律的神圣、至上的形象。人们相信法律所包含的普遍准则反映了上帝的意志,法律中描述的权利和义务不是人定的,而是天赋的、不证自明的。对上帝的普遍信仰导致了对法律的普遍信仰。

当神学的桎梏被启蒙运动打破的时候,对法律的信仰却保留了下来。欧洲近代启蒙思想家们以理性主义为指导,提出了建立资本主义社会的初步设想和它的社会经济、政治和法律的基本原则。他们反对封建社会的人治,主张在新建立的资产阶级社会实行法治,"在专制政府中国王便是法律,同样地,在自由国家中法律便应该成为国王"①。在他们看来,只有体现公民意志的法律才能有效地保障公民的生命权、自由权、财产权和追求幸福的权利。

法治精神的本质是规范权力。依法治国要求政府的权力、职能、规模和行为都受到明确限制并公开接受社会监督与制约,成为一个"有限政府"。

近代欧洲资产阶级思想家对规范限制政府权力有过很多论述。孟德斯鸠呼吁"法律应该时时压制权势的骄横"②。卢梭认为政府"只是以主权者的名义在行使着主权者所托付给他们的权力,而且只要主权者高兴,他就可以限制、改变和收回这种权力"③。托马斯·潘恩认为"政府是由我们的邪恶所产生的","即使在其最好的情况下,也不过是一件免不了的祸害"④。因此,政府应该尽最大的可能把它的恶降到最小并置于人民的监督之下。洛克认为人类进入文明社会以前,主动放弃自然状态中享有的执行权和处罚权,交给政府以裁决一切争端和救济国家的任何成员可能受到的损害。但是人们放弃的只是部分权利,有一些权利是不可转让、不可剥夺的,如生命权、自由权和财产权,所以

---

① [法]托马斯·潘恩:《潘恩选集》,马清槐等译,商务印书馆1981年版,第35—36页。

② [法]孟德斯鸠:《论法的精神》上,张雁深译,商务印书馆1961年版,第53页。

③ [法]卢梭:《社会契约论》,何兆武译,商务印书馆1980年版,第77页。

④ [法]托马斯·潘恩:《常识》,马清槐译,商务印书馆1959年版,第21页。

政府的权力是有限的。

"有限政府"对经济社会的发展尤具有现实意义。亚当·斯密和大卫·李嘉图都提出了限制政府作用、由市场自由调节经济活动的理论,认为要重视市场在经济活动中的重要作用,政府只是"守夜警察",不应该直接参与经济活动,直接控制市场活动。

对此我们有过深刻体会。在计划经济时代,我们的政府通过人为制订的计划将整个社会从企业的生产、流通、分配、消费,到个人的思想和私生活都纳入管制的范围里,严重遏制企业自身的活力以及人民的创造力。当时的政府可以说是一个无限政府,实际上成为我国经济社会发展的桎梏。而我们今天的市场经济力图通过价值规律的自发作用,而不是国家计划的干预来进行资源配置,国家对经济生活不能过多干预,否则只会适得其反。所以要想搞好市场经济,政府就必须做一个"有限政府",市场经济时代的政府也必然是一个"有限政府"。

法治首先在17世纪的英国建立起来,之后随着西方各国的资产阶级革命,美国的独立战争、法国大革命、德国宫廷革命等等,西方社会步入了所谓法治的时代;随着资本主义和殖民主义的扩张,西方的民主和法治的理念也开始冲击或者渗透到了东方世界。1840年鸦片战争后,西方资本主义国家用坚船利炮打开了中国的门户,法治思想也逐渐传入中国,为有识之士所接受。清政府从1902年起按照西方资产阶级的法律原则和体系修订了各种法律,又在1906年宣布实行"预备立宪"。1911年辛亥革命爆发,清王朝灭亡,中华民国诞生。孙中山的《中华民国临时约法》,北洋军阀时期的"宪法"与"法律"无不带有西方现代国家法律的特点,到国民党南京政府时期,近代法律体系基本定型。

但是近代法治只是停留在书本上,而不是渗透在生活之中。真正的法治社会始终没能在中国建立起来。在新中国成立初期的极端年代,"要人治,不要法治","砸烂公、检、法",法治遭到严重破坏,主张法治的声音被迫销声匿迹。

　　"文革"结束以后,中国共产党"深刻总结我国社会主义法治建设的成功经验和深刻教训……把依法治国确定为党领导人民治理国家的基本方略,把依法执政确定为党治国理政的基本方式"①。1978 年党的十一届三中全会提出"有法可依,有法必依,执法必严,违法必究"的十六字方针。1989 年《行政诉讼法》出台,标志着中国的行政法制建设开始起步,依法行政原则初步形成。1993 年 3 月八届全国人大第一次会议通过的《政府工作报告》明确提出:"各级政府都要依法行政,严格依法办事。"1997 年,党的十五大报告第一次把依法治国思想提到了治国基本方略的高度,明确提出,实行依法治国,建设社会主义法治国家,并且将"依法治国"定义为:"广大人民群众在党的领导下,依照宪法和法律规定,通过各种途径和形式管理国家事务,管理经济文化事业,管理社会事务,保证国家各项工作都依法进行,逐步实现社会主义民主的制度化、法律化,使这种制度和法律不因领导人的改变而改变,不因领导人看法和注意力的改变而改变。"

　　从此"依法治国"被确立为党领导人民治理国家的基本方略。1999 年"依法治国,建设社会主义法治国家"被写入宪法。2003 年 8 月《行政许可法》出台,"法治政府""有限政府"的理念成为中国行政体制改革的重要目标。2002 年党的十六大报告从发展社会主义政治民主的高度,指出"要把坚持党的领导、人民当家作主和依法治国有机统一起来"。2004 年 4 月国务院公布了《全面推进依法行政实施纲要》,明确指出:当前我国推进依法行政的任务是"经过十年左右坚持不懈的努力,基本实现法治政府的目标"。2007 年,党的十七大报告用一个独立篇幅,即第六部分"坚定不移发展社会主义民主政治"为题,集中阐述了社会主义民主法制建设,对"全面落实依法治国基本方略,

---

　　① 《中共中央关于全面推进依法治国若干重大问题的决定》,《人民日报》2014 年 10 月 29 日。

加快建设社会主义法治国家"作了全面部署。2012 年党的十八大报告将"全面推进依法治国"确立为推进政治建设和政治体制改革的重要任务,对"加快建设社会主义法治国家"作了重要部署。

2014 年中共十八届四中全会审议通过了《中共中央关于全面推进依法治国若干重大问题的决定》,指出:"依法治国,是坚持和发展中国特色社会主义的本质要求和重要保障,是实现国家治理体系和治理能力现代化的必然要求,事关我们党执政兴国,事关人民幸福安康,事关党和国家长治久安。全面建成小康社会、实现中华民族伟大复兴的中国梦,全面深化改革、完善和发展中国特色社会主义制度,提高党的执政能力和执政水平,必须全面推进依法治国。"

《中共中央关于全面推进依法治国若干重大问题的决定》第三节"深入推进依法行政,加快建设法治政府"中,对政府行为还提出了一系列明确要求:"行政机关要坚持法定职责必须为、法无授权不可为,勇于负责、敢于担当,坚决纠正不作为、乱作为,坚决克服懒政、怠政,坚决惩处失职、渎职。行政机关不得法外设定权力,没有法律法规依据不得作出减损公民、法人和其他组织合法权益或者增加其义务的决定。推行政府权力清单制度,坚决消除权力设租寻租空间。"同时还要"强化对行政权力的制约和监督。加强党内监督、人大监督、民主监督、行政监督、司法监督、审计监督、社会监督、舆论监督制度建设,努力形成科学有效的权力运行制约和监督体系,增强监督合力和实效"。

"有限政府"的理念也得到了中共领导人的认可。2001 年时任福建省省长的习近平就在新世纪的第一次省政府全体会议上提出了把政府办成"有限政府"的目标。要求各级政府各个部门应该认真研究在社会主义市场经济条件下政府该管什么,不该管什么,把该管的管好,该放给市场的,就按市场经济的规律性来运作。2006 年,时任浙江省委书记的习近平在做客央视《中国经济大讲堂》时,再度提到"有限政府"概念。2013 年党的十八届三中全会审议通过了《中共中央关于全面深化改革若干重大问题的决定》,指出经济体制改革的核心问题是处理好政府和市场的关系,使市场在资源配置中起决定性作用和更好发挥政府作用。这其实还是要转变政府职能,建设一个"有限政府"。

但是如前所述西方的法治精神植根于其基督教文化土壤之中,这是不是意味着依法治国在缺乏相同文化背景的中国难以实现呢?其实不然。我们可以从古代中国人对"礼"的理解中衍生出类似于"法治"的理念。

儒家一直赋予"礼"以高于国家或社会的自然法则地位。这种自然法则起源于天道,不仅黎民百姓、豪门贵胄要遵守,政府、君主也要受其约束。因为"礼者,天地之序"①,"承天之道,以治人之情"②。君主治理国家也必须以"礼"为依据,"治国而无礼,辟犹瞽之无相与,伥伥乎其何之?比如终夜有求于幽室之中,非烛何见?若无礼,则手足无所措,耳目无所加,进退、揖让无所制……"③治国如果没有"礼",就好比盲人无人扶助,必定不知所措,就好比在没有灯火的暗室中摸索。

这就是说,在中国传统文化中,尽管皇权专制高度发达,但是君主和政府也不能随心所欲,为所欲为,也同样要"克己复礼",克制自己的不当欲望,自觉遵守包括法律在内的各种典章制度和社会公认的伦理道德。

在依法治国的诸多内涵中,"依宪治国"是一个核心内容。宪法乃一国全体国民的最高法律、至上权威。梁启超阐述说:"宪法者何物也?立万世不易之宪典,而一国之人,无论为君主、为官吏、为人民,皆共守之者也,为国家一切法度之根源。此后无论出何令,更何法,百变而不许离其宗者也。西语原字为 the constitution,译意犹言元气也。盖

---

① 《礼记·乐记》。
② 《孔子家语·礼运》。
③ 《礼记·仲尼燕居》。

谓宪法者,一国之元气也。"①宪法从原则上规定了公民的基本权利、立国宗旨、政府格局、政府各部分之权力分配及制衡规则。宪法对包括政府、公务员,以及全体国民具备了严格的约束效力,政府及其公务员的一切施政行为必须严格地依法行事。如托马斯·潘恩所说:"宪法是一样先于政府的东西,而政府只是宪法的产物。一国的宪法不是其政府的决议,而是建立其政府的人民的决议……它包括政府据以建立的原则、政府组织的方式、政府具有的权力、选举的方式、议会……的任期、政府行政部门所具有的权力。总之,凡与文官政府全部组织一切以及它据以行使职权和受约束的种种原则都包括在内。"②因此,任何个人和团体,都没有超越于宪法之上的权威。

宪法的权威就是国民的权威。对宪法的尊重是一国长治久安之基。各级政府对于宪法的尊重程度实际上考验着其对国民的诚信度,也考验着政府在国民面前的公信力。政府对宪法的执行打了折扣,或令而不行,或禁而不止,便为国民开了恶例,有上行必有下效。一国宪法形同虚设,遭到公然蔑视的社会,其成员的行为便肆无顾忌,社会秩序将毫无保障。

对于依宪治国在依法治国中的核心地位,中共中央看得非常清楚。在制定 1954 年宪法时,毛泽东就曾强调:"(宪法草案)通过以后,全国人民每一个人都要实行,特别是国家机关工作人员要带头实行。"③ 2012 年 12 月 4 日,习近平在出席首都各界纪念现行宪法公布施行 30 周年大会发表讲话,重申宪法高于一切,指出"依法治国,首先是依宪治国;依法执政,关键是依宪执政"。《中共中央关于全面推进依法治国若干重大问题的决定》在首节"坚持走中国特色社会主义法治道路,

① 《梁启超自述(1873—1929)》,人民日报出版社 2011 年版,第 335 页。
② [法]托马斯·潘恩:《潘恩选集》,马清槐等译,商务印书馆 1981 年版,第 146 页。
③ 毛泽东:《关于中华人民共和国宪法草案》,载王培英主编:《中国宪法文献通编》,中国民主法制出版社 2007 年版,第 252 页。

建设中国特色社会主义法治体系"开宗明义之后,第二节即以"完善以宪法为核心的中国特色社会主义法律体系,加强宪法实施"为题,强调指出:"全国各族人民、一切国家机关和武装力量、各政党和各社会团体、各企业事业组织,都必须以宪法为根本的活动准则,并且负有维护宪法尊严、保证宪法实施的职责。一切违反宪法的行为都必须予以追究和纠正。"并且将每年12月4日定为国家宪法日。在全社会普遍开展宪法教育,弘扬宪法精神。

2015年7月1日第十二届全国人大常委会第十五次会议经表决通过了全国人大常委会关于实行宪法宣誓制度的决定,要求自2016年1月1日起各级人民代表大会及县级以上各级人民代表大会常务委员会选举或者决定任命的国家工作人员,以及各级人民政府、人民法院、人民检察院任命的国家工作人员,在就职时应当公开进行宪法宣誓,誓词为:我宣誓:忠于中华人民共和国宪法,维护宪法权威,履行法定职责,忠于祖国、忠于人民,恪尽职守、廉洁奉公,接受人民监督,为建设富强、民主、文明、和谐的社会主义国家努力奋斗! 通过这种仪式化的程序,强化对宪法和法律的敬畏之心。

回顾百年宪政历史,我国修宪的次数不可谓不频繁。从1908年晚清《钦定宪法大纲》的问世到1982年共和国第四部宪法的诞生,计有14部宪法典(含草案)在中国的政治舞台上相继出台,毛泽东曾经说:"多年以前,我们就听到过宪法的名词,但是至今不见宪政的影子。他们是嘴里一套,手里又是一套,这个叫做宪政的两面派……他们的宪政,是骗人的东西。你们可以看得见,在不久的将来,也许会来一个宪法,再来一个大总统。但是民主自由呢? 那就不知何年何月才给你。宪法,中国已有过了,曹锟不是颁布过宪法吗? 但是民主自由在何处呢?"①

这种对宪法的亵玩也许是因为传统中国文化中本身就缺乏"宪法

---

① 《毛泽东选集》第2卷,人民出版社1991年版,第734页。

至上"的根据。在西方,"宪法至上"的理念源于基督教神学对法的认识。基督教神学家认为法律分为三种形式。自然法:如存在宇宙中的"自然法则";神圣法:如在《圣经》中所揭示的;人间法:如国家之立法。神圣法和自然法均高于人间法。神圣法和自然法高于人间法的观念逐渐转化为一种"高级法"的观念,即在一般法律之上还存在一种更高的法律。"宪法至上"即源于这种观念。

我们缺乏"高级法"的文化背景是不争的事实,但是我们仍然可以在文化传统中找到相似的资源。张千帆认为,中国传统文化中的"礼"也可以被定性为一部统治社会与政府运作的宪法。尽管从现代角度看,"礼"是一部相当不完善的宪法,但这种定性相对而言仍然是合适的。

作为凝聚传统社会的价值体系,"礼"是超越一般法律的基本规则,是获得普遍遵从与实施的基本法。它被设想为每一项人间法律的依据,约束着人们关系的各个道德层面。尽管"礼"的体系庞大,但它的基础是寥寥数项被认为定义了基本人性的核心价值。这其实就是古代中国制定普通法律所必须遵循的基本规则。其余众多繁文缛节存在的意义就在于实现这些核心价值。作为一个整体,"礼"具有一个理性的等级结构,因而构成一个能够凝聚社会的基本法。① 这使得儒家的"礼"与宪法颇为相似。如果我们从传统文化对"礼"的信仰生发出类似"宪法至上"的理念,也许对我们的法治建设能够有所帮助。

第二节　忠实——天下为公

一、忠于人民

对于执政者来说,"忠"说的其实是权力来源的问题。

---

① 张千帆:《在自然法与一般法之间:关于"礼"的宪法学分析》,载《法大评论》第一卷,中国政法大学出版社 2001 年版,第 345—353 页。

自从国家这种政治组织产生直至近代的数千年中,最高统治者的权力普遍被认为来自神授。"神指挥着国王和领袖的行动,就像国王和领袖指挥着他们的人间下属一样;政府的等级制度是以一种外化作用而在向上推的。这种顺序并不是:臣民、下级官吏、高级官吏、国王,而是:臣民、下级官吏、高级官吏、国王、神。"①

以神权来构想构划政权的思想传统从两千五百年前的美索不达米亚文明,一直延续到欧洲中世纪末期。

古埃及的斯芬克斯石碑上记载尚未即位的图特摩斯四世法老梦中听到太阳神这样说:"我是你的父亲……我将给你我在地上的王国。你将戴上白冠和红冠。所有太阳能照射到的土地都是你的。上下埃及的食物是你的,所有国家的贡物是你的,你统治的时间很长。"

古巴比伦的汉谟拉比在他那部著名的法典中声称天神和地神"为人类福祉计,命令我,荣耀而畏神的君主,汉谟拉比,发扬正义于世,灭除不法邪恶之人,使强不凌弱,使我有如沙马什(太阳神),昭临黔首,光耀大地"。

古罗马帝国的官方宗教将皇帝和神合为一体。罗马帝国的开创者屋大维被元老院赠予"奥古斯都"的称号,意为"神圣、至尊"。过去这个称号仅为神明所用。他死后,立刻就被列入了神的行列。帝国各地都设立了"罗马—奥古斯都"神庙("罗马"是罗马人自古以来就崇拜的一位女神),各地人民都要到神坛前礼拜。而"奥古斯都"也成为未来400年中罗马统治者永久性的封号。每个皇帝死后元老院也都奉之为神。

在罗马帝国的废墟上建立起来的日耳曼诸国君主借助基督教为自己的统治罩上神圣的光环。基督教的《新约全书·罗马人书》第十三

---

① [英]R.G.柯林武德:《历史的观念》,何兆武、张文杰译,中国社会科学出版社1986年版,第15页。

章中说："在上有权柄的，人人当顺服他，因为没有权柄不是出于神的，凡掌权的都是神所命的。所以抗拒掌权的就是抗拒神的命；抗拒的必自取刑罚。"《圣经》中记载的统一时期的以色列王国扫罗王、大卫王、所罗门王都是神所拣选的。因此，中世纪的君主们极为看重教会对其权威的认可。教皇或者大主教主持的涂油加冕典礼是每一个国王登基的必经程序，因为这意味着上帝赋予了他进行统治的权力，服从上帝旨意的人就要服从国王。而君主只要敬畏上帝，侍奉上帝，尽心尽意、诚诚实实地听从他的诫命，就算是完成了自己的职责。

古代中国同样是这样。《尚书·召诰》云："有夏服天命。"可见中国人很早便有应天受命、君临万民的政治观念。商代统治者认为他们的统治是奉上天的指示，上天会一直眷顾商朝统治者的。《史记·殷本纪》中记载商纣王在拒绝臣谏时，很自信地说："我生不有命在天乎！"但是商朝的覆灭证明天命并不是始终如一的，于是周朝统治者提出"天命无常，惟德是辅"的观念：尽管权力来自天，但是"天命"会根据君主的德行发生转移。这使得中国古代的统治者不得不有所顾忌，因为上天会根据其德行来决定是否收回权力。

统治者获得上天眷顾的外部特征是各种各样的神迹。于是追逐最高权力的人纷纷给自己或者自己的祖先编造祥瑞异象。《吕氏春秋·有始览》说："凡帝王者之将兴也，天必先见祥乎下民。黄帝之时，天先见大螾大蝼……及禹之时，天先见草木秋冬不杀……及汤之时，天先见金刃生于水……及文王之时，天先见火赤乌衔丹书集于周社。"

很多皇帝出生的情景都被描绘得很离奇，很灵异。汉高祖刘邦的母亲"尝息大泽之陂，梦与神遇。是时雷电晦冥。太公往视，则见蛟龙于其上，已而有身，遂产高祖"[1]。光武帝刘秀出生时"有赤光照室中"[2]。魏

---

① 《史记·高祖本纪》。
② 《后汉书·光武帝纪》。

文帝曹丕出生时，"有云气青色而圆如车盖当其上，终日"①。十六国时期的大秦天王苻坚的母亲"夜梦与神交，因而有孕，十二月而生坚焉。有神光自天烛其庭。背有赤文，隐起成字，曰'草付臣又土王咸阳'，臂垂过膝，目有紫光"②。南朝宋武帝刘裕出生时，"神光照室尽明，是夕甘露降于墓树"③。隋文帝杨坚出生时，"紫气充庭"④。后唐太祖李克用出生时，"虹光烛室，白气充庭，井水暴溢"⑤。宋太祖赵匡胤出生时，"赤光绕室，异香经宿不散，体有金色，三日不变"⑥。辽太祖阿保机出生时，"室有神光异香，体如三岁儿，即能匍匐"⑦。金太祖阿骨打出生时，"有五色云气屡出东方，大若二千斛囷仓之状"⑧。成吉思汗铁木真出生时"手握凝血，如赤石"⑨。清朝顺治皇帝出生时，"红光烛宫中，香气经日不散"⑩。康熙皇帝出生时，"合宫异香，经时不散，又五色光气，充溢庭户，与日并耀"⑪。

既然权力来自神，那么执政者的行为当然也只需要对神负责，而无须考虑人民的意愿和利益，除非是为了让神满意。

到了17—18世纪，这种权力观终于在欧洲启蒙运动中被颠覆。政府权力的来源由神变成了人。对此以霍布斯、洛克和卢梭为代表的社会契约论者可谓厥功甚伟。

社会契约论假设政府产生以前人类社会处于丛林法则支配下的自

---

① 《三国志·魏书·文帝纪》。
② 《晋书·载记第十三·苻坚上》。
③ 《南史·宋本纪》。
④ 《隋书·帝纪第一·高祖上》。
⑤ 《旧五代史·唐书·武皇纪》。
⑥ 《宋史·本纪第一·太祖一》。
⑦ 《辽史·本纪第一·太祖上》。
⑧ 《金史·本纪第二·太祖》。
⑨ 《元史·本纪第一·太祖》。
⑩ 《清史稿·世祖本纪一》。
⑪ 《清圣祖实录·卷一》。

然状态,相互杀戮侵夺,人人自危。为了消除这种悲剧,人们相互订立契约,成立了政府,并让渡一部分自然权利给政府,使其能够有效管理社会,以换得秩序和安全。这就是说,政府的权力来源于人民。"所以,谁握有国家的立法权或最高权力,谁就应该以既定的、向全国人民公布周知的、经常有效的法律,而不是以临时的命令来实行统治;应该由公正无私的法官根据这些法律来裁判纠纷;并且只是对内为了执行这些法律,对外为了防止或索偿外国所造成的损害,以及为了保障社会不受入侵和侵略,才得使用社会的力量。而这一切都没有别的目的,只是为了人民的和平,安全和公众福利。"①

如果执政者"力图使自己握有或给予任何其他人以一种绝对的权力,来支配人民的生命、权利和产业时,他们就由于这种背弃委托的行为而丧失了人民为了极不相同的目的曾给予他们的权力。这一权力便归属人民,人民享有恢复他们原来的自由的权利,并通过建立他们认为合适的新立法机关以谋求他们的安全和保障,而这些正是他们所以加入社会的目的。"②

社会契约论是当代政治哲学的一个重要理论基础,也是任何推崇民主和法治的政治共同体的理论支柱。当代所有的西方民主政体都是建立在自由契约的观念之上。政治权力来源于人民意味着政府必须对人民负责,必须忠于人民的信托。政府及其公务员,凡对人民委托之事能完善履行,忠实守约者,谓之有德;凡有意无意地颠倒了委托人与受托人关系,越俎代庖,反客为主,或尸位素餐者,即为败德。受人之托,忠人之事,受人民之托,自当忠于人民。从契约论的角度来讲,现代政府的基本道德不过如此。

马克思虽然对社会契约论有过严厉的批评,但是他否定的仅仅是

---

① ［英］洛克:《政府论》下,叶启芳、瞿菊农译,商务印书馆 1964 年版,第 80 页。
② ［英］洛克:《政府论》下,叶启芳、瞿菊农译,商务印书馆 1964 年版,第 134 页。

部分契约论者比如卢梭的前提和结论,对契约论逻辑形式的实践意义则予以肯定。卢梭的社会契约论和绝对人民主权理论很大程度上正是马克思的人民主权观形成的理论渊源。

马克思认为主权应该掌握在人民手中,而政府只是权力的执行者。他在《黑格尔法哲学批判》中写道:"如果说,国王可以主宰一切,只是因为他代表了人民的统一性,那他本人就只是人民主权的代表和象征。人民的主权不是从国王的主权中派生出来的,相反地,国王的主权倒是以人民的主权为基础的。"①"如果问题提得正确,那它就只能是这样:人民是否有权来为自己建立新的国家制度呢?对这个问题的回答应该是绝对肯定的,因为国家制度如果不再真正表现人民的意志,那它就变成有名无实的东西了。"②

马克思由此进一步生发出"社会公仆"的思想。1871 年 3 月 18 日,巴黎的工人武装起义后成立了人类历史上第一个无产阶级专政的政权——巴黎公社。尽管它只存在了 72 天,但是,它是无产阶级真正掌握政权进行社会治理的第一次伟大尝试。马克思、恩格斯高度重视总结巴黎公社的经验教训,马克思提出:"旧政府权力的合理职能应该从妄图加于社会之上的权力那里夺取过来,交给社会的负责的公仆。"③恩格斯随后又指出,在那之后还须防止国家权力"从社会的公仆变成了社会的主宰"④。

马克思主义的公仆思想在中国新民主主义革命和中国特色社会主义建设探索历程中得到了创造性的发展。以毛泽东同志为代表的中国共产党人提出了"全心全意为人民服务"的理念。

1939 年 2 月 20 日,毛泽东在《致张闻天》的书信中首次提到"为人

① 《马克思恩格斯全集》第 1 卷,人民出版社 1956 年版,第 279 页。
② 《马克思恩格斯全集》第 1 卷,人民出版社 1956 年版,第 316 页。
③ 《马克思恩格斯全集》第 17 卷,人民出版社 1963 年版,第 360 页。
④ 《马克思恩格斯全集》第 22 卷,人民出版社 1963 年版,第 227 页。

民服务"。1944 年 9 月 8 日,毛泽东在悼念张思德同志的演讲中,以《为人民服务》为题,对这一思想进行了系统论述,他说:"我们的共产党和共产党所领导的八路军、新四军,是革命的队伍。我们这个队伍是完全为着解放人民的,是彻底地为人民的利益而工作的。"[1]1945 年毛泽东在中国共产党第七次全国代表大会上的报告《论联合政府》中这样表述为人民服务思想的内涵:"全心全意地为人民服务,一刻也不脱离群众;一切从人民的利益出发,而不是从个人或小集团的利益出发;向人民负责和向党的领导机关负责的一致性;这些就是我们的出发点。"[2]全心全意为人民服务还被正式写入党章,从此成为中国共产党的宗旨和道德律令。

中华人民共和国成立后,"为人民服务"理念成为新中国政府的立身基础。我国的每一部宪法(包括《共同纲领》)均有"为人民服务"的内容。"文革"时期,中共九大、十大的党章中删除了"为人民服务"的字句。但是,当时社会上普遍流行的"老三篇"中首篇就是《为人民服务》。除此之外,其余历次党代会均坚持了这一提法。

毛泽东告诫全党:"我们的责任,是向人民负责。每句话,每个行动,每项政策,都要适合人民的利益。"[3]这一理念被之后的领导人代代传承。邓小平在毛泽东的基础上提出了"三个有利于"的判断标准:"是否有利于发展社会主义社会的生产力,是否有利于增强社会主义国家的综合国力,是否有利于提高人民的生活水平。"[4]江泽民仍然延续了这一理念,他提出的"三个代表"重要思想,其出发点和落脚点也是"始终代表中国最广大人民群众的根本利益"。胡锦涛在庆祝中国共产党成立 90 周年大会上继续强调"凡是对人民群众有利的事情都

① 《毛泽东选集》第 3 卷,人民出版社 1991 年版,第 1004 页。
② 《毛泽东选集》第 3 卷,人民出版社 1991 年版,第 1094—1095 页。
③ 《毛泽东选集》第 4 卷,人民出版社 1991 年版,第 1128 页。
④ 《邓小平文选》第 3 卷,人民出版社 1993 年版,第 372 页。

要全力做好,凡是对人民群众不利的事情都坚决不做"①。

2012 年 11 月 14 日,中国共产党第十八次全国代表大会修订、通过的新党章,再次将"为人民服务"作为党的建设的四项基本要求之一,内容也更为充实:"坚持全心全意为人民服务。党除了工人阶级和最广大人民群众的利益,没有自己特殊的利益。党在任何时候都把群众利益放在第一位,同群众同甘共苦,保持最密切的联系,坚持权为民所用、情为民所系、利为民所谋,不允许任何党员脱离群众,凌驾于群众之上。"

我们为什么要坚持"全心全意为人民服务"? 因为人民是权力的主体,我们手中的权力来自人民。1944 年一位美国记者问毛泽东:"你们办事,是谁给的权力?"毛泽东回答说:"人民给的。如果不是人民给的,还有谁给呢?""人民要解放,就把权力委托给能够代表他们的、能够忠实为他们办事的人。"②2010 年习近平又告诫全党领导干部:"我们党作为执政党是代表工人阶级和全体人民在全国执掌政权,共产党员和领导干部手中的权力都是人民赋予的。""我们所有党员和领导干部手中的权力,只能用来为人民谋利益,而绝不允许搞任何形式的以权谋私。"③

这些论断在深层次上体现的正是"忠于人民"的政治信念。因为权力是人民群众赋予的,人民赋予的权力始终是用来为人民谋利益的,"权为民所赋,权为民所用",所以政府必须忠于人民,必须以公共利益为目标,努力为人民提供满意的、高质量的公共产品,为人民服务,对人民负责。

---

① 胡锦涛:《坚持以人为本、执政为民》,载中共中央文献研究室编:《十七大以来重要文献选编》(下),中央文献出版社 2013 年版,第 104 页。

② 《毛泽东选集》第 4 卷,人民出版社 1991 年版,第 1128 页。

③ 习近平:《领导干部要树立正确的世界观权力观事业观》,《学习时报》2010 年 9 月 6 日。

二、恪尽职守

"忠于人民"具体到实践中就是恪尽职守,要求从政者树立起强烈的事业心和责任感,爱岗敬业,勤奋工作,精益求精。

早在先秦时期,执政者恪尽职守就被视为应有的道德规范。荀子在《王制》中对各种官员该做什么、负何种责任讲得非常明白:

宰爵掌管接待宾客和祭祀时供给酒食和祭品的数量。司徒掌管宗族和城郭器械的数量。司马掌管军队和铠甲兵器车马士兵的数量。

遵循法令,审查诗歌乐章,禁止淫荡的音乐,根据时势去整治,使蛮夷的风俗和邪恶的音乐不敢扰乱正声雅乐,这是太师的职事。

修理堤坝桥梁,疏通沟渠,排除积水,修固水库,根据时势来放水堵水;即使是饥荒歉收、涝灾旱灾不断的凶年,也使民众能够继续耕耘有所收获,这是司空的职事。

观察地势的高低,识别土质的肥沃与贫瘠,合理地安排各种庄稼的种植季节,检查农事,认真储备,根据时势去整治,使农民质朴地尽力耕作而不求兼有其他技能,这是农官的职事。

制订禁止焚烧山泽的法令,养护山林、湖泊中的草木、鱼鳖,对于人们的各种求索,根据时节来禁止与开放,使国家有足够用的物资而不匮乏,这是虞师的职事。

治理乡里,划定各店铺与民居的区域,使百姓饲养六畜,熟习种植,劝导人们接受教育感化,促使人们孝顺父母、敬爱兄长,根据时势去整治,使百姓服从命令,安乐地住在乡里,这是乡师的职事。

考查各个工匠的手艺,审察各个时节的生产事宜,辨别产品质量的好坏,提倡产品的坚固好用,使设备用具便于使用,雕刻图案的器具与有彩色花纹的礼服不敢私家制造,这是工师的职事。

观察阴阳的变化,视云气来预测吉凶,钻灼龟板,排列卦象,掌管驱除不祥、选择吉日以及分析占卜时出现的各种兆形,预见那吉凶祸福,这是驼背的巫师的职事。

整治厕所，平整道路，严防盗贼，公正地审定贸易抵债券，根据时势来整治，使商人旅客安全而货物钱财能流畅，这是管理市镇的官的职事。

制裁狡猾奸诈的人，禁止凶狠强暴的人，防止淫乱，铲除邪恶，用五种刑罚来惩治罪犯，使强暴凶悍的人因此而转变，使淫乱邪恶的事不再发生，这是司寇的职事。

把政治教化作为治国的根本，端正法律准则，多方听取意见并按时对臣民进行考核，衡量他们的功劳，评定对他们的奖赏，根据时势来整治，使各级官吏都尽心竭力而老百姓都不敢苟且偷生，这是宰相的职事。

讲究礼制音乐，端正立身行事，推广教化，改善风俗，普遍地庇护百姓并使他们协调一致，这是诸侯的职事。

成全道德，达到崇高的政治境界，使礼仪制度极其完善，统一天下，明察得能发现毫毛末端般的细微小事，使天下没有谁不依顺亲近、听从归服，这是天子的职事。

所以政事混乱，就是宰相的罪过；国家风俗败坏，就是诸侯的过错；天下不统一，诸侯想造反，那便是因为天子不是理想的人选。①

这样详细地论述就是为行政者把自己的职分铭记于心，做到忠于职守、敬业勤政。

对于身居领导职位的人，孔子认为履行职责应该"先之劳之"，而且"无倦"②，不但要身先士卒，在工作中走在大家的前头，还要勤勤恳恳，不厌倦，不懈怠。"居之无倦，行之以忠。"③居于官位不懈怠，执行上级命令要忠实。

《孟子》中记载过这样一件事。"孟子之平陆，谓其大夫曰：'子之持戟之士，一日而三失伍，则去之否乎？'曰：'不待三。''然则子之失伍

---

① 《荀子·王制》。
② 《论语·子路》。
③ 《论语·颜渊》。

也亦多矣。凶年饥岁，子之民，老羸转于沟壑，壮者散而之四方者，几千人矣。'曰：'此非距心之所得为也。'曰：'今有受人之牛羊而为之牧之者，则必为之求牧与刍矣。求牧与刍而不得，则反诸其人乎？抑亦立而视其死与？'曰：'此则距心之罪也。'"①

孟子在平陆邑对当地的长官孔距心说："你手下的士兵，如果一天三次失职，是否会被除名呢？"孔距心说："等不到三次就会除名。"孟子说："你失职的地方也很多啊！灾荒歉收的年成，你的民众，年老体弱的在山沟荒野奄奄一息，年轻力壮的四散逃难，有近千人。"孔距心说："这不是我个人所能挽回的。"孟子说："如今有个人，领受了他人的牛羊而为其放牧，就一定要为牛羊寻找牧场和草料。要是找不到牧场和草料，是把牛羊还给它们的主人呢，还是站在一边看着它们死去呢？"孔距心说："这是我的过错。"孟子其实是借士兵、牧人都必须忠于职守的常识来让孔距心认识到自己没能够尽职尽责。孔距心也认真地接受了批评。

对于政府官员，《礼记》中说："居其位无其言，君子耻之。"②西汉成帝时，朱云上书批评丞相张禹说："上不能匡主，下亡以益民，皆尸位素餐。"③明代大儒王守仁说："负大臣之名，尽大臣之道者也。"④

古人尚有如此认识，但我们今天的现实生活中却有不少干部在其位不谋其政，谋其政不见其功，追求"混得过去"就行，遇事能推就推，能拖就拖。对事业不够尽心、对工作不够尽力、对群众不够尽情，把心思和精力浪费在文山会海、空话套话中；耽误在迎来送往、忙于应酬中；消耗在相互扯皮、无事生非中；损失在表面文章、形式主义中；荒废在贪图安逸、无所作为中；甚至耗费在弄虚作假、追名逐利中。2005 年中国人力资源开发网曾经公布过一个《中国企业员工敬业指数 2005 年度调

① 《孟子·公孙丑下》。
② 《礼记·杂记下》。
③ 《汉书·朱云传》。
④ 《王阳明全集·卷二十二》。

查报告》,调查结果显示:中国企业员工普遍敬业水平一般;从事不同职业的员工敬业度差别较大,其中金融业员工敬业度最高,而政府机关、公共事业单位的员工敬业度最低。① 这进一步提醒我们提倡政府工作人员恪尽职守的重要性。

恪尽职守的另一个重要含义就是廉洁奉公。所谓廉洁奉公就是:立法者和政策制定者制定公共政策是为了维护和增进社会公众利益而不是为了自身的个人利益、单位利益或者部门利益;政府部门不以法人单位或集体决策的名义从事违法犯罪活动以增进本单位的利益,不靠公款行贿手段来谋求本单位利益;政治家通过合法的方式获取公共权力和公共职位,不依靠选举贿赂、收买选票、买官卖官等非法方式获得公共权力;公共资源的分配不会因有关官员的个人感情、私人关系、金钱贿赂等因素影响而发生偏差。

廉洁奉公是古今中外人们普遍追求的一种理想政府状态。早在先秦时期,廉即是对各级官吏的重要道德规范,《管子》将其列为"四维"之一,对它尤为重视。晏子曾经说:"廉者,政之本也。"②唐代武则天也曾经说:"廉平之德,吏之宝也。"③元代的徐元瑞说:"尚廉,谓甘心淡薄,绝意纷华,不纳苞苴,不受贿赂,门无请谒,身远嫌疑,饮食宴会,稍以非义,皆谢却之。"指出要做到"廉",就要不收礼,不受贿,不吃请,不接受说情拉拢。④ 明代学者王文禄说:"忠非廉则欺。"⑤如果不廉洁的话,再标榜自己怎么忠贞也是骗人。

历史上的许多清官廉吏,生活俭朴,廉法奉公,执法如山,不徇私情,受到百姓的爱戴,永垂青史。如东汉会稽太守刘宠,为官清正,离任

① 中国人力资源开发网:《中国企业员工敬业指数 2005 年度调查报告》,《新京报》2005 年 10 月 25 日。
② 《晏子春秋·内篇·杂下》。
③ 武则天:《臣轨》。
④ 徐元瑞:《史学指南·吏员三尚》。
⑤ 王文禄:《廉矩·廉枢·广运章》。

时合郡民众相送，几位老者各以一百钱为赠，刘只取一文留念，故留下"一钱太守"的美名。明朝工部尚书范景文，清正廉洁，在大门上写了"不受嘱，不受馈"六字，获"二不公"之美誉。清朝岭北道台汤斌，为官三年，两袖清风，每日以豆腐汤为菜，被人们爱称为"三汤道台"。东汉太守杨震，不受贿赂，对行贿者说："天知、神知、我知、子知，何谓无知？"将行贿者拒之门外，人们誉称他为"四知先生"。袁聿修为官50余年，历经北魏、东魏、北齐、北周和隋五个朝代，始终以清廉为本，连"滴酒"薄礼也未曾收受，被人们称为"五代清郎"。

许多洁身自好的名臣也将清廉作为首诫自勉。唐代柳宗元被贬为永州司马后，曾赞扬自己的前任说："公之蠲浊而流清，岂不欲废贪而立廉？"并表示要以之为榜样。北宋包拯曾经说过："廉者民之表也，贪者民之贼也"①，并立下了这样严厉的家规："后世子孙仕宦，有犯赃滥者，不得放归本家，亡殁之后，不得葬于大茔之中。"②清代，被康熙皇帝御赐为"江南第一清官"的张伯行在江苏巡抚任上，曾亲自拟定《禁止馈送檄》，抵制官员贪污受贿之风。他说："一丝一粒，我之名节；一厘一毫，民之脂膏。宽一分，民受赐不止一分；取一文，我为人不值一文。谁云交际之常，廉耻实伤；倘非不义之财，此物何来。"③

古人节操足为今人诫。今天我们的廉政建设任务仍非常艰巨。一些领导干部理想信念动摇，宗旨意识淡薄，脱离群众，作风飘浮，奢侈浪费，享乐主义严重；一些领导干部利用职权或职务影响谋取非法利益问题突出，尤其是高级干部腐败案件时有发生，社会影响恶劣；一些领域腐败现象易发多发，大案要案频发，窝案、串案、案中案增多。④

---

① 《包拯集·卷三·择官》。
② 《包拯集·补遗·家训》。
③ 小横香室主人：《清朝野史大观·卷五》，上海书店1981年版，第87页。
④ 《全面贯彻党的十七届四中全会精神，深入推进党风廉政建设和反腐败斗争——贺国强同志在中国共产党第十七届中央纪律检查委员会第五次全体会议上的工作报告》，《中国监察》2010年第5期。

对官员的贿赂增加了企业的生产成本,减少了企业的利润,恶化了投资环境,降低了企业的投资意愿。而腐败所得要么被腐败分子直接挥霍掉,要么被腐败分子转到境外,其结果是造成本应成为国内生产性投资的资本的外流或浪费。经济学家谢国忠估算腐败造成的经济损失占国内生产总值的 10%①。

行贿受贿和权力寻租降低了社会资源配置效率,造成社会资源的极大浪费。腐败扭曲向上的社会流动机制,将导致社会分层结构的劣变,整个社会的道德风尚也会随之变质。贪污腐化盛行的政府不仅会失去民众对其政治权威和政治秩序的自觉认同,其行政效能也会严重削弱,财政税收大量流失,政治体制改革的难度也会大大增加。

腐败已经成为当今中国最大的社会污染,2009 年 11 月人民论坛发起的"未来 10 年 10 个最严峻挑战"千人问卷调查显示,82.3%的受访者将"腐败问题突破民众承受底线"列为第一大挑战。② 可见廉政建设之艰巨。

只有爱岗敬业的政府才能实现好、维护好、发展好最广大人民群众的根本利益,只有廉洁奉公的政府才能履行好维护社会公正的责任,促进机会均等,保障公民自由权利。恪尽职守是一个政府是否忠于其人民的基本衡量标准,只有做到这一点,一个政府才能够立得住。

第三节　正义——公平正义

什么是正义? 威廉·葛德文说:"在同每一个人的幸福有关的事

---

① 谢国忠:《2012:二次探底之忧》,《新经济导刊》2010 年第 6 期。
② 高源、马静:《"未来 10 年 10 大挑战"调查报告》,《人民论坛》2009 年第 24 期。

情上,公平地对待他,衡量这种对待的唯一标准是考虑受者的特性和施者的能力。"①约翰·罗尔斯说:"正义是社会制度的首要价值,正像真理是思想体系的首要价值一样。不管一个理论怎样精致或简洁,如果它不是真的,那就必须抛弃它或修正它;同样,不管法律和制度是怎样有效而巧妙地设计,如果它不是正义的,就必须改革或废除。"②

西方的"正义"理念起于古希腊。亚里士多德认为,在各种德性中,"公正是最主要的,它比星辰更加光辉","公正不是德性的一个部分,而是整个德性","公正集一切德性之大成"③。在亚里士多德那里,"正义"首先意味着恰如其分,赏罚分明、合理分配,但尚无处理公众利益,尤其是贫富悬殊之义,其公正之德只能在极有限的上层社会内部施行,因此,它实质上只是一种贵族道德。

中国先秦思想家们则从无私的天道推导出社会公正思想。《礼记》中记载:"子夏曰:三王之德,参于天地,敢问何如斯可谓参于天地矣? 孔子曰:奉三无私以劳天下。子夏曰:敢问何谓三无私? 孔子曰:天无私覆,地无私载,日月无私照。奉斯三者以劳天下,此之谓三无私。"④子夏问道:"夏禹、商汤、周文王的德行与天地相配,请问先生,怎样才可以称为与天地相配?"孔子说:"要奉行'三无私'来为天下操劳。"子夏又问:"请问什么叫'三无私'?"孔子说:"像天无私地覆盖大地,像地无私地承载万物,像日月无私地照耀人间,奉行这三种无私的精神为天下人操劳,这就叫'三无私'。"

其他论著中也有类似的说法。《管子》说:"天公平而无私,故美恶莫不覆;地公平而无私,故小大莫不载。"又说:"风,漂物者也。风之所

---

① [英]威廉·葛德文:《政治正义论》第 1 卷,何慕李译,商务印书馆 1980 年版,第 84 页。

② [美]罗尔斯:《正义论》,何怀宏等译,中国社会科学出版社 1988 年版,第 1 页。

③ [古希腊]亚里士多德:《亚里士多德选集(伦理学卷)》,苗力田编,中国人民大学出版社 1999 年版,第 103—104 页。

④ 《礼记·孔子闲居》。

漂,不避贵贱美恶。雨,濡物者也。雨之所堕,不避小大强弱。风雨至公而无私,所行无常乡,人虽遇漂濡而莫之怨也。故曰:风雨无乡而怨怒不及也。"①既然天地风雨是无私的,是至公的,那么人类社会也应该是至公的,也应效法自然界而维护其公正。所以《吕氏春秋·贵公》中讲:"昔先圣王之治天下也,必先公。公则天下平矣。"圣王治理天下必先公正,公正了才会天下太平。

整体而言,在东西方古典时代,都没有公民平权意义上的正义观念,这是因为古典社会本质上就是一个等级社会。社会制度的设计以等级观念为基础,并且强化了这种差异。一个社会的公民,根据其所属之种族、宗教信仰、职业、家庭出身,甚至性别的不同,被人为地划分为高低不同的等级,列入下等者被人为地剥夺了许多机会,因而更弱;特权阶层则由于垄断了更多的机会而更强。关注弱势群体利益的"仁政""仁爱"思想,虽然展示了古典人道主义的魅力,但只是冷峻的等级社会中的一丝微弱的暖光,并不能根本、持久地改变弱势群体的社会处境。

而现代社会实质上是一个追求社会平等的社会。现代社会的人们普遍认为人为地在公民之间划分尊卑贵贱是不道德的,主张应当尽力消除个人除自然条件限制以外的发展障碍,尽量为所有人创造平等的追求人生幸福的机会,要求将公正实施于所有人。

在近代西方的资产阶级革命中,君主和贵族被打倒,等级特权灰飞烟灭,人人生而平等被作为天赋人权在一系列宪法性文件中加以确认。每一个公民都"有权以个人的名义或通过他们的代表协助制定法律",都能"按照他们各自的能力相应地获得一切荣誉、地位和工作,除他们的品德与才能造成的差别外,不应有任何其他差别"②。

---

① 《管子·形势解》。

② 王德禄、蒋世和编,北京大学当代中国社会发展研究中心组织翻译:《人权宣言》,求实出版社 1989 年版,第 15 页。

　　但是这种人人平等仅仅是法律上的。推翻了特权阶层之后的西方各国走的是自由放任式的资本主义路线。政治家们认为只要让每个人的天赋能力自由发展，各种不同需求的自由发展就会自动地达到一种全社会的总体平衡，此即市场经济那只"看不见的手"的宏观调控作用。但实际上，自由发展并没有像人们预测的那样实现社会的自动均衡，而是造成了严重的贫富悬殊、社会不公。马克思主义理论应时而生。它代表了在自由资本主义之下挣扎的弱势群体——无产阶级、工人阶级的呼声，要求彻底地改变劳动者付出的劳动愈多就愈加贫困的不合理现象。

　　在马克思主义对资本主义社会的声讨中，19—20世纪的无产阶级自觉、积极地为自己争取生存权利的社会主义革命风起云涌，并且在一系列国家中取得胜利。在社会主义革命的压力之下，西方社会也开始反思自由资本主义的理念，自我改造、调整，将弱势群体的公平正义也纳入到社会制度安排之中。可以说，在今天的世界各国，不论社会主义还是资本主义，都将协调不同利益群体的矛盾，关注底层社会成员的生存状态，让弱势人群拥有起码的生存条件，使贫富差距保持在一个适度范围，避免社会贫富阶层全面对立，作为政府的主要职责之一。

　　社会主义在本质要求上比资本主义更加关注公平正义的实现，社会主义市场经济要求以更加公平合理的方式去解决市场经济发展中必然出现的那些重大矛盾、难题，把消灭两极分化、实现共同富裕作为社会追求的价值目标。对处于制度转型过程的中国来说，公平正义是一面社会成本低、政治效益高的改革旗帜，也是一个风险低、动荡小的改革突破口，它能够最大限度地表达大多数人的利益和需求，有效地防止社会冲突，确保社会政治的稳定。

　　正因为如此，2010年3月14日，温家宝应十一届全国人大三次会议大会发言人的邀请，在人民大会堂与采访大会的中外记者见面并回答记者提问时说："我们国家的发展不仅是要搞好经济建设，而且要推进社会的公平正义,促进人的全面和自由的发展,这三者不可偏废。集中精力发展生产,其根本目的是满足人们日益增长的物质文化需求。而社会公平正义,是社会稳定的基础。我认为,公平正义比太阳还要有光辉。"

习近平在 2014 年新年前夕通过中国国际广播电台、中央人民广播电台、中央电视台发表的新年贺词中说:"我们推进改革的根本目的,是要让国家变得更加富强、让社会变得更加公平正义、让人民生活得更加美好。"①一周之后,他又在中央政法工作会议上强调,要把维护社会大局稳定作为基本任务,把促进社会公平正义作为核心价值追求。②

本书前面几节论述"秩序""忠实"等政府信念,更多的是从消极角度限制政府,公平正义则是政府必须积极追求的目标,且唯有政府能承担起这个责任。因为政府是代表社会公利的权威,它的任务就是协调各种不同的社会利益,谋求社会各阶层的生存权利整体平衡,将公民社会内部的利益冲突维持在一定限度之内。

那么,政府当如何切实有效地贯彻公平理念,实现社会正义呢?以下两个方面,大概最为紧要。

一、机会均等

一个社会要实现公平正义,机会均等是最基本的要求。所谓机会均等就是每个社会成员都平等地拥有从事各种经济活动的权利和获得各种职位的机会,其潜能能够得到充分发挥,任何人不得以任何不正当的理由为他人接受教育、择业就业、进入市场、参与政治和社会活动设置障碍或者限制。

传统社会中的人们往往把不同群体的社会背景差异视为天然合理

---

① 《国家主席习近平发表二〇一四年新年贺词》,《人民日报》2014 年 1 月 1 日。

② 《坚持严格执法公正司法深化改革,促进社会公平正义保障人民安居乐业》,《人民日报》2014 年 1 月 9 日。

的。这就使偶然性的社会因素得以积累，某些群体形成了稳定的社会竞争优势，最终群体之间的差异固化成为等级。而现代社会的普遍观点则是：一个人一生中的成就或工作业绩应主要取决于其本人的才干和努力，而不是由基于种族、性别、家庭背景和出生地等社会性和历史性偶然性原因所决定。国家要从制度设计上尽力为全体公民创造平等的竞争环境和发展机会，尽力扫除一切可能限制某一群体发展的制度性障碍。

这种机会均等的理想状态应当如弗里德里曼描述的那样："任何专制障碍都无法阻止人们达到与其才能相称的、而且其品质引导他们去谋求的地位。出身、民族、肤色、信仰、性格或其他无关的特性都不决定一个人开放的机会，只有他的才能决定他所得到的机会。"①

为此，社会必须致力于消除对公民的消极性社会区别，诸如性别、种族、宗教信仰等方面的歧视，以更为平等的方式提供公共服务和信息，保证机会和资源的均衡分配。一个社会的公平正义在很大程度上就取决于政府是否为全体公民，特别是那些弱势群体提供了足够的发展机会，是否在教育、就业、发展、参政、福利等方面为所有人提供了大致相同的参与机会、平等起点。

改革开放以前，我国基于维护计划经济体制的考虑，建立了严格的户籍和人事档案制度，形成了城乡二元化格局，严重束缚了人们的自由迁移，也使得不同地区、行业和出身的人在求学、择业、发展、福利等方面处于不公平的状态。改革开放以后，户籍和人事壁垒逐渐被打破了，但是一些不平等的制度性障碍和门槛仍然存在，亟待进一步改进。

另外市场经济下，每一个人，每一个经济实体都应该平等地在公认的规则之下进行经济活动。某些超大型企业对资源和市场的垄断会导

①　[美]米尔顿·弗里德曼、罗斯·弗里德曼：《自由选择》，胡骑、席学媛、安强译，商务印书馆1982年版，第135页。

致企业竞争、劳动者竞争机会不均等,比如我国垄断行业如电力、电信、铁路、民航等依靠计划经济体制时代遗留下来的一些优势,靠行政权力,搞垄断经营,破坏了平等竞争的规则,使民营企业失去发展的机会。这就需要政府制定"反垄断法"和"竞争法",从制度上扫除公平竞争的障碍,消除行政干预和不公平竞争造成的机会不均等。

除了破除制度造成歧视和不公之外,政府还应该努力在实现教育公平方面下功夫。一个人能不能获得良好的教育,能不能提高自己的知识水平和技能,关系到他能否顺利地就业创业、提高收入和改变命运。如果人们在占有财富和社会地位等方面的差距短时间之内还不能缩小,至少教育公平可以给人们提供平等竞争、向上流动的机会,帮助弱势者摆脱他出身的局限,改善他们的生存状态,减少社会性不公。为此政府可以采取设立公立学校,为难以负担高昂的教育费用的孩子提供教育津贴,鼓励私立学校招收贫困学生,鼓励银行向贫困学生提供低息教育贷款等措施,使社会中的弱势群体也能拥有与其他人大致相等的受教育条件。

李克强在 2013 年 3 月 20 日主持新一届国务院第一次全体会议时表示,要"促进社会公正,从制度上为所有人、所有企业创造公平竞争、公平发展的机会"①。机会均等虽然属于形式正义的范畴,但是如果政府能够努力减缩弱势群体在人生起点上的偶然性不利因素,帮助弱势群体逐步提高他们的生存能力,为他们提供更多的自我改善机会,就一定能够缩小贫富差距,实现一定程度上的公平正义。

二、合理分配

如果说机会均等是一种着眼于起点和过程的制度安排;那么,救济性的合理分配便是政府对竞争结果的直接干预,是政府维护公平正义

①　《全面履行政府职责,努力实现民之所望》,《人民日报》2013 年 3 月 22 日。

的最后一道防线。

　　在自由竞争的状态下，即便政府为实现机会均等做了完善的制度安排，个人由于天赋和机遇千差万别，奋斗的结果仍然会迥然不同。年老、体弱、多病、残疾等各类人员由于自身能力的限制，有可能在竞争中处境艰难。贫困地区的人才和资金流向富裕地区，也会造成地区之间的马太效应，贫者越贫，富者越富。于是每过一段时期，社会就会因强势集团的优势累积而出现财富过度集中于少数人之手的情况。可见机会均等并不能实现结果公平。

　　"如果一个社会的经济发展成果不能真正分流到大众手中，那么它在道义上将是不得人心的，并且是有风险的，因为它注定会威胁到社会的稳定。"①任何社会，如果存在着一大批生活资源匮乏的赤贫者，无论这个社会的财富总量如何庞大，都是一个不正常、高风险的社会。弱势群体会因为严峻的生存困境对社会缺乏起码的安全感、认同感，继而产生怨恨和仇视。以贫富分化为经典表现形式的社会不公自古以来即是弱势群体发动针对富人阶层的暴力革命的最好理由。而对弱势群体系统地、全面的救助就是社会的最后一道稳压阀。中国传统社会一直未能摆脱治乱相循的怪圈，根本原因就在于没有在社会财富分配方面建立起公平有效的制度。

　　19世纪40年代诞生于西欧的马克思主义是一种强烈关注弱势群体生存状态的理论，马克思主义所揭示的不只是资本主义社会才存在的问题，而是世界各国在现代化历史进程中都要面对，都不得不解决的普遍性问题。

　　以马克思主义理论为指导的共产党，以实现全人类的解放，争取全人类的幸福为己任，本能地代表着弱势群体的利益，并把追求全社会的

---

　　①　温家宝：《用发展的眼光看中国——在剑桥大学的演讲》，《人民日报》2009年2月2日。

公平正义作为自己的核心政治理念。正是在这一理念的指导下,20 世纪上半叶的中国共产党领导全国人民进行新民主主义革命,成功地建立起新中国。

基于马克思主义理论对原始积累时期的资本主义社会的猛烈批判,20 世纪的社会主义国家曾普遍地采取了公平优先、结果平等的社会政策。但是几十年的实践证明:这种追求收入分配绝对平等的做法忽视了个体差异,严重地挫伤了人们创造财富的积极性,损害了整个社会的发展效率。

更成熟、合理的正义理念是过程公正,而非结果平等,是谋求全体公民人生竞争中的机会均衡,而不是分配财富时的绝对平等。能力强,付出的努力多,则获取的财富就多,反之则少。每个人都应该享受他辛勤劳作的成果,无功则不受禄。改革开放以后,我们国家尝试建立社会主义市场经济,就是以此作为分配原则。30 多年来的辉煌成就证明:这确实是一场成功的伟大改革,它极大地解放了生产力,激发了全国人民的创造热情,使我国经济迅速走向繁荣,国家整体实力大大提高。

但是允许并鼓励一部分人和一部分地区通过合法经营、诚实劳动先富起来,绝不意味着鼓励两极分化。20 世纪 90 年代以来,伴随着经济繁荣,贫富悬殊日益突显。改革开放的最大受益者正成为极少数人,很多人感到社会整体经济繁荣与自身生活改善之间没有明显的联系。

长期以来,由于非市场的因素、各种制度原因,我国城乡之间、不同区域之间、不同行业之间存在很大的差距;在教育、科学、文化、医疗、卫生等各项社会事业中,绝大部分的资源投入都向城市倾斜;不同职业角色拥有的社会资源千差万别。城乡居民收入差距拉大;城市贫困人口不断增多;行业差距及脑体倒挂的现象仍很突出,教育、基础科研从业人员收入偏低;地区发展不平衡的矛盾更加突出,上海、北京与美国等西方发达国家的差距已远小于贵州、西北与上海、北京之间的差距。

社会中的各种资源正在越来越集中到少数地区、少数群体、少数人手中。《2013 胡润财富报告》声称全国有 105 万个千万富豪和 6.45 万个亿万富豪,而与此同时,我国还有 1.28 亿人生活在年收入 2300 元的贫困线以下①。《中国儿童少年营养与健康报告(2012)》显示:在贫困地区,47.6% 的农村学生每天只吃两顿饭,有 1/3 的学生吃不到肉,2/3 的学生吃不到鸡蛋,多数靠自带的咸菜、辣椒酱,甚至盐拌饭。

我们曾经在近乎赤贫的状态下维持了社会公平正义,如今我们的国民经济状况有了很大改善,却出现了严重的贫富分化问题。显然这种财富分配是不公平的,与马克思主义理论和共产党的基本执政理念相背离。对此问题坐视不顾,会使党和政府失去执政的合法性依据,失去社会的民意支持。

当代中国的改革开放事业已经进入新的历史阶段,如果说改革开放前期的历史任务是提高生产效率,迅速发展经济,增强综合国力;那么,现阶段的任务就是促进社会公平正义,保证所有参与创造社会财富、促进经济增长的社会成员都能够分享发展成果。一方面允许个体社会成员在法律规范之下自由地奋斗和竞争,并且承认这种竞争的结果会有所差异;另一方面,以国家公权对国民收入进行再分配,保障弱势群体的基本需求,保障每一位在竞争中处于不利地位的个体公民的生存权,并且随着国家整体实力、社会财富总量的增长,让社会弱势群体的生活质量有所改善,使他们也能享受到社会整体发展的成果,而不是仅仅满足于生存底线。

在市场经济中,人们通常把通过市场交换实现的收入分配称作"第一次分配",它发生在经济领域;把通过政府调节而实现的收入分配称作"第二次分配",它发生在政治领域;而个体出于自愿,在情感、风俗、道德等因素的影响下把可支配收入的一部分或大部分捐给他人、

---

① 习近平:《永远做可靠朋友和真诚伙伴——在坦桑尼亚尼雷尔国际会议中心的演讲》,《人民日报》2013 年 3 月 26 日。

群体或者国家,称作"第三次分配",它发生在社会领域。其中,初次分配是分配过程的起点;政府再分配是对初次分配的矫正;作为"善"的第三次分配是对前两类分配必要的补充。

现在不少学者认为目前我国贫富差距悬殊的原因在于不注重初次分配的公平问题,以及再分配不到位。

在我国目前的社会发展形势之下,要想实现合理分配的目标,必须采取切实措施扭转国民收入初次分配中的严重失衡局面:建立规范、公平、和谐的劳资关系,在企业中推行劳资合作制度、集体谈判制度、集体合同制度等;加大对劳资关系管理的监察力度,切实维护劳动者的权益;加快最低工资立法,根据家庭人口、生活成本、价格浮动、教育和医疗费用变化等因素确定职工最低工资。毕竟初次分配的公平是首要的和基本的,再分配则是对初次分配结果的调整和补充。在初次分配中一旦出现重大的社会不公正,在政府再分配中就很难扭转。

而在再分配中,可以借鉴西方社会已有经验直接干预竞争结果,比如通过征收累进税和遗产税将强势集团占有的一部分财富应用于社会保障,为处于弱势的人们提供教育、医疗、失业和养老等方面的救助。强势集团是现代民主制度的最大受益者,理所应当为社会做出更大的贡献。

第四节　诚信——民无信不立

对于政府来说,"诚信"指的是政府必须像鸟爱惜羽毛一样珍视和维护自己的公信力。

政府公信力是行政机制高效运行的必要条件。一个政府只有赢得了民众广泛的信任,才能做到令行禁止,如果朝令夕改,言而无信,民众很难接受或者服从,结果就是各项政策、命令成为一纸空文。政策不通,法令不行,衰亡的命运难以避免。即如荀子所说"政令信者强,政令不信者弱"①。不仅如此,从社会契约论的角度讲,政府权力来源于民众的信托。失去公信力的政府无法说服民众继续将权力委托给它,其执政的合法性势必动摇,甚至崩溃。

在法治社会,一个合格的政府必须是诚信的政府。因为法的基本特征即是普遍性、非歧视性、稳定性和可预期性。行政行为一经做出,非经法定的事由和法定程序,不得随意撤销、更改或废止。出尔反尔的政府失去的不只是自己的公信力,也破坏了民众对法治的预期,此为法治社会之大忌。

在民主社会,掌握公共资源和公共权力部门的公信力是影响公众政治参与的关键因素。一般来说,政府的诚信度和公信力高,民众政治参与的热情和积极性就高,民主政治也会良性发展。反过来政府诚信缺失,民众政治参与热情就会受到极大挫伤,民主化进程也会徘徊不前。

政府公信力强弱还直接影响到市场经济能否和谐正常地运行。市场经济是信用经济,市场经济愈发达,愈要求诚实守信,这是市场经济的内在要求。政府诚信是社会信用体系的核心环节,引导着行业诚信、商业诚信和个人诚信。政府诚信不彰,市场经济就难以顺利运行。

自古以来,中国人就把诚信看作是治理国家的根本保证,但是在今天的中国社会,人民群众对政府的信任却存在很大的危机。根据《小康》杂志 2007 年 8 月发布的《2006—2007 中国信用小康指数》报告,超过 70%的受访者认为一些地方政府存在着"隐瞒真实情况,报喜不报忧"的现象。同时,调查显示,我国个人信用整体指数为 66 分,最讲诚信的五个职业群体分别是:农民、军人、科学家、工人和农民工;而信用最差的五个职业群体是:政府官员、房地产商、房地产中介、保险人员、

---

① 《荀子·议兵》。

国企领导。在对"信用最差"群体进行调查时,政府官员以 80.3% 的得票率高居榜首。不过绝大多数受访者表示很相信中央政府。这表明民众对地方政府在公共服务上的不作为和乱作为的担忧。

政府公信力落得如此境地并非偶然。首先这是开放时代及社会使然。"20 世纪后半叶以来,东西方各国的政府几乎都遭遇到这样一个困境:一方面,政府在经济社会发展和公共服务提供上发挥愈来愈大的作用,政府规模迅速膨胀,政府行为延伸到社会各个领域;另一方面,建立在民主政治基础上的政府遭遇了严重信任危机。"①美国公众信任美国联邦政府的比例从 1964 年的 3/4 下降到了 1995 年的 1/4。意大利从 1973 年至 1991 年的 25 次民意测验,每次都有超过 70% 的意大利人对现行制度持否定态度。这种全球各国政府的普遍苦恼甚至成为联合国的一项议题,2007 年联合国举办的第七届"政府创新"全球论坛,就将"建立对政府的信任"作为论坛的主题。

但是另一方面,我们的政府自身也难辞其咎。近年来地方政府失信的案例屡屡发生,使得公众对政府的不信任感油然上升。

有些地方政府为制造政绩,欺上瞒下,在统计数据中造假。各省区市公布的 GDP 数据之和高于国家统计局公布的全国数据,这种令人哭笑不得的事情出现过不止一次。正如民谣中所讽刺的一样,"村骗乡,乡骗县,一直骗到国务院"。有许多中小城市招商引资中缺乏诚信,谈判时什么政策都敢许诺、什么条件都能答应,但是资金到位以后就变卦。商少资缺的时候,即使小商薄资也是多多益善,千方百计请来,迫不及待签约,而一旦有财大气粗的投资人上门,马上喜新厌旧,要把先前的投资者一脚踢开。政府赖账,或者拖欠民间工程款项的事情近些年更是屡见不鲜。

---

① 陈丽君、张存如:《政府诚信:政府公信力的源泉和基础——西方政府诚信研究及其启示》,《中共宁波市委党校学报》2008 年第 3 期。

各级政府朝令夕改、政因人异、肆意妄为等现象屡有发生常常导致官民对立、群众对抗政府的事件,由此带来的社会效应非常恶劣。政府既是社会信用制度的制定者、执行者和维护者,又是示范者,如果政府不讲诚信,企业诚信就难以做到,个人诚信就更无从谈起。对于当代中国社会诚信危机,各级政府及其公务员难辞其咎。

因此,在 2014 年国务院印发的《社会信用体系建设规划纲要(2014—2020 年)》指出"政务诚信是社会信用体系建设的关键,各类政务行为主体的诚信水平,对其他社会主体诚信建设发挥着重要的表率和导向作用"①,并且提出了一系列具体的措施,如要求各级政府坚持依法行政,推进政务公开;严格履行政府向社会作出的承诺,把政务履约和守诺服务纳入政府绩效评价体系;支持统计部门依法统计、真实统计;建立公务员诚信档案,将公务员诚信记录作为干部考核、任用和奖惩的重要依据;等等。

政府行为涉及面广,利益重大,政府及其公务员在日常公共管理中能否言必信、行必果,关系到社会和政权的稳定。政府失信,后患无穷。政府讲诚信是对公众和社会负责,是必须履行的义务。

第五节　仁爱——以人为本

中国传统儒家要求统治者施行"仁政",用比较宽容和同情的态度统治人民,管理社会。孔子说:"古之为政,爱人为大。"②"古之听民者,察贫穷,哀孤独矜寡,宥老幼。"③古代的统治者懂得体察民情,同情

---

① 国务院法制办公室编:《中华人民共和国新法规汇编》2014 年第 7 辑,中国法制出版社 2014 年版,第 56—57 页。
② 《礼记·哀公问》。
③ 《尚书·大传》。

贫弱百姓,关心老人和孩子。孔子希望统治者能够以他们为榜样。荀子认为:"君者,舟也;庶人者,水也。水则载舟,水则覆舟。此之谓也。故君人者,欲安,则莫若平政爱民矣。"①统治人民的君主,要想安定,最好的办法就是调整好政策、爱护人民。

孟子非常重视人民在国家中的作用,重视人民与国家治乱存亡的关系,曾经以民本主义的情怀提出了一套政治伦理观,包括了"民贵君轻""暴君放伐""制民恒产""省刑薄税""教民以德""尊贤使能"等一系列内容,我们甚至从中可以看到某些现代公民权利的影子。

孟子主张在君主、国家、人民三者中,君主要以民为本、以民为重,国家次之,自己放在最后。他说:"桀纣之失天下也,失其民也;失其民者,失其心也。得天下有道:得其民,斯得天下矣;得其民有道:得其心,斯得民矣。"②从这个立场出发,孟子明确提出应该施行仁政:"尧舜之道,不以仁政,不能平治天下。""天子不仁,不保四海;诸侯不仁,不保社稷;卿大夫不仁,不保宗庙;士庶人不仁,不保四体。"③

孟子强烈批判统治阶层奢侈挥霍,不顾人民死活,"庖有肥肉,厩有肥马,民有饥色,野有饿莩",斥之为"此率兽而食人也"④。他也激烈抨击当时诸侯国的相互攻伐,因为战争的结果只可能是"争地以战,杀人盈野;争城以战,杀人盈城",斥之为"率土地而食人肉。"⑤从爱护生命的角度出发,孟子还主张慎用刑罚,"杀一无罪非仁也"⑥,并且以周文王为榜样,提倡"罪人不孥"⑦,反对株连。

人要活着就需要有用于吃穿住用行的物质生活资料,因此必须拥

---

① 《荀子·王制》。
② 《孟子·离娄上》。
③ 《孟子·离娄上》。
④ 《孟子·梁惠王上》。
⑤ 《孟子·离娄上》。
⑥ 《孟子·梁惠王下》。
⑦ 《孟子·梁惠王下》。

有稳定的财产,这是生存权的保障。孟子主张"明君制民之产,必使仰足以事父母,俯足以畜妻子,乐岁终身饱,凶年免于死亡"①。这些财产数量的底线是让人民对上可以侍奉他的父母,对下足以养活妻子儿女,丰年可以吃得很饱,荒歉的时候饿不死。孟子还根据当时的条件,列出了具体的指标:五亩之宅、五母鸡、二母彘、百亩之田。② 人不能仅仅活着就完事了,还需要考虑进一步发展。在经济上,人民的生产和经营应该拥有一个良好的环境。首先统治者不可横征暴敛。十税一就可以了。"夏后氏五十而贡,殷人七十而助,周人百亩而彻,其实皆什一也。"③孟子还警告说:"有布缕之征,粟米之征,力役之征。君子用其一,缓其二。用其二,而民有殍;用其三,而父子离。"④布帛、粮食、劳役,征收其中一种就可以了,征收两种就会有人饿死,征收三种就会家破人亡。

即便如此,税负也要能免则免,"市,廛而不征,法而不廛,则天下之商皆悦,而愿藏于其市矣;关,讥而不征,则天下之旅皆悦,而愿出于其路矣;耕者,助而不税,则天下之农皆悦,而愿耕于其野矣;廛,无夫里之布,则天下之民皆悦,而愿为之氓矣。"⑤对市场上的商铺只收房产税,不征商品税,甚至只制定交易法规就得了,连房产税也不征收,那么天下的商人都会很高兴,到你的市场里来做生意;在路界关口只进行稽查盘问而不征收关税,那么天下(其他国家)的商旅行贩都会很高兴,愿意在你的道路上通行;农民只需要助耕公田,别无其他税收,那么天下(其他国家)的农民都会很高兴,愿意在你的国家里种地;取消老百姓的苛捐杂税和徭役,那么天下(其他国家)的民众都会很高兴,向往到你的国家去当臣民。

----

① 《孟子·梁惠王上》。
② 《孟子·尽心上》。
③ 《孟子·滕文公上》。
④ 《孟子·尽心下》。
⑤ 《孟子·公孙丑下》。

同时政府还要维护好经济秩序,遵循经济规律办事:"不违农时,谷不可胜食也;数罟不入洿池,鱼鳖不可胜食也;斧斤以时入山林,材木不可胜用也。"兵役徭役的时间不妨碍农业生产的节气,粮食便会吃不完;不用细密的渔网到池沼里去捕鱼,鱼鳖就会吃不光;如果按一定的季节入山砍伐树木,木材就会用不尽。而老百姓也就可以安居乐业了。"鸡豚狗彘之畜,无失其时,七十者可以食肉矣。百亩之田,勿夺其时,数口之家可以无饥矣。"①

对于鳏寡孤独,失去生产生活能力的人,政府应该给予照顾。孟子多次赞赏周文王救济弱势群体的行为:"此四者天下之穷民而无告者,文王发政施仁,必须先斯四者。"②"五十非帛不暖,七十非肉不饱,不暖不饱,谓之冻馁。文王之民无冻馁之老者,此之谓也。"③

经济繁荣了,人的素质也需要提高。因此,孟子呼吁统治者应该"设为庠序学校以教之"④,"申之以孝悌之义"⑤,建立级别不同、形式各异的学校,让民众享受教育的权利,阐明人际之间的各种关系及掌握社会生活准则,让人民在道德上有所提升。

人民还拥有参与国家政治决策的权利。齐宣王攻打燕国大获全胜,问孟子应不应该吞并燕国。孟子说:"取之而燕民悦则取之,古之人有行之者,武王是也;取之而燕民不悦则勿取,古之人有行之者,文王是也。"⑥如果吞并燕国,燕国百姓很高兴,那就吞并,古人有这样做过的,那就是周武王;如果吞并燕国,燕国民众不高兴,就不要吞并,古人有这样做过的,那就是周文王。也就是说君主想要发动战争,也必须征得人民的同意。如果人民反对,君主就不可以发动战争。

---

① 《孟子·梁惠王上》。
② 《孟子·梁惠王下》。
③ 《孟子·尽心上》。
④ 《孟子·滕文公上》。
⑤ 《孟子·梁惠王上》。
⑥ 《孟子·梁惠王下》。

在政府人员的任用上,孟子说:"左右皆曰贤,未可也;诸大夫皆曰贤,未可也;国人皆曰贤,然后察之,见贤焉,然后用之。左右皆曰不可,勿听;诸大夫皆曰不可,勿听;国人皆曰不可,然后察之,见不可焉,然后去之。"①对于一个人,左右侍臣都说他好,还不行;大夫们都说他好,也还不行;全国的人都说他好,这才去考察他,见他确实是好,这才任用他。左右侍臣都说不行,不要听信;大夫们都说不行,不要听信;全国的人都说不行,这才考察他,见他确实不行,这才罢免他。这就是说,政府人员的任用、组成,人民都有权发表意见,政府也应该听从。

孟子还曾经说:"牺牲既成,粢盛既洁,祭祀以时,然而旱干水溢,则变置社稷。"②老百姓为了获得好年成,向土地(社)和五谷(稷)之神恭恭敬敬按时按节地奉献纯色家畜,洁净的粮食,而神坐享其成,却不作为,仍然是旱涝不均,老百姓就会把这庙宇祭坛毁掉,再立一个肯为百姓服务的新社稷。既然神社都可以拆掉重建,国家的最高统治者当然也是可以根据民意更换的。

在古代中国,由于儒家知识分子的大力倡导,没有哪一个君王敢公然反对仁义道德,并且争相以"仁"相标榜。仁政成为汉代以后中国历代王朝的治国理想。

西汉文帝和景帝统治时期自觉施行仁政,取消严刑苛法,正法省刑,宽慈待民;实施重农政策,奖励力田者,准许民众以粮买爵、赎罪;轻徭薄赋,减免租税,除撤关卡,尽量减轻人民的负担。汉代政府非常重视养老保障,不仅以法令强制家庭养老孝亲,而且也注重社会养老:"年八十以上,赐米人月一石,肉二十斤,酒五斗;其九十以上,又赐帛人二匹、絮三斤。"③对贫弱者的生存问题,政府一方面提倡宗族和乡党之间的经济互助,另一方面也通过赈济、借贷和减税的方法予以救济,

---

① 《孟子·梁惠王下》。
② 《孟子·尽心下》。
③ 《汉书·文帝纪》。

为了救济贫民,恢复无业贫民的生产能力,从土地、劳动力到口粮种子、生产工具等各个环节都照顾到了。汉代许多地方官吏也在如何富民的问题上各显其能,从而使经济迅速恢复和发展,创造了彪炳青史的文景之治。

唐太宗说:"为君之道,必须先存百姓。若损百姓以奉其身,犹割股以啖腹,腹饱而身毙。"①唐律以宽平简明著称于世,删除周刑,推行刑罚的五覆奏制,且经常大赦天下。太宗多次亲录囚徒,减少刑罚对象,囚犯在羁押、流放途中以及处死后都有一些人道规定。唐朝还推行"均田令":"丁男、中男给一顷,笃疾、废疾给四十亩,寡妻妾三十亩,若为户者加二十亩。"②给以人民基本的生产资料,就从根本上保障了他们的日常衣食所需。临灾时,唐政府根据灾害程度的不同,对农民减免相应的租、调、役等负担,并且以国家法典的形式加以确定。

宋代建立起一套完整的官办慈善救助体系,至徽宗时达到顶峰。官办慈善事业福田院、居养院、安济坊、养济院、慈幼局、漏泽园等广泛建立,涉及人的生养病死,并且形成一整套组织、管理制度。

宋代政治家司马光非常强调"仁政",极力反对朝廷不顾民间疾苦,大肆搜刮,挥霍民财的恶劣倾向,多次提出应该体恤民情,节省开支,他说"兴教化,修政治,养百姓,利万物,此人君之仁也"③。他曾坚决反对王安石的变法,不是因为他守旧顽固,而是因为他认定王安石的做法会损害农民利益,加重农民负担。

明太祖朱元璋将收养孤老以法律的形式写入《大明令》:"凡鳏寡孤独,每月官给粮米三斗,每岁给绵布一匹,务在存恤。监察御史、按察司官,常加体察。"④这条法令一直沿用到清代。

---

① 吴兢:《贞观政要·卷一》。
② 《旧唐书·食货上》。
③ 《司马温公文集·卷二》。
④ 朱元璋:《大明令·户令·收养孤老》。

明朝皇帝大都能把救荒当作重要政务,而且在紧急情况下可以打破常规,不为制度所囿。如明宣宗时发生饥荒,户部请求核准饥民人数,宣宗说:"民饥无食,济之当如拯溺救焚,奚待勘?"①洪熙元年,明仁宗下诏免除山东及淮安、徐州等受灾地区的税粮,大臣们都说,这些地方面积很大,也不是全部遭灾颗粒无收,还是应该有分别地减免,施恩不能过滥。仁宗说:"恤民宁过厚,为天下主可与民寸寸计较耶?"②即使是历史上名的懒政皇帝明世宗、明神宗,遇到灾荒也从来不敢怠慢,必然采取措施豁免钱粮、赈灾救济。

清朝康熙皇帝将"宽仁""和平"作为最重要的治国方针,贯穿于一切政务活动中,突出体现在对民休养抚息,清静不扰。他说:"人君承天子民,时育万物,自当以宽厚为本,始可成敦裕之治。"③他当政期间,取消了满族入关以后侵害汉人利益的圈地政策,大力鼓励农民垦荒,实行"滋生人丁,永不加赋"的税收政策。他还常常发布大规模减免赋税的诏令,动辄免除几个省一年的赋税,或者一个省的赋税连续减免数年,金额往往达到数千百万。这种仁政为他的子孙们所继承,长达百年之久的康乾盛世由是出现。

"仁政"既是一种成熟的政治治世理念,同时也闪现着温暖的人本主义光辉,是需要当代政治珍视的伦理、政治思想资源。不过对于现代政治文明来说,自上而下的"仁政"理念已经过时了。我们需要为其注入新的内涵,提出将"以人为本"作为精神内核的新的政府信念,也就是我们所说的"仁爱"。

一、改善民生

改善民生是政府"仁爱"的最基本体现。

---

① 《明史·食货志》。
② 吴乘权等:《纲鉴易知录·明纪·仁宗昭皇帝》。
③ 章侵:《康熙政要·论君道》。

人的第一要务是生存。不论任何国家,发展经济只是一种手段,最终的目的还是为了全面提高人民的收入水平和生活质量。如果不讲民生,美好愿望和崇高理想无异于空中楼阁。正如马克思所言:"我们首先应当确定一切人类生存的第一个前提也就是一切历史的第一个前提,这个前提就是:人们为了能够"创造历史",必须能够生活。但是为了生活,首先就需要衣、食、住以及其他东西。因此第一个历史活动就是生产满足这些需要的资料,即生产物质生活本身。同时这也是人们仅仅为了能够生活就必须每日每时都要进行的(现在也和几千年前一样)一种历史活动,即一切历史的基本条件。"①

古今中外有远见、有作为、负责任的政治家,都把改善民生作为自己的职业理想、政治抱负,都以解决本国的民生问题作为治国理政的根本任务。民众则总是将政府解决民生问题的能力作为评价其政治能力的根本标准。政府改善民生的措施通常如下:一是满足民众基本生存需要,包括社会救济、义务教育、公共卫生、公共交通,以及最低生活、失业、医疗、住房、养老保障等等;二是提供民众基本的发展机会,包括充分就业、职业培训、社会流动,以及对劳动权、财产权、政治和社会事务参与权的保护等等。

20世纪中期,解放战争尚未完全结束的时候,中国共产党就已经意识到保障人民生活是政权建设的必要条件。毛泽东说:"不能使生产事业尽可能迅速地恢复和发展,获得确实的成绩,首先使工人生活有所改善,并使一般人民的生活有所改善,那我们就不能维持政权,我们就会站不住脚,我们就会要失败。"②

新中国成立初期,由于长期的战争和灾荒,社会上存在大量失业人口、无业游民,以及生活无着的孤老残幼和灾民。新成立的人民政府做

---

① 《马克思恩格斯选集》第1卷,人民出版社1972年版,第32页。
② 《毛泽东选集》第4卷,人民出版社1991年版,第1428页。

了大规模的救济工作。据统计,1950—1951 年,武汉、广州、长沙、西安、天津等 14 个城市紧急救济人口达 100 多万人。1952 年,全国 152个城市常年得到定期救济的人口达 120 多万,得到冬令救济的约 150多万人,有的城市享受社会救济的人口已达 20%—40%。①

计划经济体制建立起来以后,尽管全国人民收入水平不高,但是我们建立起了比较普遍的社会福利和社会保障制度,国家通过单位为城镇职工提供住房、医疗、退休养老等各种保障以及各种福利;为城镇无依无靠、无家可归、无生活来源的老年人、残疾人和孤儿群体提供生活供养、疾病康复和文化教育等服务;通过农村集体筹资,政府给予少量补贴的方式,为农村"五保户"和孤儿提供生活保障。

虽然这种社会保障不够平等,不同单位、集体效益不同,职工的福利待遇会有明显差异,而且由于国家财力有限,不少城乡弱势群体并没有被纳入到福利救济范围内来,整体福利水平呈现低水平运行的状态,但是毕竟在中国历史上第一次实现了全社会层面的老有所养、病有所医、残有所保的制度安排,第一次建立起覆盖人群广泛、体系比较健全的社会福利制度。

改革开放以后,邓小平进一步发展了毛泽东同志的"为人民服务"的思想,提出了衡量一切工作是非得失的判断标准——著名的"三个有利于":是否有利于发展社会主义社会的生产力,是否有利于增强社会主义国家的综合国力,是否有利于提高人民的生活水平。邓小平还多次强调,把"人民拥护不拥护""人民赞成不赞成""人民高兴不高兴""人民答应不答应"作为制定各项方针政策的重要标准。江泽民同志提出"三个代表"重要思想,强调要"代表最广大人民的根本利益"。胡锦涛同志提出以人为本、立党为公、执政为民的理念。

_____

① 郑功成等:《中国社会保障制度变迁与评估》,中国人民大学出版社 2002 年版,第 212 页。

经过 30 多年高速增长,人民的生活水平迅速提高,民生得到显著改善。这不仅能从我们的生活变化中感受到,而且能从一些民生指标中得到印证:1978—2014 年,全国城镇居民人均可支配收入从 343 元增至 28844 元;农民人均纯收入从 134 元增至 9892 元。1978—2013 年,农村居民家庭恩格尔系数由 67.7% 下降到 37.7%,城镇居民家庭由 57.5% 下降到 35%。说明城乡居民生活已达到富裕和小康水平。

1978 年城镇人均住宅面积 3.6 平方米,农村人均住宅面积 8.1 平方米,到 2010 年分别增长到 30.45 和 34.1 平方米。汽车快速进入居民家庭。至 2011 年底,每百户城镇居民家庭家用汽车拥有量为 18 辆,每百户农村居民家庭拥有汽车达 10 辆。

在改革开放迅猛发展的同时,我国社会发展也出现过一定的失衡。新兴的私营经济、个体经济往往没有健全的职工福利保障制度。而国有企业的福利制度在市场经济条件下也受到了严重冲击。计划经济时期的管理体制被打破后,新的社会保障体系却没有建立起来,人们的生活风险明显加大了。与经济总量不相称的国民福利使得中国的发展一再受制于内需不足的困扰。

进入 21 世纪后,社会保障制度开始被作为一项基本的社会制度加以建设。2000 年 10 月,中共十五届五中全会通过的《中共中央关于制定国民经济和社会发展第十个五年计划的建议》明确提出:"完善的社会保障制度是社会主义市场经济的重要支柱,关系改革、发展、稳定的全局。"2002 年中共十六大报告提出的全面建设小康社会的奋斗目标,将"社会保障体系比较健全,社会就业比较充分"作为一项重要内容。2003 年中共十六届三中全会《关于完善社会主义市场经济体制若干问题的决定》,进一步明确了要"加快建设与经济发展水平相适应的社会保障体系"。

2007 年中共十七大报告中指出:"必须在经济发展的基础上,更加注重社会建设,着力保障和改善民生,推进社会体制改革,扩大公共服务,完善社会管理,促进社会公平正义,努力使全体人民学有所教、劳有所得、病有所医、老有所养、住有所居,推动建设和谐社会。"

2012 年中共十八大指出:"提高人民物质文化生活水平,是改革开放和社会主义现代化建设的根本目的。要多谋民生之利,多解民生之忧,解决好人民最关心最直接最现实的利益问题,在学有所教、劳有所得、病有所医、老有所养、住有所居上持续取得新进展,努力让人民过上更好生活。"并且提出要在改善民生和创新管理中加强六方面的社会建设:(一)努力办好人民满意的教育。(二)推动实现更高质量的就业。(三)千方百计增加居民收入。(四)统筹推进城乡社会保障体系建设。(五)提高人民健康水平。(六)加强和创新社会管理。

2013 年中共十八届三中全会公报中进一步提出:"实现发展成果更多更公平惠及全体人民,必须加快社会事业改革,解决好人民最关心最直接最现实的利益问题,更好满足人民需求。要深化教育领域综合改革,健全促进就业创业体制机制,形成合理有序的收入分配格局,建立更加公平可持续的社会保障制度,深化医药卫生体制改革。"

正如习近平同志所说:我们党和政府的"一切工作出发点、落脚点都是让人民过上好日子"①。"保障和改善民生是一项长期工作,没有终点站,只有连续不断的新起点。"②

二、让利于民

为了改善民生我们已经积极行动起来,投入大量资金,进行了许多建设。但是要想提高社会经济自身的造血功能,让人民的生活水平能够自然而然地水涨船高,需要政府在消极的方面下更多的力气,那就是

---

① 《深入实施创新驱动发展战略,为振兴老工业基地增添原动力》,《人民日报》2013 年 9 月 2 日。

② 《稳中求进推动经济发展,持续努力保障改善民生》,《人民日报》2013 年 5 月 16 日。

"让利于民",而不是"与民争利"。

西汉的董仲舒可能是中国历史上最早明确提出政府不应"与民争利"的学者。当时汉武帝刘彻聚集了一批"贤良文学"之士,询访政治得失,商议革新政治的大计。董仲舒应诏连献三策,这就是著名的《天人三策》。汉武帝因为好大喜功,财政紧张,于是雇用"聚敛之臣"扩大财源,对盐、铁等私营工商业实行国有化。此举导致很多商人、工人失业,盐、铁价格则飞速上涨。儒家对此一直持强烈批评态度。在《天人三策》中,董仲舒曾尖锐地抨击了当时的国有化政策和官员经商风气,进而坚定地主张,官府和官员绝对不应当"与民争利",绝不应当允许任何人同时掌握权力和金钱。他说:"受禄之家,食禄而已,不与民争业,然后利可均布,而民可家足。此上天之理,而亦太古之道,天子之所宜法以为制,大夫之所当循以为行也。"①他还举了一个先贤作榜样,说春秋时期,公仪休做鲁的相国,看到自己家人却在纺织布匹,大为气愤,休了自己的妻子。吃饭时又见吃的是自己园里种的葵菜,也很生气,跑到园子中全都拔掉。为什么如此不近人情?公仪休有一个很庄严的理由是:"我已经吃上国家的俸禄,这些就足够生活了。你们自己织布、种菜,那么那些专门织布的妇女、专门种菜的农民靠什么生活?这不是抢夺了他们的生计么?"

汉武帝死后,在儒家的强大舆论压力下,始元六年汉昭帝不得不召开"盐铁会议"。在会上,儒生与财政官员当面辩驳,"与民争利"首次作为官府参与经济事务的代名词而受到儒生们的公开谴责。皇帝最终下诏,取消了一些国有化政策。

北宋时期,王安石变法措施中有许多政府直接插手民间经济的做法,比如青苗法不是规范民间借贷,而是国家直接赚取农民的利息,并且规定百姓必须借款;"市易法"本来是规定政府收购滞销货,后来就

① 《汉书·董仲舒传》。

变成了专门收购紧俏物,民商无法与之竞争。结果抨击之声仍不绝于耳。

王安石的许多著名同僚都反对"与民争利"。范仲淹说:"有司与民争利,作为此制,皆非先王之法也。"①苏轼强调政府与民间有不同的分工,"各有其分,不可乱也"②。"与商贾争利,岂理也哉?"③司马光则在朝廷上当面斥责王安石说:"天下安有此理! 天地所生财货百物,不在民,则在官,彼设法夺民,其害乃甚于加赋。"④

民国时期,国民党政府官僚资本极力扩张,抗战胜利以后接收大量敌伪产业全部改成国营,严重挤压民间资本的生存空间。著名经济学家马寅初揭露说:"今天中国的情形非常复杂,环境如此恶劣……决不是在朝的几个人所能弄好的,即使在朝的人都是干干净净真正为公的人,还不能担负起这个大任,何况今天这些在朝的人……他们的原则是'财者本也,德者末也'。两千年来中国都是官僚主义,升官发财是连起来的,现在官僚资本控制了一切。讲经济第一要民主,一切应有社会各方的贤达来合作,以德来号召,经济政策和计划应该绝对公开,让大家共同研究和参与,绝对不应什么都官办,今起棉纺织业官办了,丝蚕业官办了……听说木材也要官办了,我想将来用官财来办棺材公司一定大发其财。"⑤

今天我们尽管高举"执政为民"的旗帜,但是在实际工作中还是常常会有一些貌似积极的经济举措"与民争利"。国有企业在石油、电力、电信、金融、铁路、水利、烟草、食盐等膏腴之地占据了垄断地位。在这些领域里,民间资本只能卖苦力,不仅无法进入高端产业,连自己辛辛苦苦打拼出来的市场也守不住,做到一定程度就不能不拱手相让。

---

① 《范文正集·奏议上·奏灾异后合行四事》。
② 《苏轼文集·礼义信足以成德论》。
③ 《苏轼文集·拟进士对御试策》。
④ 《宋史·司马光传》。
⑤ 《马寅初选集》,天津人民出版社 1988 年版,第 247 页。

结果但凡垄断国企在哪里跑马圈地,哪里的自由竞争就不复存在,继而限制了民间的获利能力,从而窒息民间投资的意愿,国内民营企业家纷纷移民欧美等发达国家,带走了本该投资国内的巨额资金。而消费者丧失了用脚投票的权利,只能忍气吞声地接受价高质次的产品和服务,受到比别国消费者沉重数十倍甚至上百倍的盘剥。

要做到不与民争利,就必须坚持一个原则:民间能办的事,尽量让民间去办。政府只投资在民间资本不愿参与的一些领域中。在未来的改革中,政府必须逐渐由大一统的投资者逐步转变为宏观调控者,政府和民间的投资范围必须得到合理界定。营利性投资应由民间经营,政府不宜直接插手,国有企业也不宜过多参与。市场调节难以发挥作用的非营利性投资才交由代表公共利益的政府来实施。

除了政府插手市场与民争利之外,各级政府通过征收税费直接挤占居民收入的现象更为普遍。

从整个国民收入的分配来看,2002—2011 年我国 GDP 年均增长 10.7%。同一时期政府财政收入增长 20.8%。政府财政收入的增长速度是 GDP 的 2 倍,说明国家从社会上攫取的财富太多了,企业和个人的负担太重。

很多企业认为自己向国家交的税要多于利润,比如格力电器 1996 年上市以来,利润 99 亿,缴税 123 亿。按照经济学家许小年的判断,中国企业税负太高,17% 的增值税,再加上 25% 的所得税,全球不是最高的,也是最高的之一。① 近年来,经济高速增长的同时,社会存在大量的失业和半失业人员,实际失业率比以往任何年代都高得多。其原因之一是中国社会创业环境差,微型和中小企业的各种税费负担高,生存环境差,微型和中小企业增长率低,导致大量的劳动力没有适合的就业

---

① 许小年:《经济结构调整不到位,反弹就是一句空话》,《IT 时代周刊》2009 年第 15 期。

岗位。

税收作为国家宏观调控的重要经济手段,要自觉服从和服务于改善民生,推动社会和谐进步。从国外的经验看,运用了税收手段促进欠发达地区发展、实现可持续发展、刺激经济增长以及改善民生是比较有效的。我们在调整和改革税收政策时,应规范政府收费行为,清理收费项目,降低收费标准,在税收上少取多予,切实减轻企业和老百姓的负担,从而让利于商、让利于民,顺至达到扩大内需,刺激消费的效果。

三、顺民自然

让人民富裕起来只是政府施政的基本目标,除此之外政府还应该给人们提供一个宽松的生活环境,尊重人们的权利,顺民之自然,使民最大限度地自主发展,保障民权,实现民治。

(1)自由

自由是人类活动的基本目的之一。一方面它本身就是有价值的、可欲的。另一方面,它又是达成其他有价值的事物的一种手段。人只要有了某种程度的主体性自觉,便有了对自由的追求。

自卢梭、密尔等近代西方思想家们积极倡导以来,特别是自法国大革命和美国革命以来,"自由"就成为一项全球性的价值,成为近代民族国家文明发展程度的重要标尺。是极力地控制国民的思想与行为,还是让国民享有更多的人生自由,成了传统国家与现代国家政治文明理念的分水岭。

约翰·斯特劳斯·密尔认为自由包括三种:一是良心的自由、思想和感想的自由,以及发表和刊发意见的自由;二是趣味和志趣的自由,即依照其意愿生活和行事的自由;三是个人之间相互联合的自由。①在这里,他实际上把自由理解为公民的人生权利。罗斯福认为,现代公

---

① [英]约翰·密尔:《论自由》,许宝骙译,商务印书馆 1959 年版,第 14 页。

民应当享有四种自由:言论和发表意见的自由、以自己的方式崇奉上帝的自由,不虞匮乏的自由,不虞恐惧的自由。① 他同样的是把四种自由理解为公民的四种人生权利。

马克思则把一切人的自由发展当作共产主义社会的重要特征②。恩格斯这样解释道:"人们周围的、至今统治着人们的生活条件,现在却受到人们的支配和控制,人们第一次成为自然界的自觉的和真正的主人,因为他们已经成为自身的社会结合的主人了。人们自己的社会行动的规律,这些直到现在都如同异己的、统治着人们的自然规律一样而与人们相对立的规律,那时将被人们熟练地运用起来,因而将服从他们的统治。人们自身的社会结合一直是作为自然界和历史强加于他们的东西而同他们相对立的,现在则变成他们自己的自由行动了。一直统治着历史的客观的异己的力量,现在处于人们自己的控制之下了。只是从这时起,人们才完全自觉地自己创造自己的历史;只是从这时起,由人们使之起作用的社会原因才在主要的方面和日益增长的程度上达到他们所预期的结果。"③

尽管中国传统文化中没有发展出近代西方式的自由主义,但是儒家思想中的这些元素却有助于今天的中国人接受和培育自由精神。

孔子认为,具有仁的德性的行为是自觉的、主动的。他又说:"仁远乎哉,我欲仁,斯仁至矣。"④"有能一日用其力于仁矣乎? 我未见力不足者。"⑤这表明,仁的实现依靠人自身的意志和努力,并且完全可以做到。孔子把理性原则导入到道德行为中,积极肯定了个人作为道德主体的主观能动性,认为道德行为即"为仁"是主体自觉自愿的自我选

---

① [美]富兰克林·德·罗斯福:《罗斯福选集》,关在汉编译,商务印书馆 1982 年版,第 279 页。
② 马克思、恩格斯:《共产党宣言》,中央编译出版社 2005 年版,第 46 页。
③ 《马克思恩格斯全集》第 20 卷,人民出版社 1971 年版,第 308 页。
④ 《论语·述而》。
⑤ 《论语·里仁》。

择、自我约束和规范。而这一思想的前提就是——主体的自由。主体若无自由，就无法知仁、为仁。若知仁和为仁是在某种外在的束缚或强制下进行，也难以称得上道德自律、为仁由己。从此意义上说，儒家同样是追求自由的。

孔子仁学中讲究的"恕"道更直接体现了自由精神。《论语》中记载了孔子论仁的两段话："其恕乎！己所不欲，勿施于人。"①"夫仁者，己欲立而立人，己欲达而达人。"②自己不喜欢的事情不可强加于人，自己希望获得的待遇和成就也要允许别人获得。这就意味着每个人都有追求自己愿望的自由，每个人都有不受他人干涉自己做出选择的权利。

传统政治理念是要"制民"，即控制和管理民众，现代政治理念则是自由——顺民之自然，使民最大限度地自主发展。这种理念一定程度上与中国古代道家的政治理想——"垂拱而治""顺其自然"相契合，但是作为现代文明的理念，自由根本上是建立在政府尊重全体国民人生权利的人本主义政治哲学基础上。

现代公民自由的含义是：公民是一个完善的人生权利主体，可以自主地维护自己的各种合法权益。他可以在既不违法，也未侵害他人利益的情况下，获得国家法律对其各项人生权利的充分保障，可以充分自主地实现各项人生权利，发挥自己的各项潜能，比如支配财产、选择职业、迁移、表达意见、参与国家管理等。如马克思所说，"自由不仅包括我靠什么生存，而且包括我怎样生存，不仅包括我实现着自由，而且也包括我在自由地实现着自由"③。

自由是一项重要的人权。20 世纪 70 年代法国学者、联合国教科文组织前法律顾问卡雷尔·瓦萨克曾提出过一个三代人权的理论：

第一代人权观念是产生于欧洲思想启蒙运动，并且在美国和法国

---

① 《论语·颜渊》。
② 《论语·雍也》。
③ 《马克思恩格斯全集》第 1 卷，人民出版社 1956 年版，第 77 页。

革命时期达到高潮,强调的是自由权,要求保护公民的自由免遭国家专横行为的侵犯。1776 年美国《独立宣言》、1789 年法国《人权宣言》,以及 1966 年联合国第 21 届大会通过的《公民权利和政治权利国际公约》都是秉持这种人权观念的经典文献。如《独立宣言》中说:"我们认为这些真理是不言而喻的:人人生而平等,他们都从'造物主'那里被赋予了某些不可转让的权利,其中包括生命权、自由权和追求幸福的权利……为了保证这些权利,所以才在人们中间成立政府,而政府的正当权利则系得自被统治者的同意。如果遇有任何一种形式的政府变成损害这些目的者,那么,人民就有权利来改变或废除它,以建立新的政府。"

第二代人权观念起源于 19 世纪兴起的社会主义思潮,特别是马克思主义。个人的经济权利和社会权利,也就是生存权开始得到承认。1919 年的德国魏玛宪法将"让人像人一样生存"规定为国家的义务,1948 年联合国大会通过的《世界人权宣言》中说"任何人作为社会的一员,有权享受社会保障,并有权享受他的个人尊严和人格的自由发展所必需的经济、社会和文化方面各种权利的实现",都是对生存权的呼吁。

随着第三世界的兴起乃至全球化浪潮的勃兴,包含了民族主义、社群主义以及各种发展理论、现代化理论等思想的第三代人权观念出现了。这种人权观念主要强调的是集体人权,包括民族自决权、发展权、和平权、环境权等。其中发展权尤为引人关注。它是建立在民族自决权基础上的国家、民族、个人享有的经济、政治、文化、社会各方面发展权利的总和[1],并且得到了联合国大会 1979 年通过的《关于发展权的决议》和 1986 年通过的《发展权利宣言》等重要法律文件的承认。《发展权利宣言》第一条第一款规定:"发展权是一项不可剥夺的人权,由

---

[1] 杨成铭主编:《人权法学》,中国方正出版社 2004 年版,第 440 页。

于这种权利,每个人和所有各国人民均有权参与、促进并享受经济、社会、文化和政治发展,在这种发展中,所有人权和基本自由都能够获得充分实现。"

在与西方的人权对话中,我国一直坚持认为生存权和发展权是首要人权,并且为之进行了长期的努力。经过 30 多年的改革开放,我国解决了 14 亿人民的基本生存问题,也再没有任何敌人能够阻挡我们的发展。这是极其伟大的人权事业成就,是中国政府对当代人类人权事业做出的巨大贡献。

但是,随着物质生活需求的满足,国际环境的改善,人民对自身主体性的认识和对权利的理解也在发生着深刻的变化。美国学者马斯洛 1954 年提出了需求层次理论。他认为人都潜藏着不同层次的需要,包括生理需求、安全需求、社交需求、尊重需求、认知需要、审美需要、自我实现的需要。不同层次的需求要按照次序实现,由低层次一层一层向高层次递进。当人的生理需要和安全需要尚不能满足时,其他一切需要均退居次要地位。但是当衣食无虞之后,更高层次的需求必定会变得强烈起来。在我们的综合国力大幅度提高,GDP 总量已位居世界第二,已然在为全面建成小康社会而努力的时候,我们显然不能满足于只谈论生存权、发展权,不提自由权。

"自由确实是人所固有的东西。"①现代国家只要承认公民拥有各项人生权利,也就无法拒绝自由这一重要的价值观念,只能将维护和促进公民自由作为自己的政治信念。自由意味着政府当以民权之最大限度实现为终极理念,积极主动地为全体国民创造自主实现其人生权利,自主发挥其创造能力的公共空间、社会条件。

即使从国家的角度来讲,与民自由也是非常有利的。首先这是市场经济的要求。市场经济的最大特征就是自由。1978 年以来的改革

---

① 《马克思恩格斯全集》第 1 卷,人民出版社 1956 年版,第 63 页。

开放其实就是恢复个人的自由选择权,让老百姓有权利决定做什么、不做什么,如何做,做成的东西卖多少,在哪里卖、以什么价格卖,得到的收入怎样分配、剩下的钱如何再投资等等。

什么都让老百姓自己决定,会不会乱套呢? 不会,我们可以从物理学的自组织理论来解释。

如果一个系统不需要任何外部命令和规划就形成一种积极、有序的格局,科学家称之为"自组织"。在自然界,这种现象比比皆是。

天空中的云会排列成整齐的鱼鳞状或带状间隔排列,高空中的水蒸气凝结会形成非常有规则的六角形雪花,火山岩浆形成的花岗岩中,也会形成非常有规则的环状或带状结构。椋鸟和沙丁鱼会成千上万地紧紧聚在一起,就像一个流动生物体一样,不停转变方向,呈波浪状。猎鹰和鲨鱼每一次的进攻都会引起这个庞大群体向反方向的躲闪,每一个成员行动都保持绝对的一致。

不管是没有生命的分子,还是有生命的沙丁鱼和椋鸟,都不会有人发号施令来告诉它们该如何去做。但它们却能够做出协调一致的行动。为什么? 只是因为它们在外界的一定条件下,相互协调,相互竞争,相互影响,于是形成一个整齐有序的整体。比如说椋鸟和沙丁鱼其实都是根据邻近的个体做出的行动来采取行动,既避免碰撞,又相互靠拢。

人类也是一样。比如说许多人在一个舞池中跳舞,没有人指挥,一开始舞池中的次序肯定是混乱的,大家会你碰我我碰你。然而,在跳舞的过程中有些舞伴就会发现,只要与他们旁边的一对舞伴跳舞的方向一致就不会发生碰撞。这种行为会像滚雪球一样逐渐扩大。于是,舞池中的秩序逐渐形成:大家都按某一方向绕舞池的中心旋转。

市场经济是我们社会中比较典型的一种自组织系统。消费者一心想要获取最好、最多的商品,生产者则想方设法赚取更多的利润,通过价格机制的调节,人们各得其所,社会财富量不断提高。相比在命令之下一板一眼组织生产和消费的计划经济,市场经济要活跃和繁荣得多。我们国家30多年改革开放取得的辉煌经济成就其实就是来自对经济领域管控的逐步放开。

与民自由也是我们国家提高人民创造能力,培育文化软实力的需要。如20世纪法国哲学家西蒙娜·薇依所说:"完全的、不受限制的、有什么意见就表达什么意见的、既无约束又无保留的言论自由,却是理智活动的绝对需求。"①长期以来,我们习惯用一种思想统一全国人民,害怕出现不同的思想见解和价值观念,满足于由全民思想一致所带来的安定团结大好局面。可是,当全国人民只能用一种思想来思考,习惯于只用一种思想思考的时候,我们整个国家的观念文化创造能力也奄奄一息了。

自由理念以促进人的全面发展为目标,在不影响他人利益的前提下,让每一位公民做自己最乐于做的事情,充分地尊重每一位公民的个性、思想、情感、才华和创造性。自由的社会意味着全体公民充分地自主发展、自我实现,因此必然是一个精神生产力得到极大解放的社会,是每一个社会成员都能够发挥其潜能和创造力的社会。这样的国家必然会在国际竞争中占据优势地位。

当代中国因应现代化发展新阶段提出与之相适应的文明理念时,应当将促进人民的自由纳入其中,"尤其不应该在人类思索的各种问题上规定出一种标准来约束富于创造性的思想的探索。只有让思想自由探索,科学、哲学和伦理学才达到了今天的完美程度,才能够继续发展到更高的境界"②。

---

① [法]西蒙娜·薇依:《扎根人类责任宣言绪论》,徐卫翔译,生活·读书·新知三联书店2003年版,第18页。
② [英]威廉·葛德文:《政治正义论》第1卷,何慕李译,商务印书馆1980年版,第704页。

要么选择顺民,要么选择有创造力的国民,二者不可兼得。最听话的孩子不可能同时也是一个很有创造力的孩子,有出息的孩子往往让家长头疼。一家如此,全国亦然。一个由顺民组成的社会当然秩序井然,但也死气沉沉,创造力不足。我们到底是要一个顺民所组成的传统社会,还是要一个由思想活跃、创造力强劲的公民所组成的创新型国家? 这样的选择题正考验着政府的政治胸怀和战略眼光。

(2)民主

传统儒家"仁学"要求社会统治和管理者用"仁"的原则去管理国家、社会和人民,用对被统治者和被管理者比较宽容和同情的态度来进行统治和管理。这是儒家在封建社会中所可能提出的最具有民主性和人民性的思想。但传统的"仁"与现代的民主仍然有着本质上的区别。因为所谓"仁政"是君主施与民众的,这就意味着政治权力只能属于君主,而与民众无缘。

明清之际,少数先进的思想者已经看到了君主专制的危害,大胆地揭露和批判君主专制制度。王夫之对"一天下之权归于人主"的封建君主制度表示强烈不满,反对那种将天下当作"一姓之私"的封建王朝的"帝统"观念;认为君应"循天下之公"的原则治理天下,必须"以天下之财供天下之用"①,"以天下之禄位供天下之贤者"②。黄宗羲则指出,当时的社会是"天下为客,君为主",而上古三代时则是"天下为主,君为客"③,应该把颠倒了的主客关系重新颠倒过来。顾炎武也主张反对君主专制,主张限制君权,扩大地方的权限,认为"人君之于天下,不能独治也",呼吁以"天下之权,寄之天下之人"④。

19世纪40年代以后,随着西方列强的武力侵略,欧美资产阶级民

---

① 王夫之:《读通鉴论·卷二十七》。
② 王夫之:《读通鉴论·卷三》。
③ 黄宗羲:《明夷待访录·原臣》。
④ 顾炎武:《日知录·卷七》。

主共和制以及与之相应的政治观念,作为当时的一种先进文化传入中国。一些近代知识精英们便力图在中国传统文化与西方近代文化之间凿空辟径,为中国政治文明的转型提供既符合时代特征,又契合传统学理的思想基础。

谭嗣同的《仁学》就是试图解答这一时代难题的有益尝试。他严厉地批判中国古代的君主专制制度与臣民文化:"二千年来君臣一伦,尤为黑暗否塞,无复人理,沿及今兹,方愈剧矣"①,指责两千年来秦始皇式的暴君"竭天下之身命膏血,供自盘乐怠傲,骄奢而淫杀"②,"皆大盗也"③。

他运用西方"社会契约论"的基本理论,重新阐释君主制的起源以及君民关系:"生民之初,本无所谓君臣,则皆民也。民不能相治,亦不暇治,于是共举一民为君。……夫曰共举之,则因有民而后有君;君末也,民本也。……夫曰共举之,则且必可共废之。君也者,为民办事者也;臣也者,助办民事者也。赋税之取于民,所以为办民事之资也。如此而事犹不办,事不办而易其人,亦天下之通义也。"④他认为以民为本,就是要赋予民众更多的政治权力,即"兴民权"⑤,使他们有"共举""共废",甚至"杀戮"君主的权力。

谭嗣同还将儒家的仁学思想、民本观念重新诠释为民主意识、公民意识的萌芽。他说:"西人悯中国之愚于三纲也,亟劝中国称天而治;以天纲人,世法平等,则人人不失自主之权,可扫除三纲畸轻畸重之弊矣。固秘天为耶教所独有,转议孔教不免有阙漏,不知皆孔教之所已有。"⑥他认为"孔学衍为两大支:一为曾子传子思而至孟子,孟故畅宣

---

① 谭嗣同:《仁学·三十》。
② 谭嗣同:《仁学·三十一》。
③ 谭嗣同:《仁学·二十九》。
④ 谭嗣同:《仁学·三十一》。
⑤ 谭嗣同:《秋雨年华之馆丛脞书·卷一·与徐仁铸书》。
⑥ 谭嗣同:《仁学·三十九》。

民主之理,以竟孔之志;一由子夏传田子方而至庄子,庄故痛诋君主,自尧舜以上,莫或免焉"①。

民国时期的不少学者也认为孔子的"仁"学与近代的"以人为本"的政治民主化进程有着异曲同工之处,归根到底都是强调要以"人"为重。辜鸿铭在《中国人的精神》中声称"在中国古代,在两千年前,孟子就有民主思想",认为儒家的"王道"就是民主思想的集中体现。

20 世纪 20 年代兴起的新儒家牟宗三、徐复观、张君劢、唐君毅等立志于从儒家心性之学中找出和西方民主思想对接的因素,他们四位在 1958 年联名发表的《为中国文化敬告世界人士宣言》中说:"不能承认中国之文化思想,没有民主思想的种子。"儒家"天下为公,人格平等之思想,即为民主的政治思想之根源所在"。"民主宪政,亦即为中国文化中之道德精神自身发展之所需要",而"从中国历史文化之重道德主体之树立,即必当发展为政治上之民主制度"②。

英国的李约瑟也认同这一点,他在《四海之内——东方和西方的对话》一书中说:"我们可以断言:虽然在中国的历史传统中,从来没有西方国家所说有'代议制'的民主政体……但是,我深信,在中国的传统中坚强的民主因素一直是存在的。"③

中国共产党自创建之初就将民主作为革命实践的指导原则。1927年 6 月中共中央政治局会议通过的《中国共产党第三次修正章程决案》"党的建设"一章中第一条就是:"党的指导原则为民主集中制。"在"纪律"一章中又特别规定"党的一切决议取决于多数,少数绝对服从多数"④。

---

① 谭嗣同:《仁学·二十九》。

② 牟宗三、徐复观、张君劢、唐君毅:《为中国文化敬告世界人士宣言》,载刘雪飞主编:《现代新儒学研究》,中华书局 2003 年版,第 327—379 页。

③ [英]李约瑟:《四海之内——东方和西方的对话》,生活·读书·新知三联书店 1987 年版,第 54—55 页。

④ 中央档案馆编:《中共中央文件选集》第 3 册(1927),中共中央党校出版社 1989年版,第 141、152 页。

1928年中共六大通过的《政治议决案》中又规定"实行真正的民主集中制,秘密条件之下尽可能地保证党内的民主主义,实行集体地讨论和集体地决定主要问题,同时反对极端民主主义的倾向"①。在这次大会上通过的党章明确将民主集中制作为党的组织原则。这种对党内民主的重视在后来的革命过程中被反复强调,如1937年毛泽东指出:"指导伟大的革命,要有伟大的党,要有许多最好的干部。……要达到这种目的,党内的民主是必要的。"②1938年他又说:"由于我们的国家是一个小生产的家长制占优势的国家,又在全国范围内至今还没有民主生活,这种情况反映到我们党内,就产生了民主生活不足的现象。这种现象,妨碍着全党积极性的充分发挥。同时,也就影响到统一战线中、民众运动中民主生活的不足。为此缘故,必须在党内施行有关民主生活的教育,使党员懂得什么是民主生活,什么是民主制和集中制的关系,并如何实行民主集中制。"③

在革命实践中,民主都被作为根据地政权建设的一个重要原则。土地革命战争时期,《中华苏维埃共和国宪法大纲》中规定:"在苏维埃政权领域内的工人、农民、红军士兵及一切劳苦民众和他们的家属,不分男女种族宗教……在十六岁以上皆是有苏维埃选举权和被选举权,直接派代表参加各级工农兵苏维埃的大会,讨论和决定一切国家的地方的政治事务。"④抗战时期边区和根据地的负责人也都是从民众中选举出来的。在实际操作中,根据地军民发明了诸如"画圈法""画点法""投豆法"等方法,以确保在多数选民识字有限的条件下也能实现民主选举。到过陕甘宁边区的美国记者安娜·路易斯·斯特朗描述说:

①　中央档案馆编:《中共中央文件选集》第4册(1928),中共中央党校出版社1989年版,第320页。

②　《毛泽东选集》第1卷,人民出版社1991年版,第277—278页。

③　《毛泽东选集》第2卷,人民出版社1991年版,第529页。

④　中共中央文献研究室中央档案馆编:《建党以来重要文献选编(1921—1949)》第11册,中央文献出版社2011年版,第160页。

"上千万的中国人已通过碗中豆的方法表达了他们政治上的选择。按照美国或欧洲的制度,这些人是根本不可能去投票的。""他们夸耀自己有权罢免他们的村长,听起来简直不可思议,就像我们当年在西雅图炫耀最富有活力的民主生活一样。"①

在抗战最艰苦的时期,民主被中国共产党作为挽救民族危亡的法宝。毛泽东指出:"民主是抗日的保证。"②"没有民主,抗日要失败的。没有民主,抗日就抗不下去。有了民主,则抗他十年八年,我们也一定会胜利。"③抗战胜利以后,民主是中国共产党革命建国理想愿景的重要组成部分。1945年毛泽东在回答英国记者甘贝尔提问时说:"'自由民主的中国'将是这样一个国家:它的各级政府直至中央政府,都由普遍、平等、无记名的选举所产生,并向选举他们的人民负责。它将实现孙中山先生的三民主义,林肯的民有、民治、民享的原则与罗斯福的四大自由。"④

解放战争后期,1948年4月30日,中共中央提出了召开新的政治协商会议,成立民主联合政府,完成了成立新中国的历史使命。这一时期中国共产党的政治参与性仍然保持了很高的水平。

但是不久之后,尤其是社会主义三大改造完成,建立起百分之百的计划经济体制之后,中国共产党的政治参与性明显降低了。

这首先是实行计划经济体制的必然结果。在计划经济体制下,个人和任何经济单位都是作为庞大的国家机器上的一颗螺丝钉被组织起来,全国上下每一个人、每一个部门的经济活动都被最高层发布的计划统一起来,步调一致。每一个人、每一个部门的利益都不由自己控制,都被最高层所支配。要让计划能够顺利推行,就必须举国上下只有一

① [美]安娜·路易斯·斯特朗:《斯特朗文集》第3卷,傅丰豪、王厚康、吴韵纯译,新华出版社1988年版,第300、305页。
② 《毛泽东选集》第1卷,人民出版社1991年版,第274页。
③ 《毛泽东选集》第2卷,人民出版社1991年版,第732页。
④ 《毛泽东文集》第4卷,人民出版社1996年版,第27页。

个声音。所以经济上的集权必然导致政治上的集权。一个国家实行的政治体制总是跟这个国家的经济体制相适应的,即所谓的经济基础决定上层建筑。

另外,中国共产党在新中国成立初期面临严峻的国际形势,客观情况要求中共必须具有强大的政治动员能力,保卫新生的人民政权。从20世纪50年代到70年代初,中国一直处在国内外战争的直接威胁之下。整个毛泽东时代就是在这种局部战争接二连三,冷战威胁持续不断的准战争环境中过来的。从头至尾不是打仗就是准备打仗。评论毛泽东时代,不能脱离"准战争环境"这个大背景。要在现代战争中取胜,就必须动员全国的人力、物力、财力。为集中国力而集中权力,在当时就成为必要。这就是中国在改革开放之前实行高度中央集权的原因。

到了20世纪70年代,国际局势发生了转变。由于陷入越战不能自拔,加之资本主义经济危机的影响,在世界上的经济地位受到西欧和日本的有力挑战,政治军事上也面临着苏联咄咄逼人的竞争,美国力不从心,需要寻找新的盟友。1972年,美国总统尼克松访华,中美关系迅速改善,1979年两国正式建交。随着中美关系的正常化,苏联也开始和中国缓和关系。中国周边安全形势根本好转,出现了一个相对和平的国际环境,从而能把主要精力集中于国内建设上来,进行经济体制改革,从计划经济体制转变为市场经济体制。

市场经济在客观上要求公民和法人都应是独立的经济主体,在进行商品生产和商品交换时,应遵循价值规律,以平等的身份,按照公认的规则从事生产经营活动。所以市场经济必然强调民主和法治。随着以市场经济为目标的经济体制改革的不断推进,我们国家势必要进行相应的政治体制改革,提高整个社会的政治参与性。

政治体制改革已经进行了30多年。如果说这30多年中政治体制改革没有任何进展,那是不公平的。如果说30多年中政治体制改革取得了巨大的成就,也是言过其实。我们的政治体制改革相对于经济体制改革而言是滞后了。建立高度的社会主义民主,是当代中国政治发展的最终目标。如果不扩大参与性,那么我们中央政府的合法性也会削弱。所以,中国共产党对民主一直都在提。1997 年中共十五大提出"继续推进政治体制改革,进一步扩大社会主义民主"。2002 年,十六大提出"党内民主是党的生命"。2007 年,十七大指出"人民民主是社会主义的生命"。2012 年十八大又说:"必须继续积极稳妥推进政治体制改革,发展更加广泛、更加充分、更加健全的人民民主。"在可以预见的未来,我们仍将向着这个方向走下去。

四、共和协商

民主毫无疑问是当代中国政治发展的最终目标。毛泽东说:"历史给予我们的革命任务,中心的本质的东西是争取民主。"①但是我们究竟应当建立一种什么样的民主政治呢?

西方式的竞争性民主,近代中国人并非没有尝试过。辛亥革命之后成立的中华民国曾经热热闹闹地实现了议会制民主。可是当时的国会却造成了严重的混乱。同时并存的政党团体达三百多个,可以说是千奇百怪的人相聚在一起,组成千奇百怪的党,提出千奇百怪的理论。绝大多数党派既无明确政纲,也无固定组织,更谈不上什么民众基础,在很大程度上,只能算是那些政客们争权夺利的工具。结党纯粹是为了政治倾轧、排斥异己。政治冲突很大程度上并不是取决于国家的最高利益,而带有一种浓厚的政党偏见,甚至是私人成见。一个党上台,另一个党必定要把它扳倒,每每为了一件很简单的事情争吵不休。几乎任何一件法令都通不过;任何事情都会遭到反对,又说不清原因,永远在扯皮,什么也干不了。即如章太炎所说:"用一人必求同意,提一

---

① 《毛泽东选集》第 1 卷,人民出版社 1991 年版,第 274 页。

案必起纷争。始以党见忌人，终以攻人利己。财政部官制议二月不成，六总长名单以众妒而反对；裁兵之案，延宕逾时，省制之文，磋磨累月，以至政务停顿，人才淹滞，名为议员，实为奸府。"①全国人民都对这种民主深恶痛绝。最后袁世凯解散国会的时候，没有一个人站出来反对。

在民主的发源地古希腊，民主的名声也并不好，大哲学家亚里士多德批评说："在极端民主政体中，处处高举着平民的旗帜，而那里所行使的政策实际上恰恰违反了平民的真正利益。"②柏拉图为此大力推崇"哲人王"，认为只有哲学家才能治理好国家，因为哲学家能够超脱于"意见世界"而看到真理。雅典可谓是古希腊诸城邦中的民主模范，但是雅典的命运可以说也是断送在民主之手。公元前406年，斯巴达与雅典舰队在海上决战，雅典大胜，迫使斯巴达求和。此战的指挥官可以说居功至伟，但是等待他们的不是人民的欢呼，却是锋利的屠刀。在海战中，雅典损失了25艘舰船，由于风暴，没能救助落水水手以致其溺毙。当雅典公民们获悉此事，群情激愤，召开公民大会将八个指挥官判了死刑，杀了六个逃了两个，从此军心大乱。冤死的指挥官们尸骨未寒，雅典人就后悔了，又把那些煽动处死将军的人判处死刑。这件事情成为后人诟病雅典民主的一大证据。不久，雅典人被斯巴达人彻底击败，雅典被围困了三个月之后，忍受不了饥饿，迫切要求投降的雅典公民发动暴动杀掉主战派首领克莱奥丰，向敌人献出了城市。

另一个常常被政治学家用来抨击民主的例子是法国大革命。这场革命结束了法国一千多年的封建专制制度，传播了资产阶级自由民主平等的思想，革命期间所颁布的《人权宣言》被称为新社会的出生证书，在世界历史上产生了深远的影响。但是推翻专制皇权之后建立的

---

① 中国社会科学院近代史研究所中华民国史研究室主编：《中华民国史资料丛稿：民初政争与二次革命》上编，上海人民出版社1983年版，第71页。

② ［古希腊］亚里士多德：《政治学》，吴寿彭译，商务印书馆1965年版，第275—276页。

民主制度却成了广场政治。人们可以自由喧哗,可以无拘无束,可以凭着自己的热情左右政治,同时也最容易被人煽动。1792 年 9 月 2 日,狂热的巴黎民众在革命的激情鼓动下,冲进巴黎一所监狱,不分青红皂白,杀死了监狱里数千名被怀疑"反对革命"的犯人。全国初级议会代表和巴黎人民群众先后提出"恐怖统治",要求国民公会"把它提上议事日程"。国民公会和救国委员会在压力之下,不得不顺应群众的要求,开始制定恐怖性法规,实行恐怖统治。不仅反对革命的人,就连许多革命领导人都被昔日的战友硬安上一个罪名,剥夺一切辩护权利送上断头台。更有大批无辜群众死于非命。据有的历史学家估计在1793 年 9 月到 1794 年 7 月间,因之丧生人数达 35000 至 40000 之间,而间接受害者尚不计,所拘禁之嫌疑犯则可能为 30 万。狄更斯在《双城记》中为我们如临其境般地描绘了一个难忘的情景——坐在断头台前的妇女们一边打毛线一边数着掉下的头颅:"二十二、二十三……"人头滚滚,血流成河,人们普遍的信念就是"断头台越忙碌,共和国越巩固",为了自由、平等和博爱,理直气壮地、疯狂地杀人。罗兰夫人在就刑前哀叹道:"自由,有多少罪恶假汝之名以行之!"

柏克在反思法国大革命时指出:"我能肯定的是每当一个民主制的政体出现像它所往往必定要出现的严重的分歧时,公民中的多数便能够对少数施加最残酷的压迫;这种对少数人的压迫会扩大到远为更多的人的身上,而且几乎会比我们所能畏惧的单一的王权统治残暴得多。"①

托克维尔在研究美国的民主政治时,联想到法国大革命的教训,也表达了他的担心:"当一个人或一个党在美国受到不公正的待遇时,你想他或它能向谁去诉苦呢?向舆论吗?但舆论是多数制造的。向立法机构吗?但立法机构代表多数,并盲目服从多数。向行政当局吗?但

① [英]柏克:《法国革命论》,何兆武等译,商务印书馆 1998 年版,第 165 页。

行政首长是由多数选任的,是多数的百依百顺工具。向公安机关吗?但警察不外是多数掌握的军队。向陪审团吗?但陪审团就是拥有宣判权的多数,而且在某些州,连法官都是由多数选派的。因此,不管你所告发的事情如何不正义和荒唐,你还得照样服从。"①

显然,民主是一种存在很大缺陷的政治类型。党派之间的政治竞争可能使小集团利益凌驾于国家利益之上,或者任由意气相争降低政治决策的效率;民众的一时冲动常常会导致国家在重大问题上做出鲁莽和错误的决策;民众被煽动以后的破坏力往往难以控制;少数服从多数又可能导致"多数的暴政"。

为了弥补民主的弊端,政治学家们设想了很多解决办法。协商民主就是其中前景广阔的一种。对协商民主的理论探讨发源于20世纪80年代西方理论界,毕塞特、曼宁、科恩、罗尔斯与哈贝马斯等著名学者都对这一课题有过杰出的论述。对于究竟什么是协商民主,目前西方学者并未形成一致看法,但是基本上都认同这是一种协商而非竞争在国家和社会事务治理中起基础性作用的民主政治。即如陈家刚所说:"所谓协商民主,指的是这样一种治理形式:平等、自由的公民借助对话、讨论、审议和协商,提出各种相关理由,尊重并理解他人的偏好,在广泛考虑公共利益的基础上,利用理性指导协商,从而赋予立法和决策以政治合法性。"②

其实不论在西方,还是在中国,协商民主都不是新生事物。诞生于古希腊的共和主义就是协商民主的渊源。亚里士多德就特别推崇一种兼具平民政体和寡头政体优点,"混合贫富,兼顾资产阶级和自由出身的人们"③的共和政体。共和主义承认人与人之间存在利益竞争和冲突,但是更强调人与人之间具有相互依赖性和包容性,可以通过协商和

① [法]托克维尔:《论美国的民主》上,董果良译,商务印书馆1997年版,第290页。
② 陈家刚:《风险社会与协商民主》,《马克思主义与现实》2006年第3期。
③ [古希腊]亚里士多德:《政治学》,吴寿彭译,商务印书馆1965年版,第199页。

说理调节利益冲突,因而能够和平地共同生活。古希腊的城邦政治中,500人大会、陪审团制度等都可算作共和精神的实践。后来的古罗马以及中世纪意大利的威尼斯、佛罗伦萨等城市国家都是著名的共和国,国家重大决策都要经过反复协商,最后用公开投票作出决定。即使在现代西方民主国家,政党之间、政府与社会利益集团之间也经常通过谈判协商解决利益纠纷和政见分歧。

中国早在西周时期也曾有"周召共和"的美谈。当时周厉王行暴政被国人暴动赶走,周公、召公与其他贵族诸侯共同商议,管理国家。近代西方的共和观念传入中国,梁启超在《各国宪法异同论》中明确将各国政体分为君主国与共和国两大类。孙中山则表示自己的政治主张是"共和主义"。邹容在其《革命军》中提出建立"中华共和国",实行民主共和制,在结尾处更呼出了"中华共和国万岁"的口号。20世纪宣传民主共和的文字日益增多,成为中国政治思想界的主要思潮之一。革命派与立宪派曾经为中国究竟应该采取民主共和制还是君主立宪制展开了激烈的辩论,并且以立宪派的失败而告终。辛亥革命爆发和民国成立以后,共和主义的思想初步得以实践。然而短短四年之后,共和就遭到袁世凯独裁称帝的沉重打击。从袁世凯毙命到1928年北洋军阀覆灭,新旧势力之间、各派军阀之间展开了激烈的斗争,国会和内阁成为军阀们操纵政权的工具,政治生活极端混乱和腐败,共和名存实亡。

中国共产党继承和延续了共和主义,在革命斗争中始终注意联合各党派政治势力。1922年的中共二大明确提出"我们共产党应该出来联合全国革新党派,组织民主的联合战线,以扫清封建军阀推翻帝国主义的压迫,建设真正民主政治的独立国家为职志"①。1924年第一次

---

① 中共中央文献研究室中央档案馆编:《建党以来重要文献选编(1921—1949)》第1册,中央文献出版社2011年版,第139页。

国共合作实现之后,国共两党之间经常性地进行政治、经济和社会各个层面问题的协商,遇有重大问题,还要召开两党"联席会议"。

抗战时期,在中国共产党领导的抗日根据地,民主政治建设以"三三制"为基本原则,规定各级参议会和政权机关中,"共产党员占三分之一或少于三分之一,进步势力占三分之一,中间势力占三分之一。在民意机关中,还可吸收少数右派分子参加"①。任何一个行政机关的职员必须有三分之二由党外人士担任,共产党不能一意孤行,把持包办。林伯渠解释说:"我们不赞成国民党的一党专政,也不主张共产党或其他党的一党专政,我们是团结各党派、各阶级、各界的人来参加政权,他普遍地照顾到各阶级人民的利益。"②毛泽东在陕甘宁边区参议会上告诫全党"一定要学会打开大门和党外人士实行民主合作的方法,我们一定要学会善于同别人商量问题"③。

1944 年 9 月 15 日,林伯渠代表共产党在国民参政会上正式提出废除国民党一党专政,建立由各抗日党派、各抗日军队、各地方政府、各抗日民众团体组成的民主联合政府。中国共产党关于成立"联合政府"的主张,在国内外引起强烈的反响。各民主党派、各界民主人士纷纷集会和发表文章,表示赞同和支持共产党的主张。

抗战胜利以后,中国共产党积极谋求和平民主建国,与国民党协定召开政治协商会议。1946 年 1 月 10 日至 31 日,政治协商会议在重庆举行。各界代表 38 人,其中国民党代表 8 人,共产党代表 7 人,民主同盟代表 9 人,青年党代表 5 人,社会贤达(无党派人士)代表 9 人。基本上形成了左、中、右三种政治势力。蒋介石在会上宣布四项诺言:保证人民自由,各政党一律平等,实行地方自治和普选,释放政治犯。几经

---

①　《毛泽东选集》第 2 卷,人民出版社 1991 年版,第 742 页。
②　陕西省档案馆、陕西省社会科学院编:《陕甘宁边区政府文件选编》第 3 辑,档案出版社 1987 年版,第 84 页。
③　《毛泽东选集》第 4 卷,人民出版社 1991 年版,第 810 页。

反复,历时 22 天,会议通过关于政府组织、施政纲领、军事问题、国民大会和宪法草案等问题的五项决议。规定必须在全面停战的前提下,由各党派联合改组政府,再由改组后的联合政府主持召开举国一致的国民大会,通过宪法,实行宪政。

当时的中国人把政治协商会议的召开看成是一个崭新的开始,和平在即,宪政可待。国人无不为之奔走相告。民主党派寄予的希望达到了巅峰,幻想能够通过和平方式实现中国的政治改革,建立资产阶级共和国。但国民党难以接受真正的民主改革,政协闭幕之后仅一个多月,国民党的六届二中全会决定由国民党中常会选任本该由各党派推选的国民政府委员,撕毁了政协关于改组政府的协议。

重庆政协尽管被国民党破坏了,但政治协商的形式却在中国开花结果。1948 年,中国共产党发布“五一口号”,倡议“各民主党派、各人民团体及社会贤达,迅速召开政治协商会议,讨论并实现召集人民代表大会、成立民主联合政府”①,获得民主党派和其他民主力量的响应。

1949 年 9 月 21 日,新政协即中国人民政治协商会议第一届全体会议在北平隆重举行,参加会议的有党派、区域、军队、团体、特邀代表五大类 45 个单位 662 名代表。其中共产党员占 44%,工农和无党派代表占 26%,民主党派占 30%。

在新成立的联合政府中,民主党派和无党派人士担任重要职务的比例超过 1/3,中央 6 个副主席,他们占了 3 位,56 名政府委员中,他们占了 27 名;政务院 4 个副总理中,他们占了 2 名,15 名政务委员中,他们占了 9 名,政务院下辖的 34 个会、部、院、署、行的正职负责人中,他们占了 14 名。可见这个政府的参与性还是很强的,是一个民主联合政府。

---

① 中共中央党校党史教研室选编:《中共党史参考资料》第 6 册(第三次国内革命战争时期),人民出版社 1979 年版,第 413—414 页。

　　周恩来指出:这种协商民主的特点是"会前经过多方协商和酝酿,使人家都对要讨论决定的东西事先有个认识和了解,然后再拿到会议上去讨论决定,达成共同的协议。……新民主主义的议事精神不在于最后的表决,主要地在于事前的协商和反复的讨论"①。中国人民政治协商会议在当时全国人民代表大会还不具备条件的情况下,代行全国人民代表大会职权,完成了建立新中国的历史使命。第一届全国人民代表大会召开以后,中国人民政治协商会议全体会议以统一战线的组织形式而存在,国家的大政方针,仍要经过人民政协进行协商。

　　改革开放以来,我们党就国家重大方针政策和重要事务与社会各界人士广泛协商,已经形成一种制度。1987 年中共十三大报告中提出:"必须使社会协商对话形成制度,及时地、畅通地、准确地做到下情上达,上情下达,彼此沟通,互相理解。"②1991 年 3 月江泽民在七届全国人大四次会议、全国政协七届四次会议党员负责人会议上讲话指出:"人民通过选举、投票行使权利和人民内部各方面在选举、投票之前进行充分协商,尽可能就共同性问题取得一致意见,是我国社会主义民主的两种形式。这是西方民主无可比拟的,也是他们所无法理解的。两种形式比一种形式好,更能真实地体现社会主义社会里人民当家做主的权利。"③2007 年《中国的政党制度》白皮书第一次正式使用了"协商民主"的概念,指出"选举民主与协商民主相结合,拓展了社会主义民主的深度和广度。经过充分的政治协商,既尊重了多数人的意愿,又照顾了少数人的合理要求,保障最大限度地实现人民民主,促进社会和谐

---

①　政协全国委员会办公厅、中共中央文献研究室编:《人民政协重要文献选编》上,中国文史出版社 2009 年版,第 29、33 页。

②　《中国共产党第十三次全国代表大会文件汇编》,人民出版社 1987 年版,第 53 页。

③　政协全国委员会办公厅、中共中央文献研究室编:《人民政协重要文献选编》中,中国文史出版社 2009 年版,第 488 页。

发展"①。2012 年中共十八大报告提出"完善协商民主制度和工作机制,推进协商民主广泛、多层、制度化发展。通过国家政权机关、政协组织、党派团体等渠道,就经济社会发展重大问题和涉及群众切身利益的实际问题广泛协商,广纳群言、广集民智,增进共识、增强合力"②,并且提出了"专题协商、对口协商、界别协商、提案办理协商"四种形式。目前,协商民主已经广泛渗透到国家政治社会生活的多个层次中,不断丰富和发展,并且越来越制度化。

尽管共和主义是近代才由西方传入中国,但是其精神内涵其实与我们的传统价值观有着很多暗合之处。即如孙中山说:"所谓共和,是我国治世的神髓,先哲的伟业。我国国民之所以怀古,完全是因为追慕三代之治。而所谓三代之治,的确掌握了共和之真谛。"③在西方学者的理念中,协商民主只有在满足了包容、平等、明理、公开等条件之下才能实现。而我们传统价值观的很多方面足以作为协商民主在我国发扬光大的基础。

"己所不欲,勿施于人","己欲立而立人,己欲达而达人"让我们意识到每一个公民都要追求和维护自身所拥有的生命权、财产权、自由权和发展权,每一个人都是平等和自由的,那么在协商民主的实践中,每一个公民、政治团体、社会利益集团也都应该平等、自由地发表意见和作出决定,否则协商就失去了意义。

既然"克己复礼",那么我们的协商民主就应该是可以坐下来谈的民主,不是无政府主义,不是广场政治。你可以发言,我也可以发言,但是要讲程序,讲规则,守法度,在你发言时,我必须听着,轮到我发言了,

---

① http://www.scio.gov.cn/zfbps/gqbps/Document/1435473/1435473_3.htm.
② 《坚定不移沿着中国特色社会主义道路前进,为全面建成小康社会而奋斗——胡锦涛同志代表第十七届中央委员会向大会作的报告摘登》,《人民日报》2012 年 11 月 9 日。
③ [日]宫崎滔天:《三十三年之梦》,佚名初译,林启彦改译,花城出版社 1981 年版,第 122 页。

我再和平地、理性地讲,即我党自是六大以来政治体制改革一直强调的"有序的政治参与"。不能说谁跟我意见不一致就打倒谁,消灭谁。失去控制的民主将会是民族和国家的灾难。

既然讲求"躬自厚而薄责于人","君子和而不同",那么当不同的阶层、族群、团体发生利益冲突和意见分歧的时候,就应该相互理解和宽容,既要看到自己的利益,也要顾及别人的利益,一切都应该大家一起商量,在协商中彼此都作一些妥协和让步,寻求能够最大限度地满足所有公民愿望的政策,既反映多数人的普遍愿望,又吸纳少数人的合理主张,而不能简单地由多数人决定少数人的利益和命运。

既然"忠于人民",那么在协商中,各个主体就不能只考虑小圈子、小集团的得失,而应该立足于国家和民族的整体利益、长远发展,通力合作,如毛泽东所指出的:"国事是国家的公事,不是一党一派的私事。"①

"世界上的民主,都是具体的、相对的,而不是抽象的、绝对的。任何一种民主的本质、内容和形式,都是由本国的社会制度所决定,并且都是随着本国经济文化的发展而发展的。"②共和协商既是中国多种传统价值观的综合体现,又是一种适应我国社会现实的民主制度,更可以有效地避免民主的种种弊端,对于我国社会主义民主政治建设来说具有重要意义。

---

① 《毛泽东选集》第 4 卷,人民出版社 1991 年版,第 809 页。
② 江泽民:《在纪念党的十一届三中全会召开二十周年大会上的讲话》,《人民日报》1998 年 12 月 19 日。

第六章　国际关系信念

人是社会的动物,不可避免地要与他人进行交往,必须认真考虑在交往过程中采取何种方式、策略和原则。对于个人来说是这样,对于由许多人组成的社会群体来说也是这样,对于国家这种高级的社会共同体来说仍然是这样。

然而尽管人类经过上万年的进化,早已意识到秩序化生存是人与人之间交往时减少冲突、促进协作、增进幸福的必要手段,并且在多数国家内部都建立起了系统、成熟、有效的政治、法律和社会制度,用以调节人际关系,但是人类在国际关系层面的制度规范建设和文明观念建设还远远谈不上系统、成熟、有效。

在一国之内,个体的绝对自利行为会受到来自社会,甚至自己内心的道德谴责和约束。而在国与国之间,一个国家的自利行为则往往因为打着"为民族利益而战"的堂皇招牌,似乎具有比个体的自私行为更强的合理性,被视为理所当然,无可无不可。因此自古以来,国家之间的交往就是利益冲突、武力相向者多,和平交往、平等互利者少。"战争贯穿一切历史和文明……和平似乎一直就是政治单元之间斗争的暴力模式的或多或少的持续暂停。"①且由于国家掌握着巨大的人力、物

---

① [法]雷蒙·阿隆:《和平与战争:国际关系理论》,朱孔彦译,中央编译出版社2013年版,第146—147页。

质资源,相互冲突时造成的灾难远非个体公民或一般的社会群体的纠纷争斗所能比拟。尤其是到了近代,民族国家动员国内资源的能力前所未有地增强,再加上科技进步、武器升级,人类为国家之间的战争所付出的代价越发惨重。几乎每一场战争都会给参战国带来巨大破坏,给其民众造成持久创伤。每一场战争都是对人类美好愿望、文明信念和道德良知的践踏。

自然状态下武力对决为主导的古典式国际关系必须终结。人类应当努力建立起成熟、有力,符合现代理念的国际政治新秩序、新道德,为国际社会的长治久安奠定坚实的制度和观念基础。

有意识的国际关系秩序化努力始于近代。17 世纪,荷兰法学家格劳秀斯在其代表作《战争与和平法》《海上自由论》等著作中,正面讨论了国际关系应遵循的一些基本规范,诸如国与国之间的战争应当受国际法的约束,海洋不得为任何人所私有,应以最大努力防止战争,战时应当实行人道主义,战后应当遵守和平条约等。哲学家康德对国际关系也做过思考。他曾在一篇名为《永久和平论》的文章中,提出了将契约精神发展到国际关系的领域,设想各主权国家平等地签订一个废除常备军,实现人类永久和平的条约。他说:

"没有一个自身独立的国家(无论大小,在这里都一样)可以由于继承、交换、赎买或赠送而被另一个国家所取得。""常备军应当逐渐地全部加以废除。""任何国家均不得以武力干涉其他国家的体制和政权。""国际权利应当以自由国家的联盟制度为基础。""世界公民权利将限于以普遍的友好为其条件。"①

这是思想家对战争和武力的深刻反思。世界永久和平这一文明理想必须建立在对武力对决、战争侵略这一古典国际关系游戏规则的根

---

① ［德］康德:《历史理性批判文集》,何兆武译,商务印书馆 1990 年版,第 99、101、110、115 页。

本否定之上,其核心理念是各民族主权国家相互承认彼此独立、平等之国格,就像各国在其内部承认每一个个体公民具有独立、平等之人格一样。唯有如此,才可能将国际关系改造成为一种契约性的自由联盟关系。康德的这一设想实质上是试图将社会契约论和人权思想应用于国际关系领域。在相互尊重各种基本生存和发展权利的基础上,建立起一种普遍友好、永久和平的新型国际关系,这是思想家为人类未来所勾画的一幅美好图景。这一思路在 20 世纪的残酷战争之后,被痛定思痛的人们所采纳。

第一次世界大战结束后,第一个旨在减少武器数量、平息国际纠纷、提高民众的生活水平以及促进国际合作和国际贸易的国际组织——国际联盟于 1920 年成立,成员国最多时达 58 个。它提出了以民主协商方式解决国际争端的基本原则。国际联盟在其存在的 26 年中虽然在维护世界和平方面成效不大,未能阻止或延迟第二次世界大战的爆发,但是在处理国际范围内的卫生、社会、经济和人道等问题方面取得不少成就。

第二次世界大战之后的 1945 年,50 个国家的代表在美国旧金山召开"联合国家国际组织会议"。同年,各国代表签署了《联合国宪章》,联合国正式成立。联合国目前有成员国 192 个,是成员国最多、最具权威性的国际性组织。联合国继承了国际联盟的基本理念,在更大范围内实现了国际关系的契约化。它的三大宗旨为各民族主权国家的国际关系提出了最基本的文明理念和行为规范:

"一、维持国际和平及安全;并为此目的:采取有效集体办法,以防止且消除对于和平之威胁,制止侵略行为或其他和平之破坏;并以和平方法且依正义及国际法之原则,调整或解决足以破坏和平之国际争端或情势。"

"二、发展国际间以尊重人民平等权利及自决原则为根据之友好关系,并采取其他适当办法,以增强普遍和平。"

"三、促成国际合作,以解决国际间属于经济、社会、文化、及人类福利性质之国际问题,且不分种族,性别、语言或宗教,增进并激励对于全体人类之人权及基本自由之尊重。"①

但是国际关系中仍然有强权主义横行。国际政治由大国主导,20世纪后期是苏、美对抗,现在则是美国奉行单边主义。因不公正而导致的地区冲突依然存在,国与国之间真正平等交往的时代尚未来临。

进入 21 世纪,国际社会格局发生了重要变化,许多发达国家经济发展停滞,一些新兴经济体却表现出活泼的生命力。和平与发展成为时代主题,多元对话成为国际社会的普遍要求。这是一个国际新格局的形成期,各方利益调整期,也是一个国际关系理念和规则的更新期,全人类达成什么样的价值观共识对人类文明未来的走向来说格外关键。

数千年来,中华帝国凭借其发达的农耕文明优势,长期居于东亚的政治文化中心,与周边少数民族政权一直是一种宗主附庸之间的朝贡关系。近代社会以来,中国陷入被动挨打的不利处境,又与西方列强签订了许多损害自身主权利益的不平等条约。不论是古代的朝贡关系,还是近代的被动挨打都不是平等的国际关系。

第一次世界大战以后,中国才开始正式加入由欧美国家所主导的现代国际关系体系。但一直没有获得积极主动地参与制定国际关系规范的机会。20 世纪后期以来,国际格局变化为中国以更积极的姿态参与国际事务提供了战略机遇,中国自身经济建设所取得的辉煌成就也为中国在国际舞台上发挥重大影响做好了准备。

作为一个拥有悠久历史理性传统的国家,作为一个在当代国际舞台占据重要地位的国家,作为一个全球化时代对人类未来命运具有崇高文明使命感的国家,中国在如何应对新的国际形势,如何合理地处理

---

① 许光建主编:《联合国宪章诠释》,山西教育出版社 1999 年版,第 12—13 页。

国际关系上,应当有一套成熟的理念与行为规范。值此国际格局大调整的时代,作为一个正在崛起的负责任大国,中国应当提出一套足以体现现代文明理念和普遍性要求的新主张、新价值、新规范,一方面为我国政府处理国际关系提供具有长期指导意义的方针、思路,另一方面也为国际社会制定一种新的国际关系基本原则和规范。

第一节　和平共处

在国际关系中,我国过去乃至现在一直秉承的信念集中体现为"和平共处"五项原则。

和平共处的外交理念是列宁首先提出来的。1917 年十月革命之后,俄国成为世界上第一个社会主义国家。英、法、日、美等协约国为扼杀新生的苏维埃政权,积极进行武装干涉,扶植俄国反革命势力发动武装叛乱。俄国曾一度丧失 3/4 的领土,陷入四面受敌的危险境地。虽然历时近三年,俄国内战和外国武装干涉最终以国内外反革命势力的失败告终,但是在国际社会中苏联仍然受到普遍排斥和封锁。

列宁认为,社会主义革命不可能在所有国家同时取得胜利,而不同社会制度的国家也可能存在共同的经济利益,建立国家之间的正常关系,因此提出了和平共处的外交理念,并且取得了很大成效,在 1922—1925 年间,苏联获得包括除美国以外的所有主要资本主义国家在内的 21 国的承认。可惜的是苏联后来走向了霸权主义,自己破坏了这个理念。

"和平共处"五项原则是以毛泽东为核心的中国共产党第一代领导集体对列宁理念的继承和发展。早在新民主主义革命时期,毛泽东就一再表达了和平开展国际交往的愿望。在中共七大上阐述了中国共产党对外政策的基本原则时,他说要"在彻底打倒日本侵略者,保持世界和平,互相尊重国家的独立和平等地位,互相增进国家和人民的利益及友谊这些基础之上,同各国建立并巩固邦交,解决一切相互关系问题"①。新中国成立前夕,在为纪念中国共产党成立28周年所作的《论人民民主专政》一文中,毛泽东表示要"在平等、互利和互相尊重领土主权的基础之上和一切国家建立外交关系"②。1949年10月1日的开国大典上他又一次向全世界庄严宣布:"凡愿遵守平等、互利及互相尊重领土主权等原则的任何外国政府,本政府均愿与之建立外交关系。"③

新中国成立后,1953年12月31日,周恩来总理会见来访的印度代表团,谈话中第一次完整地提出了"互相尊重主权和领土完整、互不侵犯、互不干涉内政、平等互利、和平共处"五项原则(简称"和平共处五项原则")。1954年4月29日,中印两国发表谈判公报,并签署《关于中国西藏地方和印度之间的通商和交通协定》,两国政府一致同意把和平共处五项原则列入公报和协定中,以此作为指导两国关系的准则。同年6月,周恩来总理先后访问印度、缅甸,分别与印度总理尼赫鲁、缅甸总理吴努发表《联合声明》,都写进了这些原则,并进一步确认它适用于同亚洲及世界其他国家的关系。

从此"和平共处五项原则"不仅成为中国奉行独立自主和平外交政策的基础,也被世界大多数国家所接受,成为规范国际关系的重要准则,出现在许多双边和多边的条约和协定以及政府声明、国际组织决议和政治家的演讲中。1957年第12届联合国大会通过的《各国和平和睦邻关系》以联大决议的形式确认了"和平共处五项原则"。1970年第20届联合国大会通过的《国际法原则宣言》列举的七项原则也包含了

---

① 《毛泽东选集》第3卷,人民出版社1991年版,第1084—1085页。
② 《毛泽东选集》第4卷,人民出版社1991年版,第1473页。
③ 世界知识出版社编:《中华人民共和国对外关系文件集》第1集(1949—1950),世界知识出版社1957年版,第4页。

"和平共处五项原则"的内容。1974 年联大通过的《各国经济权利和义务宪章》列举的 15 项原则中,前 6 项直接采用了"和平共处五项原则"。据统计,从 1954 年开始到现在,这类文件可能已达到 200 件。习近平评价说:"这是国际关系史上的重大创举,为推动建立公正合理的新型国际关系作出了历史性贡献……既代表了亚洲国家对国际关系的新期待,也体现了各国权利、义务、责任相统一的国际法治精神。"①

"和平共处"这一理想可以从中国传统政治文化中找到渊源。历代统一王朝都将"协和万邦"②作为一项值得夸耀的成就,留下了"亲仁善邻,国之宝也"③的教诲。尽管古代中国人的天下观是一个以中国为中心,强调等级秩序的国际体系,但是将藩属邻邦纳入这个体系并不是通过以武力相胁迫,而是以仁德相感召,即如孔子所说:"远人不服,则修文德以来之。"④在孔子列举的治理国家的九条基本原则中就包括"柔远人""怀诸侯"这两条。他相信"柔远人则四方归之,怀诸侯则天下畏之"⑤。

不过实现这个理想并不简单,首先必须满足一个前提,那就是要包容。在今天的世界上,殖民主义扩张引起的战争已经成为历史,世界各国之间领土和利益引发的纠纷也越来越稀少,种族、宗教、文化,意识形态越来越多地成为国际冲突的诱因。美国学者塞缪尔·亨廷顿在《文明的冲突》一书中这样说:"在正在来临的时代,文明的冲突是对世界和平的最大威胁,而建立在多文明基础上的国际秩序是防止世界大战的最可靠保障。"⑥

① 习近平:《弘扬和平共处五项原则 建设合作共赢美好世界——在和平共处五项原则发表 60 周年纪念大会上的讲话》,《人民日报》2014 年 6 月 29 日。
② 《尚书·尧典》。
③ 《左传·隐公六年》。
④ 《论语·季氏》。
⑤ 《礼记·中庸》。
⑥ [美]塞缪尔·亨廷顿:《文明的冲突》,周琪等译,新华出版社 2013 年版,第297 页。

人类必须学会彼此包容。孔子有"君子和而不同,小人同而不和"①之说。"和而不同"的意思就是和睦相处但并不强求千篇一律。孟子也曾经说过:"夫物之不齐,物之情也……子比而同之,是乱天下也。"②万事万物本来就充满了多样性,等同视之就会祸乱天下。世界上并不存在全人类公认的文化和政治模式,强行让所有国家人们都采取同一种生活方式,或者同一种政治体制,势必引发龃龉、拒斥。只有对其他国家,其他民族的文化形态、宗教信仰、思维方式、政治制度,保持一种"包容"的心态,而不是党同伐异,才能实现世界各国各民族的和平共处。

正如 2002 年江泽民在美国乔治·布什总统图书馆的演讲中所说:"和谐而又不千篇一律,不同而又不相互冲突。和谐以共生共长,不同以相辅相成。和而不同,是社会事物和社会关系发展的一条重要规律,也是人们处世行事应该遵循的准则,是人类各种文明协调发展的真谛。"③

包容也是人类文明进步的重要动力。西周末年伯阳父(史伯)同郑桓公谈论西周末年政局时说:"夫和实生物,同则不继。以他平他谓之和,故能丰长而物归之。若以同裨同,尽乃弃矣。"④人类文明是多元的,人类的发展道路也是多元的,世界正是在这种多元的状态下变得多姿多彩,充满活力。"各种文明都以自己的方式为人类文明进步作出了积极贡献。存在差异,各种文明才能相互借鉴、共同提高;强求一律,只会导致人类文明失去动力、僵化衰落。各种文明有历史长短之分,无高低优劣之别。历史文化、社会制度和发展模式的差异不应成为各国交流的障碍,更不应成为相互对抗的理由。"⑤

① 《论语·子路》。
② 《孟子·滕文公上》。
③ 《江泽民文选》第 3 卷,人民出版社 2006 年版,第 522 页。
④ 《国语·郑语》。
⑤ 胡锦涛:《努力建设持久和平、共同繁荣的和谐世界》,《人民日报》2005 年 9 月 16 日。

和平共处的另一个重要前提就是平等。在现代国际关系中,国家不论面积大小、国力强弱、人民贫富、人口多少,地处何方,也不论其采取何种政经制度、意识形态、宗教信仰、生活方式,都是平等的一员,都应该相互尊重,平等相待。而这恰恰是国际政治中长期付之阙如的。近代西方社会尽管在启蒙运动的熏陶之下,平等观念深入人心,但是欧美各国并没有真诚地将这种观念推行到国际政治中,切实地平等对待发展中国家,而是利用其率先现代化的优势,压制发展中国家,以实现自身利益的最大化。

古代中国的天下观虽然是一个存在等级秩序的国际关系体系,但是中国传统伦理道德却为我们今天塑造国际关系伦理提供了一个宝贵的理念——"己所不欲,勿施于人"。任何一个国家都不希望自己的内政被外界力量横加干涉,不希望自己的领土主权遭到破坏,自己不喜欢的事情就不应该加到别人头上,即使你认为正确的事情也不应该强迫别国去做,因为你也不会希望自己的国家被别国所左右。所以在这些问题上,世界各国无论大小贫富自当平等相待。即如习近平所说:"国家不分大小、强弱、贫富,都是国际社会平等成员,都有平等参与国际事务的权利。各国的事务应该由各国人民自己来管。我们要尊重各国自主选择的社会制度和发展道路,反对出于一己之利或一己之见,采用非法手段颠覆别国合法政权。"①

近代中国饱受帝国主义列强的欺凌和蔑视,包括中国共产党人在内的无数仁人志士,夙夜不寐,呕心沥血,为国奋斗牺牲,期望的就是能得到世界各国的尊重和平等对待。这是当年"五项原则"提出的直接原因。而提出这样的理念可贵之处在于:中国不只自己需要平等和尊重,同时也看到了广大发展中国家的处境和需求,主动提出愿意与所有

① 习近平:《弘扬和平共处五项原则　建设合作共赢美好世界——在和平共处五项原则发表 60 周年纪念大会上的讲话》,《人民日报》2014 年 6 月 29 日。

国家在平等基础上发展友好关系,与所有能平等待我之国家和平共处,在国际事务中将首先遵循这些原则——尊重各国的主权和领土完整,不对别国发动侵略,不干涉别国内政。五项原则无一不是相互的。这种平等理念,感召了许多邻邦与发展中国家,中国因此成为当时国际社会弱势群体的代言人,站到了道义的制高点上。

第二节　共同发展

用今天的眼光看,"和平共处五项原则"在有些方面已显露出局限性。"和平共处五项原则"实质上是一种弱国求生存的策略,是为了适应新中国独立自立、和平建设的需要,是以低姿态的守势谋求最基本的生存。尽管它曾有效地帮助我们摆脱了新中国成立初期的困弱之境,但是无法容纳更多的战略诉求。

六十多年过去了,我们国家整体实力发生了变化,战略利益发生了变化,世界的形势也有了重大变化。今天的中国已经基本上走过了谋生存的时期,进入到在更高层次上求得发展的新阶段。在这一阶段,中国的战略目标不再是守土自存,而是要积极地走向世界,在国际社会中谋求更多的资源和发展机会。为了和平崛起这一更高的战略目标,我们需要在继续坚持"和平共处"五项原则的基础上,进一步提出"共同发展"的信念。

"共同发展"讲的是世界各国应当尊重和承认其他国家的发展要求,主张国际社会必须将平等发展权视为一项普遍性合理要求,给予承认与重视。事实上这种理念其实已经为大多数国家所接受。如联合国《21世纪议程》中所言:

"为了迎接环境与发展的挑战,各国已决定建立新的伙伴关系。由于需要实现一个更有效率和公平的世界经济,各国承诺通过这种伙伴关系进行持续不断的建设性对话。同时要注意国际社会日益加强的相互依存关系以及应将可持续发展列为国际社会议程中的优先项目。大家认识到,为使这种新的伙伴关系成功,必须摒弃对抗,促进真正的合作和团结。加强国家和国际政策以及多边合作,以适应新的现实情况,也同样是重要的。"①

发展是每个主权国家天经地义的权利。一个民族,一个国家在基本生存权利获得保障后,都会谋求经济、社会和文化的进一步发展,这不意味着对别国利益的劫夺,不意味侵略扩张,只要在自己的发展中能同时顾及别国的合法权益,就无可厚非。

率先发展的发达国家不应将发展中国家的发展性要求视为不正常、过分的要求,甚至诬蔑为一种侵略扩张的图谋。发达国家应当通过重温自己的现代化进程以理解发展中国家的行为和愿望,不能只允许自己发展,限制其他国家的发展,不能以冷战思维看待新兴集团的崛起,人为制造敌意。正像一个社会各阶层贫富悬殊并非幸事一样,国际社会中贫富悬殊的局面长期不能改变,也会危及世界的安定,全球经济也不能持久发展。

"共同发展"具体体现为互助合作、互利共赢。各个国家在发展过程中,应该努力做到在自身追求发展的过程中,在与其他国家多方面合作过程中,特别是在与广大发展中国家的合作过程中,自觉地关切到合作方的利益,自觉地追求双赢结果。这是由人类的社会性生存本质决定的,是人类文明赖以存在和延续的基本道德之一。

从中国传统价值观的角度看,"共同发展"其实就是"己欲立则立人,己欲达则达人"。自己想要成功,也要让别人能成功,自己想要发达,也要让别人有发达的机会。中国在谋求发展,希望进一步提高本国

---

① 联合国环境与发展大会(1992 年,里约热内卢)发布《21 世纪议程》,国家环境保护局译,中国环境科学出版社 1993 年版,第 2 页。

人民的生活质量的同时,也愿意看到整个世界的共同发展,期望世界人民共同走上富裕、安康之路。中国在积极地宣示自己的发展意愿时,也严肃地对待其他国家的正当权益,不谋求垄断性利益,真诚地愿意与世界各国共享发展成果。因为这样的共赢局面意味着中国与世界有了更大的发展空间,更多的发展机会。如习近平所说:

"'合则强,孤则弱。'合作共赢应该成为各国处理国际事务的基本政策取向。合作共赢是普遍适用的原则,不仅适用于经济领域,而且适用于政治、安全、文化等其他领域。我们应该把本国利益同各国共同利益结合起来,努力扩大各方共同利益的汇合点,不能这边搭台、那边拆台,要相互补台、好戏连台。要积极树立双赢、多赢、共赢的新理念,摒弃你输我赢、赢者通吃的旧思维,'各美其美,美人之美,美美与共,天下大同'。"①

和平与发展,是当代世界两大主题,"共同发展"原则与"和平共处五项原则"一起,呼应了这两大主题,符合绝大多数国家的利益。它既是中国的外交新战略,借助这一理念,中国可以向世界正面宣示自己的发展权利,通过强调正当的发展权利谋求新的战略空间,也是中国代表广大发展中国家提出的共同要求,当为国际社会所广泛接受。

"共同发展"既是对"和平共处五项原则"的忠实继承,又是对"和平共处五项原则"精神的新拓展;一方面反映了时代主题的变化,发展中国家的进步,另一方面仍坚持了"平等互利"这一核心理念;既准确地体现了当代中国新的战略需求,指导当代中国以更自信、积极的姿态走向世界,也能有效地引导国际舆论,为国际社会做出正确的价值导向。

正如习近平在"和平共处五项原则"发表60周年纪念大会上讲的

---

① 习近平:《弘扬和平共处五项原则　建设合作共赢美好世界——在和平共处五项原则发表60周年纪念大会上的讲话》,《人民日报》2014年6月29日。

那样:"天空足够大,地球足够大,世界也足够大,容得下各国共同发展繁荣。一些国家越来越富裕,另一些国家长期贫穷落后,这样的局面是不可持续的。水涨船高,小河有水大河满,大家发展才能发展大家。各国在谋求自身发展时,应该积极促进其他国家共同发展,让发展成果更多更好惠及各国人民。"①

第三节 同舟共济

古代社会,人类的交通运输和信息交流方式落后,难以跨越地理山川之阻隔,生活空间相互隔绝,利益相关度比较低。工业革命以来,随着交通和信息工具日新月异,全世界各国人民在经济、政治、社会和文化上的相互关联越来越广泛和深入。全球化将地球变成了一个小村落。国与国之间生存空间、利益空间多层次、网络化地相互交织在一起,以至于相互制约,利害相因,牵一发而动全身。人类无意识地进入了一个相互依存,你中有我,我中有你的利益大同时代。

而与此同时,全世界任何一个角落的人也开始面临着同一个厄运——环境危机、资源枯竭。世界各国无论大小强弱,都不得不生活于同一个地球。地球是人类唯一的可靠家园。如果地球自然环境彻底恶化,地球资源完全告罄,没有任何一个人能够幸免于难。

在这里我们要提出两个关键问题:

其一,在各民族国家个别利益及其总和之外,是否还存在着一种更高、更重要的人类整体利益?

其二,对于各民族国家而言,不相互侵害对方利益,尊重对方特殊

---

① 习近平:《弘扬和平共处五项原则 建设合作共赢美好世界——在和平共处五项原则发表60周年纪念大会上的讲话》,《人民日报》2014年6月29日。

利益是否就足够了,是否还需要承担维持和促进人类整体利益的责任?

如果对这两个问题的回答是肯定的,我们就需要在"和平共处""共同发展"的基础上,再提出一个更高层次的国际关系信念——"同舟共济"。

美国经济学家格伦特·哈丁讲过这样一个故事:

在浓雾弥漫的大海上,一条大船遭到敌方鱼雷偷袭,开始迅速下沉。船长带领少数几个惊慌失措的船员们匆忙放下唯一一条没有被破坏的救生艇弃船逃离。在冰冷、灰色的海水中,到处都是尖叫声和绝望的呼救声。一名水手奋力游了过来,用两只已经冻僵的手扒住救生艇的边沿。救生艇已经严重超员,如果再有人爬上来很可能就会倾覆,那样的话已经上了救生艇的人也会完蛋。在这种情况下,是否还应该救起更多的船员呢?

哈丁讲这个故事是为了阐述自己的国际关系伦理思想:世界好比海洋,富国好比海洋中的救生艇,四周水面上浮满了穷人,随时有淹死的危险。应不应该搭救他们,让他们登上自己的救生艇呢? 哈丁认为富国对于穷国并没有任何的义务:如果富国的"救生艇"接纳了穷国,就会危及富国国民自己的幸福。而且,如果把世界上的财富均分,那唯一的后果就只能是每个人都得到很少。在他看来,这说到底只是因为世界上的人实在是太多,而救生艇,也就是世界上的资源太少了。

从"救生艇伦理"出发,哈丁建议发达国家拒绝来自穷国的移民,因为移民会给富国带来灾难。不仅如此,富国还应该停止对发展中国家的人道援助,因为援助不仅不会使穷国脱离苦海,相反会使穷国的人口增加,最终连累发达国家以及整个人类的生存和发展。哈丁的理论得到了自由主义世界相当一部分人的赞同。

救生艇伦理的荒谬是毋庸置疑的。今天的世界尽管还不太平,还有许多的不公、矛盾和冲突,但许多事情都更加密切地联系在一起,地域界限日益缩小。人同此心,心同此理,人们的共同点远大于其不同点。在全球化的今天,世界各地的人们彼此联系越来越紧密,谁也不能一味地强调对自己民族的忠诚,而对地球背面的哭喊不闻不问。以地域来评价各国各地人的狭隘观念,在全球化时代日益显得渺小。

于是一位名叫鲍尔丁的美国经济学家给出了另一种比喻,让人们摆脱了"救生艇"的窘境。

鲍尔丁认为,世界不是一个海洋和救生艇,而应该被看作是一艘在茫茫的宇宙中探索前行的宇宙飞船。它孤立无援、与世隔绝,不断消耗自身资源。人类是这艘飞船上的成员,每一个成员对这艘飞船都负有不可推卸的责任,承担不可替代的职责。如何驾驶好这艘飞船,责任完全落在每一个人身上。

既然这艘宇宙飞船是封闭的,资源有限,当资源耗尽的时候,这艘宇宙飞船也就毁灭了。那么人类如果指望继续这次星际旅行,唯一能使飞船延长寿命的方法,就是缩小消费、生殖活动、财产、战争方面的支出,保证公平分配,实现飞船内的资源循环,尽可能少地排出废物。也就是我们现在说的"可持续发展"。

对于救生艇来说,碰到紧急情况时,推几个人下海,可以挽救其余人的生命。然而对于这艘艰难前行的飞船,哪怕发生了不测事件,也不能撇下任何一个人。因为对于这艘宇宙飞船来说,每一个人都有自己不可替代的岗位,对于驾驶飞船来说都是不可或缺的,只要有一个人被扔出座舱,飞船就会失去了控制,其余的人照样会命赴黄泉。为了生还,唯一的可能就是大家调动各种力量,按照商定的规则来共同奋斗,排除万难。

宇宙飞船伦理与救生艇伦理不同,它不仅仅站在发达国家的立场上看问题,而是把包括发达国家和发展中国家在内的所有国家视为地位平等的宇宙飞船乘务员。在有限的地球资源面前,我们应该考虑的不是将谁留在水里,将谁留在救生艇上,而更应该思考在这茫茫无际的宇宙旅途中,全体人类如何共同渡过难关。

这就是"同舟共济"的含义。"同舟"是世界各民族国家的生存本相——生活于同一个地球,同一个生态系统,以及日益紧密的经济互联体系之中。无可选择的生存空间和生存方式决定了人类的共同利益和共同命运。"共济"则是共同命运之下人类的生存策略。所有的国家都应当联起手来,为人类命运的转危为安、人类文明的长久延续承担责任,做出贡献。

如果说"和平共处"和"共同发展"主要着眼于解决民族国家之间利益冲突的话,那么,"同舟共济"则是倡导全世界各国为共同利益而携手合作,今天,富国对穷国尤其负有援助的义务,比如各种各样的经济、文化援助,而穷国对富国同样也有帮助的义务,包括共同反对恐怖主义、吸毒贩毒、制止集团犯罪、维护和平等等义务。只强调一点而不及其余,显然是片面的。如习近平所说:"我们要坚持同舟共济、权责共担,携手应对气候变化、能源资源安全、网络安全、重大自然灾害等日益增多的全球性问题,共同呵护人类赖以生存的地球家园。"①

全球化经验和当代环境危机昭示我们:人类整体利益并不是各民族国家利益的简单相加。诚然,民族国家还是目前人类最大的利益单元,各国之间确实存在着各种现实的利益冲突。但是,与环境危机带来的严峻挑战相比,与全球化带来的发展机遇相比,各国之间的利益纷争着实微不足道。

"人类站在历史的关键时刻。我们面对国家之间和各国内部长期存在的悬殊现象,贫困、饥饿、病痛和文盲有增无已,我们福祉所赖的生态系统持续恶化。然而,把环境和发展问题综合处理并提高对这些问题的注意将会带来满足基本需要、提高所有人的生活水平、改进对生态系统的保护和管理、创造更安全、更繁荣的未来的结果。没有任何一个

---

① 习近平:《弘扬和平共处五项原则　建设合作共赢美好世界——在和平共处五项原则发表60周年纪念大会上的讲话》,《人民日报》2014年6月29日。

国家能单独实现这个目标,但只要我们共同努力,建立促进可持续发展的全球伙伴关系,这个目标是可以实现的。"①

"同舟共济"是环境危机和全球化语境下提出的新世界观、新价值观,它超越了传统的民族国家利益,站在人类共同体的高度,呼唤世界各国的战略认同、价值认同和命运认同,提倡协作共生,极具现实意义。

作为负责任的大国,对于当代国际社会的共同问题,中国需要旗帜鲜明地提出建设性的新理念、新规范,不仅要对已然形成共识的国际原则与规范有所坚持,有所监督,更要在全人类的核心利益、整体利益上有所作为,既要以平等、仁爱之心对待广大发展中国家,又要以正义、刚勇的态度坚持原则,捍卫公利。

"和平共处、共同发展、同舟共济"既是我国政府未来处理本国外交事务的指导原则,也是中国政府向国际社会积极宣示的正确处理国际关系具有普遍指导意义的新理念、新思维。仁者外交是中国古代政治传统之一。我们需要将这和谐仁爱、大义担当的理念贯彻到国际交往的主张之中,作为中国走向世界,对话西方,铸造国际关系新价值、新规范的重要思想资源。以儒家仁爱、正义思想为基础,塑造中国在当代世界负责大国的新形象。

---

① 联合国环境与发展大会(1992年,里约热内卢)发布:《21世纪议程》,国家环境保护局译,中国环境科学出版社1993年版,第1页。

第七章　天人关系信念

　　天人关系信念关注的是人与自然的关系问题。在人与自然的关系上，或人类到底应当如何对待自然这一点上，人类的观念有一个历史性的变化过程。

　　上古时代，刚刚从动物界独立出来的早期人类，虽然意识到了自己的与众不同，却并没有太多的自信，虽然在形而下层面开始有了各式各样的文化创造，但在整体心态上还严重地依赖于自然。这是一个漫长的自然宗教崇拜阶段。一方面，大自然是人类心灵的家园。人类还要返回自然去寻根，到动物界去认祖。各原始族群纷纷追认各类动物为始祖，顶礼膜拜。另一方面，大自然又是一种威严无比，与人类利益不甚协调的异己力量。山有山神，水有水神，原始人类生活的是一个神灵遍布的世界，每一种神灵都具有可怕的能力，且喜怒无常，如果他们愿意的话，都会给人类带来灭顶之灾。在它们的面前，人类见出了自己的卑微，对任何一位神灵都不敢怠慢。

　　中古时代，人类由于认识自然、改造自然能力的提升，已经能够靠自己的理性能力、文化创造成果稳定地解决生存问题了。于是，自然在人类心目中发生了一定程度的"祛魅"。它不再是一种喜怒无常、不可理喻，且总与人类作对的神秘力量，其轮廓与内在机理在人类的理性意识中日渐明晰，变得可以理解和把握，变得越来越有章可循。哲学家也开始以明晰的语言把握天地自然之道。《老子》中说："道生一，一生二,二生三,三生万物。万物负阴而抱阳,冲气以为和。"①《易传》中也有"一阴一阳之谓道"②的话。

从此,人类不再直接奉某种动物为始祖,而有了自己的部族英雄,有了自己的人文始祖。宗教进化了,由自然神转变为人格神。神的意志与人类的意志统一起来,世界开始为人类而存在。在中国的《左传》中有"民之所欲,天必从之"③的言论。基督教《圣经》中也说"不是我们爱神,乃是神爱我们,差他的儿子为我们的罪作了挽回祭,这就是爱了"④。

由于有了这种对天地自然秩序的体认,中古时代的天人观发生了转化:自然不再被视为人类的对立物,人类被定义为"自然之子"。"自然之子"这一定义包括了两项内涵:其一,人与自然是根本同一的;其二,自然仍然大于人,人类从属于自然。这种观念在东西文化中都有表述。比如董仲舒说:"人之人本于天,天亦人之曾祖父也,此人之所以乃上类天也。人之形体,化天数而成;人之血气,化天志而仁;人之德行,化天理而义;人之好恶,化天之暖清;人之喜怒,化天之寒暑;人之受命,化天之四时;人生有喜怒哀乐之答,春秋冬夏之类也。"⑤《圣经》中说:"神说:我们要照着我们的形象,按着我们的样式造人,使他们管理海里的鱼、空中的鸟、地上的牲畜和全地,并地上所爬的一切昆虫。"⑥

有了这样的天人观,此时的人类不再战战兢兢,如临深渊,而是坦然自在,心安理得,对自然抱有一种亲切感、归属感,洋溢着融洽的诗意和亲情。如李白所吟唱的:

"花间一壶酒,独酌无相亲。举杯邀明月,对影成三人。月既不解

---

① 《老子·第四十二章》。
② 《易传·系辞上》。
③ 《左传·襄公三十一年》。
④ 《圣经·约翰一书》。
⑤ 董仲舒:《春秋繁露·卷十一》。
⑥ 《圣经·创世记·第一章》。

饮,影徒随我身。暂伴月将影,行乐须及春。我歌月徘徊,我舞影零乱。醒时同交欢,醉后各分散。永结无情游,相期邈云汉。"①

在漫长的古代社会,人类为生存和发展而对自然资源的开发利用一直处于地球生态所能承受的限度之内,天人关系整体和谐。人类虽然也发明了许多的劳动工具和日用产品,但是,人类的生产与生活节奏仍然要依据天地自然日出月升、寒暑变化的规律。

但是到近代,大机器工业的兴起彻底改变了这种状态。人类的生产与生活可以在很大程度上忽略自然条件,在电灯照耀下,在机器的轰鸣声中,我行我素,人类开始按照自己所发明的机器的节奏组织生产,规划起居。

现代科学技术支持下的工业文明拥有强悍的挖掘和利用自然资源的能力,大批量、快节奏地创造日益精巧的各式物质产品:

"资产阶级在它的不到一百年的阶级统治中所创造的生产力,比过去一切世代创造的全部生产力还要多,还要大。自然力的征服,机器的采用,化学在工业和农业中的应用,轮船的行驶,铁路的通行,电报的使用,整个大陆的开垦,河川的通航,仿佛用法术从地下呼唤出来的大量人口,——过去哪一个世纪能够料想到有这样的生产力潜伏在社会劳动里呢?"②

科学对自然万物的认识前所未有地深入,工程技术改造天地山河的能力与日俱增,就像恩格斯所说:"动物仅仅利用外部自然界,单纯地以自己的存在来使自然界改变;而人则通过他所做出的改变来使自然界为自己的目的服务,来支配自然界。"③

巨大的进步改变了人类对自然的看法,改变了人类在天人关系中的自我定位。与人类自觉、发达的理性意志相比,大自然只是一堆没有

---

① 《李太白集·卷第二十·月下独酌四首》。
② 《马克思恩格斯选集》第 1 卷,人民出版社 1972 年版,第 256 页。
③ 《马克思恩格斯选集》第 3 卷,人民出版社 1972 年版,第 517 页。

意志、没有理性、被动、机械的存在。如果它们也有内在规律,它们自己也不能显示这种规律,而只待人类去认知和揭示。于是哲学家呼喊"上帝死了!"人类从自然之子的地位再次上升,成了这个世界的唯一实际统治者。

人类认为自己有能力最终彻底地认识和征服自然,而大自然则是被动的待征服的对象。这种极度膨胀的自大与自信,在 20 世纪 50 年代的中国被表达为这样的信念:"人定胜天""战天斗地"。就像"大跃进"时期的民歌唱的那样:"我就是玉皇,我就是龙王,喝令三山五岳开路,我来了!"

在大机器生产的助力和驱使之下,人类狂飙突进、肆无忌惮地开发自然资源,仿佛变成了一个胃口庞大、欲壑难填的饕餮。于是自 20 世纪中期开始,人类发现自己进入了一个资源短缺、污染加剧、气候恶化的全球性危机时代。1962 年,美国的蕾切尔·卡逊发表《寂静的春天》,全面揭示了农药滥用对于天空、海洋、河流、土壤的污染,对居于其上的动物、植物和人类生命健康的严重影响。1970 年 4 月 22 日,美国 2000 万公众走上街头游行示威,表达自己对于环境问题的关注,这一天后来被联合国定为"地球日"。20 世纪 70 年代的"罗马俱乐部"提出了"增长的极限"问题,警告说:"如果世界人口、工业化、污染、粮食生产以及资源消耗按现在的增长趋势继续不变,这个星球上的经济增长就会在今后一百年内某一个时候达到极限。最可能的结果是人口和工业生产能力这两方面发生颇为突然的、无法控制的衰退或下降。"①

人类作为地球上的一个物种还能否长期存在,人类文明还能否在地球上延续? 这是 20 世纪后期如梦初醒的人类对自己提出的疑问。

无限制地掠夺地球资源的大工业文明是一种不可持续的文明形态。国际社会对此已有警醒。1948 年世界上第一个以环境保护为宗

---

① [美]梅多斯等:《增长的极限》,于树生译,商务印书馆 1984 年版,第 12 页。

旨的国际组织——国际自然保护同盟宣告成立。1954 年 4 月 26 日至
5 月 12 日,防止船舶污染海洋的国际会议在伦敦举行,会议起草并通
过了《国际防止海上油污染公约》。《国际防止海上油污公约》成为这
一领域最早的多边国际条约。1972 年 6 月 5 日,联合国召开"联合国
人类环境会议",通过《人类环境宣言》。1992 年,世界各国首脑聚会巴
西,召开"环境与发展大会",发表了《里约环境与发展宣言》和《21 世
纪议程》,签署了联合国《气候变化框架公约》和联合国《生物多样性公
约》。1997 年 12 月在日本京都召开的联合国气候变化框架公约参加
国三次会议制定了《京都议定书》,目标是"将大气中的温室气体含量
稳定在一个适当的水平,进而防止剧烈的气候改变对人类造成伤害"。
该条约于 2005 年 2 月 16 日开始强制生效,到 2009 年 2 月,一共有 183
个国家通过了该条约(超过全球排放量的 61%)。2001 年 5 月 22 日联
合国通过了旨在促进减少或消除持久性有机污染物排放的《斯德哥尔
摩公约》,公约于 2004 年生效,目前有 124 个成员国。2009 年 12 月在
丹麦首都哥本哈根来自 192 个国家的谈判代表召开峰会,就发达国家
实行强制减排和发展中国家采取自主减缓行动作出了安排,并就全球
长期目标、资金和技术支持、透明度等焦点问题达成广泛共识。

　　人类的上述改善环境的努力诚然是可贵的,但是仅靠技术、经济、法
律和政治手段,不足以根本扭转当代环境危机。天人关系的改善需要人
类对近代以来形成的自然观念、自我观念和生活方式作出全面的深刻反
省。工业革命之后形成的人类中心主义在天人关系上是一个重大误判。
为了人类共同的未来,我们必须重究天人之际,确立新的天人信念。

第一节　仁爱——万物一体

　　人类已经习惯于以科学的思维对世界万物做种种区别:自然的和

非自然的,有生命的和没有生命的,植物和动物,低等和高等。自然万物被层层割裂成了一个个孤立的,等级有差的碎片。这种思维方式影响了人类对于自然的态度:世界并非一个整体。人类身处物外。

其实人类还可以用另一种的眼光看世界。诚然,人类有种种特殊性,但是人与其他自然存在物之间还有着无数的共同共通之处,彼此存在着深刻的内在联系。人与自然界是本质同一的。包括人类在内的天地自然万物是一个整体。这种在人与自然之间求同的观念在古代中国社会曾经普遍流行。

北宋理学家张载说:"乾称父,坤称母;予兹藐焉,乃混然中处。故天地之塞,吾其体;天地之帅,吾其性。民,吾同胞,物,吾与也。"①

明代大儒王守仁说:"大人者,以天地万物为一体者也,其视天下犹一家,中国犹一人焉。若夫间形骸而分尔我者,小人矣。大人之能以天地万物为一体也,非意之也,其心之仁本若是,其与天地万物而为一也。岂唯大人,虽小人之心亦莫不然,彼顾自小之耳。是故见孺子之入井,而必有怵惕恻隐之心焉,是其仁之与孺子而为一体也。孺子犹同类者也,见鸟兽之哀鸣觳觫,而必有不忍之心焉,是其仁之与鸟兽为一体也。鸟兽犹有知觉者也,见草木之摧折而必有悯恤之心焉,是其仁之与草木而为一体也。草木犹有生意者也,见瓦石之毁坏而必有顾惜之心焉,是其仁之与瓦石而为一体也。"②

人与自然在本质上是一致的。比如西汉董仲舒说:"天地人,万物之本也,天生之,地养之,人成之。……三者为手足,合以成体,不可一无也。"③北宋程颢、程颐说:"道未始有天人之别,在天则为天道,在地则为地道,在人则为人道。"④"人与天地一物也。"⑤

---

① 《张载集·西铭篇》。
② 《阳明全书·卷二十六·大学问》。
③ 董仲舒:《春秋繁露·立元神第十九》。
④ 程颢、程颐:《河南程氏遗书·卷二十二上》。
⑤ 程颢、程颐:《河南程氏遗书·卷十一》。

而"仁"的德行也是因为这种世界观而生。董仲舒说:"人之善者在于天,天仁也。"①"人之气血,化天志而仁。"②朱熹说:"天地之大德曰生,人受天地之气而生,故此心必仁,仁则生矣。"③程颢、程颐说:"仁者以天地万物为一体。""仁者浑然与物同体。"④"若夫至仁,则天地为一身,而天地之间,品物万形为四肢百体。"⑤

正因为如此,古代儒家先哲们将"仁爱"思想由社会领域进一步拓展到宇宙万物。孔子不吃不合时令的谷物瓜果和未成的幼小动物,"钓而不纲,弋不射宿"⑥,即只用鱼竿钓鱼,而不用大绳挂渔网、横拦在河道中捕鱼,虽用带生丝的箭射鸟,但不用它射归巢歇宿的鸟,以免杀伤过多,灭绝生灵。孟子从儒家"仁"的观念出发,提出了"君子之于物也,爱之而弗仁;于民也,仁之而弗亲,亲亲而仁民,仁民而爱物"⑦。他还说:"君子之于禽兽也,见其生,不忍见其死;闻其声,不忍食其肉。"⑧董仲舒说:"质于爱民,以下至于鸟兽昆虫,莫不爱,不爱,奚足为仁?仁者,爱人之名也。"⑨

所以传统儒家极其重视对自然界各种生物的保护,承认一切生命的价值,爱护一切动物、植物和自然的产物。荀子说:"圣王之制也,草木荣华滋硕之时则斧斤不入山林,不夭其生,不绝其长也;鼋鼍、鱼鳖、鳅鳝孕别之时,罔罟毒药不入泽,不夭其生,不绝其长也;春耕、夏耘、秋收、冬藏,四者不失时,故五谷不绝而百姓有余食也。洿池、渊沼、川泽谨其时禁,故鱼鳖优多而百姓有余用也;斩伐养长不失其时,故山林不

---

① 董仲舒:《春秋繁露·王者通三》。
② 董仲舒:《春秋繁露·为人者天》。
③ 黎靖德编:《朱子语类·卷五》。
④ 程颢、程颐:《河南程氏遗书·卷二》。
⑤ 程颢、程颐:《河南程氏遗书·卷四》。
⑥ 《论语·述而》。
⑦ 《孟子·尽心上》。
⑧ 《孟子·梁惠王上》。
⑨ 董仲舒:《春秋繁露·仁义法》。

童而百姓有余材也。"①《礼记》中也规定"天子不合围,诸侯不掩群"②。

中国历代封建王朝都依据儒家学说,颁布了若干生态环境保护的法令。汉宣帝在公元前63年夏六月,下诏"令三辅毋得以春夏摘巢探卵,弹射飞鸟,具为令"③;南北朝时期,宋明帝于公元467年明令禁止不按季节捕鸟;北齐后主在公元69年发布命令,禁止用网捕猎鹰、鹞和观赏鸟类。唐高祖于公元618年下令禁献奇禽异兽;宋太祖于公元961年下令禁止春夏两季捕鸟射鸟等。辽道宗于1056年下令禁止在鸟兽繁殖季节在郊外纵火等。

只是进入20世纪后,中国才从近代西方输入了"认识自然、征服自然、改造自然"的人类中心主义观念,并在短短100年内即已暴露出其危害。

针对天人两立、扬人抑天的人类中心主义自然观,现代环境哲学家提出了与之截然相反的"生物中心主义"天人观。利奥波德说过:"事实上,人只是生物队伍中的一员的事实,已由对历史的生态学认识所证实。很多历史事件,至今还都只从人类活动的角度去认识,而事实上,它们都是人类和土地之间相互作用的结果。"④

人类并非一种外在于自然、与自然无涉的物种,人类再伟大也仍然是地球居民。迄今为止,人类只能生存于地球之上。天地自然为人类的生存提供了最基本的物质资源和地理环境。脱离了大气圈、岩石圈、土壤圈和水圈,人类一天也不能生存。在这一点上,人类与地球上其他自然物没有任何区别。

人类要生存,地球上所有其他生物也要生存。为了生存,人类需要

---

① 《荀子·王制》。
② 《礼记·月令》。
③ 《汉书·宣帝纪》。
④ [美]奥尔多·利奥波德:《沙乡年鉴》,侯文蕙译,吉林人民出版社1997年版,第195页。

利用地球上的各种资源,其他生物也有这种需要。因此,人类在追求自我生存和发展的过程中,并没有垄断自然资源的权利,必须与其他生物共享这些资源。

既然人类与地球上所有其他物种共同依赖于地球环境,共享资源,也就意味着拥有共同的命运。地球自然环境良好,则所有生物都能顺利地生存和发展;地球自然环境恶化,任何生物包括人类都不能幸免。所有自然物种,可谓同呼吸,共命运。与这样的最基本事实相比,植物与动物的区别,高等与低等的区别,直立与爬行的区别,是否具有理性意识,是否能制造工具,是否有自己的宗教、哲学与科学,都失去了意义。

这种人与自然万物为一命运共同体的理念突破了近代社会以来天人两立的思维模式,揭示出人与自然的本质同构,与中国古代的"天人合一""万物一体"观念也是相通的。它要求人类抱有必要的自谦与自律,要求人类在价值论和认识论上自我超越。它首先是一种人类平等地对待自然万物的态度,不以人抑物,不人为划分等级优劣。其次,它是一种跳出自利的小格局,关注其他物种生存状态的悲悯情怀,喜物之顺,悲物之损,尽量避免自身活动对自然对象之损害,积极地改善其他物种的不利处境,设身处地关心自然万物。最后,它其实是人类将人类社会内部奉行的仁爱理念扩而充之,推而广之,施之于自然界。

第二节 秩序——依天立人

人根本上属于自然,生存于自然之内,而非自然之外。具体地说,人是地球生态圈内的一个物种,需要服从整体自然之安排,必须遵从天地自然之道,遵循地球生态圈的物理、化学、生物及生态系统法则,才能正常地生存和发展。

人类文明的发展过程表面上看是人类自我创造、自我实现，超越自然的过程，本质上它仍然是一个师法自然、与道同一的过程。遵循自然规律是人类与地球上所有其他物种正常生存和发展的共同法则。在这一点上，人类与其他自然物的唯一区别仅仅是人类能够认识并自觉地遵循自然规律，其他自然对象则是在不自觉地遵循自然规律。在自然规律面前，人类并不享有豁免权。

"'控制自然'这个词是一个妄自尊大的想象产物，是当生物学和哲学还处于低级幼稚阶段时的产物。"①这便是当代科学家面临 20 世纪环境危机，对近代社会以来人类中心主义天人观的深刻反思。大多数情况下大自然的外在力量是人类尚无法克服的，大自然的内在法则是人类必须认识和遵从的。面对整体自然，人类不可妄为，否则会受到严惩。

古代中国人很早就意识到了这一点。传统伦理中的"礼"，繁体为"禮"，古文作"豐"，指的是一种盛着两串玉的器皿，用于祭祀神灵，向神灵祈祷。向神祈祷什么呢？在上古时代人们渴求的无非是农业丰收，生活富足。于是后来"豐"便有了庄稼丰收、物产茂盛的含义。如何才能获得丰收呢？自然是风调雨顺，四季如常。"是故夫礼，必本于大一，分而为天地，转而为阴阳，变而为四时，列而为鬼神。"②古人认为礼源自天地未分之时的混沌元气，与天地、阴阳、四时、鬼神的变化是一致的。因此礼不仅仅指一切规定人的社会行为，调整人与人之间的各种社会关系和权利义务的典章制度、规范法则、仪式程序，也包括可以准确预测的永恒而又和谐的宇宙的秩序及其运动规律。"礼者，天地之序也"③，"礼以顺天，天之道也"④，古人崇"礼"就是要顺应

①　[美]蕾切尔·卡逊：《寂静的春天》，吕瑞兰、李长生译，吉林人民出版社 1997年版，第 263 页。
②　《礼记·礼运》。
③　《礼记·乐记》。
④　《左传·文公十年》。

和遵循天地自然之道——自然的内在法则而行,不盲目乱为,不违背自然规律。

今天的人类面临着资源和环境危机威胁,痛定思痛,重究天人关系,应该在传统的"崇礼"观念之上提出根据自然规律确立人类文明发展之道的理念。这种理念我们将之概括为"依天立人",具体包括如下两方面的内涵:

其一,人类应当依据天地自然的资源、环境现状制定自己的生存策略和发展目标。人类如何生存和发展不能完全地由自己的欲望与愿望而定。人类的物质欲望是无止境的,就其主观愿望而言,物质财富最好也能无限制地不断增长。但是,我们现在知道,地球只有一个,地球的资源有限,以资源的无节制消耗为代价的发展模式肯定是不可持续的。

其二,当代人类应当根据天地自然的内在法则从事文化创造,确立文明理念。一切文化行为应当以不违背自然之道为前提,以符合自然之道为旨归。一切脱离,甚至违背自然之道的人类文化观念、行为和成果,一切孤立地理解人类文明,甚至将人类文化置于天地自然对立面的思想,都是没有前途的。人类必须自觉地将自然环境、自然法则纳入到自己的文化视野,否则,不管人类文明如何繁盛一时,必定是没有根基,不可持续的。

人与自然的关系不只是物质利用和科学认知关系,也包括了伦理关系。一个人是否具有德性,是否具备伦理之善,不能光看他如何对待同类,也要看他如何对待自然。人类的行为不只是在人与人交往的社会范畴需要规范,在与自然打交道时也应受到规范,不能随心所欲。没有顾及天人关系,没有将地球自然生态环境状况考虑在内的人类文明是一种盲目的,因而也是没有前途的文明。

参考文献

马克思:《1844年经济学哲学手稿》,人民出版社1985年版。

马克思、恩格斯:《共产党宣言》,中央编译出版社2005年版。

《马克思恩格斯选集》第1卷,人民出版社1972年版。

《马克思恩格斯选集》第3卷,人民出版社1972年版。

《马克思恩格斯全集》第1卷,人民出版社1956年版。

《马克思恩格斯全集》第3卷,人民出版社1960年版。

《马克思恩格斯全集》第17卷,人民出版社1963年版。

《马克思恩格斯全集》第20卷,人民出版社1971年版。

《马克思恩格斯全集》第22卷,人民出版社1963年版。

《毛泽东选集》第1卷,人民出版社1991年版。

《毛泽东选集》第2卷,人民出版社1991年版。

《毛泽东选集》第3卷,人民出版社1991年版。

《毛泽东选集》第4卷,人民出版社1991年版。

《毛泽东文集》第4卷,人民出版社1996年版。

《邓小平文选》第2卷,人民出版社1994年版。

《邓小平文选》第3卷,人民出版社1993年版。

《江泽民文选》第3卷,人民出版社2006年版。

《习近平关于全面依法治国论述摘编》,中央文献出版社2015年版。

[德]康德:《历史理性批判文集》,何兆武译,商务印书馆1990年版。

[德]孔汉思、[德]库舍尔编:《全球伦理——世界宗教议会宣言》,何光沪译,四川人民出版社1997年版。

[德]诺贝特·埃利亚斯:《文明的进程》第1卷,王佩莉译,生活·读书·新知三联书店1998年版。

[德]诺贝特·埃利亚斯:《文明的进程》第2卷,袁志英译,生活·读书·新知三联书店1998年版。

[俄]克鲁泡特金:《互助论——进化的一个要素》,李平沤译,商务印书馆 2009 年版。

[法]安德烈·孔特-斯蓬维尔:《小爱大德——人类的 18 种美德》,吴岳添译,中央编译出版社 1998 年版。

[法]雷蒙·阿隆:《和平与战争:国际关系理论》,朱孔彦译,中央编译出版社 2013 年版。

[法]卢梭:《社会契约论》,何兆武译,商务印书馆 1980 年版。

[法]孟德斯鸠:《论法的精神》上,张雁深译,商务印书馆 1961 年版。

[法]托克维尔:《论美国的民主》上,董果良译,商务印书馆 1997 年版。

[法]托马斯·潘恩:《潘恩选集》,马清槐等译,商务印书馆 1981 年版。

[法]托马斯·潘恩:《常识》,马清槐译,商务印书馆 1959 年版。

[法]西蒙娜·薇依:《扎根人类责任宣言绪论》,徐卫翔译,生活·读书·新知三联书店 2003 年版。

[古希腊]亚里士多德:《政治学》,吴寿彭译,商务印书馆 1965 年版。

[古希腊]亚里士多德,苗力田编:《亚里士多德选集(伦理学卷)》,中国人民大学出版社 1999 年版。

[美]奥尔多·利奥波德:《沙乡年鉴》,侯文蕙译,吉林人民出版社 1997 年版。

[美]哈罗德·伯尔曼:《法律与宗教》,梁治平译,生活·读书·新知三联书店 1991 年版。

[美]哈罗德·孔茨、[美]海因茨·书里克:《管理学(第 9 版)》,郝国华等译,经济科学出版社 1993 年版。

[美]安娜·路易斯·斯特朗:《斯特朗文集》第 3 卷,傅丰豪、王厚康、吴韵纯译,新华出版社 1988 年版。

[美]富兰克林·德·罗斯福:《罗斯福选集》,关在汉编译,商务印书馆 1982 年版。

[美]蕾切尔·卡逊:《寂静的春天》,吕瑞兰、李长生译,吉林人民出版社 1997 年版。

[美]里基·W.格里芬:《实用管理学》,杨洪兰、康芳仪编译,复旦大学出版社 1989 年版。

[美]理查德·T.德·乔治:《经济伦理学(第 5 版)》,李布译,北京大学出版社 2002 年版。

[美]罗尔斯:《正义论》,何怀宏等译,中国社会科学出版社 1988 年版。

[美]罗纳德·哈理·科斯:《企业、市场与法律》,盛洪等译,三联书店上海分店 1990 年版。

[美]梅多斯等:《增长的极限》,于树生译,商务印书馆 1984 年版。

[美]米尔顿·弗里德曼、[美]罗斯·弗里德曼:《自由选择》,胡骑、席学媛、

安强译,商务印书馆1982年版。

[美]米尔顿·弗里德曼:《资本主义与自由》,张瑞玉译,商务印书馆1986年版。

[美]塞缪尔·亨廷顿:《文明的冲突》,周琪等译,新华出版社2013年版。

[美]斯蒂芬·罗宾斯:《管理学(第4版)》,黄卫伟等译,中国人民大学出版社1997年版。

[西]松苏内吉:《合同子》,林之木译,上海译文出版社1984年版。

[英]柏克:《法国革命论》,何兆武等译,商务印书馆1998年版。

[英]查斯特菲尔德勋爵:《一生的忠告》,雯莉、苍柏编译,中国华侨出版社2004年版。

[英]李约瑟:《四海之内——东方和西方的对话》,劳陇译,生活·读书·新知三联书店1987年版。

[英]洛克:《政府论》下,叶启芳、瞿菊农译,商务印书馆1964年版。

[英]R.G.柯林武德:《历史的观念》,何兆武、张文杰译,中国社会科学出版社1986年版。

[英]塞缪尔·斯迈尔斯:《品德的力量》,夏芒编译,海峡文艺出版社2004年版。

[英]威廉·葛德文:《政治正义论》第1卷,何慕李译,商务印书馆1980年版。

[英]亚当·斯密:《道德情操论》,蒋自强等译,商务印书馆2003年版。

[英]约翰·密尔:《论自由》,许宝骙译,商务印书馆1959年版。

联合国环境与发展大会(1992年,里约热内卢)发布:《21世纪议程》,国家环境保护局译,中国环境科学出版社1993年版。

王德禄、蒋世和编:《人权宣言》,北京大学当代中国社会发展研究中心组织翻译,求实出版社1989年版。

《蔡元培文选》,上海远东出版社1994年版。

《黄炎培职业教育思想文萃》,红旗出版社2006年版。

《鲁迅全集》第6卷,人民文学出版社1981年版。

《马寅初选集》,天津人民出版社1988年版。

《陶行知全集》第6卷,湖南教育出版社1985年版。

费孝通:《乡土中国》,上海人民出版社2006年版。

高亨:《文字形义学概论》,山东人民出版社1964年版。

江畅、戴茂堂:《西方价值观念与当代中国》,湖北人民出版社1997年版。

钱穆:《中国文化史导论》,商务印书馆1994年版。

唐凯麟、曹刚:《重释传统——儒家思想的现代价值评估》,华东师范大学出版社2000年版。

唐兰:《殷墟文字记》,中华书局1981年版。

王国维:《观堂集林》,中华书局 1959 年版。

肖兵:《中庸的文化省察》,湖北人民出版社 1997 年版。

许光建主编:《联合国宪章诠释》,山西教育出版社 1999 年版。

杨成铭主编:《人权法学》,中国方正出版社 2004 年版。

张东荪:《理性与民主》,生活·读书·新知三联书店 1998 年版。

周祖城:《管理与伦理》,清华大学出版社 2000 年版。

毛泽东:《关于中华人民共和国宪法草案》,载王培英主编:《中国宪法文献通编》,中国民主法制出版社 2007 年版。

江泽民:《在纪念党的十一届三中全会召开二十周年大会上的讲话》,《人民日报》1998 年 12 月 19 日。

胡锦涛:《努力建设持久和平、共同繁荣的和谐世界》,《人民日报》2005 年 9 月 16 日。

《坚定不移沿着中国特色社会主义道路前进,为全面建成小康社会而奋斗——胡锦涛同志代表第十七届中央委员会向大会作的报告摘登》,《人民日报》2012 年 11 月 9 日。

胡锦涛:《坚持以人为本、执政为民》,载中共中央文献研究室编:《十七大以来重要文献选编》(下),中央文献出版社 2013 年版。

温家宝:《用发展的眼光看中国——在剑桥大学的演讲》,《人民日报》2009 年 2 月 2 日。

习近平:《领导干部要树立正确的世界观权力观事业观》,《学习时报》2010 年 9 月 6 日。

习近平:《永远做可靠朋友和真诚伙伴——在坦桑尼亚尼雷尔国际会议中心的演讲》,《人民日报》2013 年 3 月 26 日。

《国家主席习近平发表二〇一四年新年贺词》,《人民日报》2014 年 1 月 1 日。

《全面贯彻党的十七届四中全会精神,深入推进党风廉政建设和反腐败斗争——贺国强同志在中国共产党第十七届中央纪律检查委员会第五次全体会议上的工作报告》,《中国监察》2010 年第 5 期。

《中共中央关于全面推进依法治国若干重大问题的决定》,《人民日报》2014 年 10 月 29 日。

《全面履行政府职责,努力实现民之所望》,《人民日报》2013 年 3 月 22 日

《稳中求进推动经济发展,持续努力保障改善民生》,《人民日报》2013 年 5 月 16 日。

《深入实施创新驱动发展战略,为振兴老工业基地增添原动力》,《人民日报》2013 年 9 月 2 日。

《坚持严格执法公正司法深化改革,促进社会公平正义保障人民安居乐业》,《人民日报》2014 年 1 月 9 日。

习近平:《弘扬和平共处五项原则　建设合作共赢美好世界——在和平共处五项原则发表 60 周年纪念大会上的讲话》,《人民日报》2014 年 6 月 29 日。

陈家刚:《风险社会与协商民主》,《马克思主义与现实》2006 年第 3 期。

陈丽君、张存如:《政府诚信:政府公信力的源泉和基础——西方政府诚信研究及其启示》,《中共宁波市委党校学报》2008 年第 3 期。

丁大同:《礼貌研究》,《理论与现代化》2002 年第 1 期。

贺永田、石莹:《试评晚清义赈》,《延边大学学报(社会科学版)》2009 年第 3 期。

高源、马静:《"未来 10 年 10 大挑战"调查报告》,《人民论坛》2009 年第 24 期。

顾曰国:《礼貌、语用与文化》,《外语教学与研究》1992 年第 4 期。

胡旭晟:《守法论纲——法理学与伦理学的考察》,《比较法研究》1994 年第 1 期。

马小红:《礼与法的归宿》,载南京师范大学法制现代化研究中心编:《法制现代化研究》第 3 卷,南京师范大学出版社 1997 年版。

马小红:《中国法律传统与现行法律建设》,《晋阳学刊》1988 年第 5 期。

牟宗三、徐复观、张君劢、唐君毅:《为中国文化敬告世界人士宣言》,载刘雪飞主编:《现代新儒学研究》,中华书局 2003 年版。

李莉:《北京市民礼仪需求水平调查报告》,《学习时报》2005 年 2 月 7 日。

冉永平:《社会责任等于捐钱吗?》,《人民日报》2007 年 5 月 14 日。

谢国忠:《2012:二次探底之忧》,《新经济导刊》2010 年第 6 期。

解颉理:《中国古代忠观念的渊源》,《湖州师范学院学报》2008 年第 5 期。

许小年:《经济结构调整不到位,反弹就是一句空话》,《IT 时代周刊》2009 年第 15 期。

汪仕辉:《论中唐之际忠君观念的提升》,《理论月刊》2009 年第 6 期。

王宁:《文明化进程的社会学解释》,《南方日报》2007 年 1 月 25 日。

朱金瑞:《当代中国企业社会责任的历史演进分析》,《道德与文明》2011 年第 4 期。

张千帆:《在自然法与一般法之间:关于"礼"的宪法学分析》,载《法大评论》第一卷,中国政法大学出版社 2001 年版。

郑功成等:《中国社会保障制度变迁与评估》,中国人民大学出版社 2002 年版。

中国人力资源开发网:《中国企业员工敬业指数 2005 年度调查报告》,《新京报》2005 年 10 月 25 日。

后　记

　　民族性和时代性是我们构建当代中国道德信念体系的两个基本原则。如何实践这两个原则并不是一件简单的事情。很多时候人们可能会满足于将中国传统的理念和现代西方流行的理念简单地拼接、堆砌在一起，以为这就是兼具民族性和现代性的精神文化产品了。但如果我们希望构建的是一种自洽的，自成体系的道德信念的话，就必须从逻辑推演的阶段就将体现民族性和时代性的各种因素统一起来。

　　一方面，我们需要将祖先几千年传下的充满智慧和温情的道德文化中有潜质的部分撷英萃菁，推衍阐释，重新解读，使之合乎现代文明的潮流，适应当前社会的需要。另一方面，我们需要为现代人类文明所公认和珍视的各种理念找到符合中国文化特征和中国人思维方式的逻辑依据。近代以来诸多国学大师、政治精英在前一个方面的著述早已珠玉缤纷，后一个方面却常常被我们所忽视。

　　譬如自由、平等、民主、法治这些理念，尽管自百多年前西学东渐时便已由西方传入中国，早已为智识学界所接受，报刊媒体上寻常得见，普通国人亦耳熟能详，然而时至今日却远远谈不上在中华文化的土壤中生根发芽。无论人们的日常生活，还是企业的经营活动、政府的决策执政，常常都很难想到要从这些理念出发。究其原因在于这些理念纯属移植而来，我们得其果而未得其本。

　　所谓自由、平等、民主、法治虽说是近代民主政治的产物,但它的理念却根源于西方基督教的信仰体系和世俗秩序意识。

　　基督教神学从亚当、夏娃的"原罪"推导出"人性恶",为法治主义、权力制衡和有限政府提供了逻辑起点。基督教徒认为上帝所立的神圣法和自然法高于统治者所立的实证法,世俗的秩序必须服从上天的秩序,这为依法治国提供了思想渊源。

　　上帝与亚当订立了人类第一个契约:只要他遵守上帝的诫命就可以得到永生。但是亚当夏娃违背了这个契约。上帝惩罚了他们之后,又与救世主耶稣订立了一个契约:只要他替人类献出自己的生命,那么人类就会得到上帝的宽恕并获得永生。据《旧约全书》记载,上帝还曾与犹太人的先祖或领袖人物立约。这就是权利、义务、信用等现代理念的重要基础——契约论。

　　尽管亚当与夏娃犯了罪,但他们毕竟是上帝按照自己的模样造出来的,这就意味着,每一个人都是由上帝而来,都是平等的。亚当和夏娃在伊甸园的"犯罪"又意味着:人是自由的。因为从法理来说,没有主观意志的选择自由就不构成有罪。

　　理性时代到来,基督教退出统治地位之后,它的那些理念却保留了下来,并且成为现代人类文明的精髓。

　　当我们艳羡西方社会文明,将自由、平等、民主、法治照搬回来的时候,这些文明果实的根却仍留在它的故乡,未能,也不可能移植回来。因为我们自有根植于中华大地数千年的传统文化,不论是从社会工程的艰巨性还是从民族文化的自尊心来讲,都不能以基督教文化随便取代。这就是清末至今一百多年来,尽管先知先觉的精英人士呕心沥血,不断呼吁和传播民主法治思想,却成效不显的原因。

　　那么是不是中国人就不能谈自由、平等、民主、法治了呢? 答案显然是否定的。这些现代人类文明的成果是全人类都有资格享有的,也必然是我们构建社会主义和谐社会不可或缺的思想质素。只是如果我们希望这些理念在我们国家生根发芽,就必须从自己的传统文化中寻找资源,展现能够为中国人所接受的逻辑推导过程,构建其可资立足的合理性、合法性。这并不是说,我们要牵强附会地从传统文化和儒家原典中强行找出自由、平等、民主、法治来,而是说要以传统伦理道德中的某些道德信念为起点,加以扩展和推衍,得出肖似的概念。

经过中国传统价值观通变阐释而来的当代中国道德信念,以及由这些道德信念生发出来的其他不同层次、不同领域、不同人群的行为规范,必定具备了有别于西方价值观的内涵。由于我们的自由、平等、民主、法治均来自不同于基督教文化的中国传统文化基础,有着完全不同的逻辑推证过程,这就从根本上打破了西方所谓"普世价值"的话语权垄断。所谓"中国特色"即在于此。

这样做合不合适呢? 事实上,从中国古代思想史来看,儒家伦理道德思想也并非一成不变的,而是经过了历代大儒们不断地阐释而发展的。"仁""义""礼""智""信"在封建时代是维护等级制度、君主专制的思想工具,在现代社会经过重新阐释,也可以取其精华,弃其糟粕,使之成为现代理念之源。从康有为、谭嗣同到张君劢、牟宗三,以至杜维明等新儒家学者,所做的大量工作其实都是这种努力。即使西方人视为天经地义的民主、法治等现代理念又何尝不是当年启蒙思想家、宗教改革家从中世纪的蒙昧主义、专制主义和宗教迷信中拨拣出的珍贵种子蘖发而来呢? 这便是本书写作的立意所在。

历史又一次为我们提供了绝好的发展机遇,我们再一次面临世界的挑战。历史学家汤因比指出:每一种文明的生长都是在对挑战的成功应对中实现的。许多伟大的古老文明都因不善于成功地应对新的挑战而灭亡了。而中华文明虽然历经无数磨难,但是我们拥有优秀的政治理性、道德理性和历史理性传统,每当面临重大挑战,总能临危不乱,从容就对,续写新的辉煌。

　　值此实现中华民族伟大复兴的关键时刻,构建一套具有民族性、时代性、系统性、全民性的道德信念体系是重新确立全民行为规范,进一步解放和培育全民的精神文化创造能力,提高国家软实力的固本之举。激浊扬清、凝聚人心、勇猛精进,正当其时。

责任编辑:郭　娜

封面设计:西　子　姚　菲

图书在版编目(CIP)数据

当代中国道德信念体系论/张凯峰,薛富兴 著. —北京:人民出版社,
　2017.6

ISBN 978－7－01－017840－0

Ⅰ.①当…　Ⅱ.①张…　②薛…　Ⅲ.①社会公德教育-研究-中国
　Ⅳ.①D648.3

中国版本图书馆 CIP 数据核字(2017)第 139540 号

当代中国道德信念体系论

DANGDAI ZHONGGUO DAODE XINNIAN TIXI LUN

张凯峰　薛富兴　著

人 民 出 版 社 出版发行

(100706　北京市东城区隆福寺街 99 号)

北京龙之冉印务有限公司印刷　新华书店经销

2017 年 6 月第 1 版　2017 年 6 月北京第 1 次印刷
开本:710 毫米×1000 毫米 1/16　印张:18
字数:234 千字

ISBN 978－7－01－017840－0　定价:55.00 元

邮购地址 100706　北京市东城区隆福寺街 99 号
人民东方图书销售中心　电话 (010)65250042　65289539